普通高等学校新闻传播学类专业
全媒型人才培养新形态教材

编委会

总顾问

石长顺　华中科技大学

总主编

郭小平　华中科技大学

副总主编

韦　路　浙江传媒学院
李　伟　山西传媒学院

编　委（按姓氏拼音排序）

安　磊	西安欧亚学院	牛　静	华中科技大学
丁　洁	华中科技大学	彭　松	华中科技大学
董　浩	南京林业大学	秦　枫	安徽师范大学
方　艳	湖北第二师范学院	邵　晓	巢湖学院
何平华	华东师范大学	石永军	中南财经政法大学
何同亮	安徽师范大学	汪　让	华中科技大学
赫　爽	武汉大学	王　艺	广州大学
黄丽娜	贵州民族大学	温建梅	山西传媒学院
胡江伟	湖北文理学院	吴龙胜	湖北民族大学
姜德锋	黑龙江大学	夏　青	湖北经济学院
靖　鸣	南京师范大学	熊铮铮	中原工学院
雷晓艳	湖南工业大学	徐明华	华中科技大学
李　琦	湖南师范大学	徐　锐	中南财经政法大学
李　欣	浙江传媒学院	张　超	河南大学
廖雪琴	南昌大学科学技术学院	张　萍	武昌首义学院
聂绛雯	新乡学院	郑传洋	武昌首义学院

普通高等学校新闻传播学类专业
全媒型人才培养新形态教材

总顾问　石长顺　总主编　郭小平

媒体伦理与法规

Media Ethics and Law

主　编◎牛　静

华中科技大学出版社
http://press.hust.edu.cn
中国·武汉

图书在版编目(CIP)数据

媒体伦理与法规 / 牛静主编 . -- 武汉：华中科技大学出版社，2025.8. --（普通高等学校新闻传播学类专业全媒型人才培养新形态教材). -- ISBN 978-7-5772-2222-6

Ⅰ. G206.2-05；D922.84

中国国家版本馆 CIP 数据核字第 2025D5A589 号

媒体伦理与法规 牛 静 主编
Meiti Lunli yu Fagui

策划编辑：周晓方 杨 玲 庹北麟

责任编辑：吴柯静

封面设计：原色设计

责任校对：唐梦琦

责任监印：曾 婷

出版发行：华中科技大学出版社（中国·武汉） 电话：(027)81321913
　　　　　武汉市东湖新技术开发区华工科技园 邮编：430223

录　　排：孙雅丽

印　　刷：武汉市洪林印务有限公司

开　　本：787mm×1092mm　1/16

印　　张：13.25

字　　数：309千字

版　　次：2025年8月第1版第1次印刷

定　　价：48.00元

内容简介

　　《媒体伦理与法规》是在当代媒介环境剧烈变革背景下应运而生的一部系统性教材，旨在深入探讨新闻传播实践中广泛存在的伦理困境与法律规制问题。全书分为"上篇 媒体伦理"和"下篇 媒体法规"，内容涵盖新闻真实、人文关怀、隐性采访、网络暴力、算法推荐、名誉权、隐私权、著作权等热点议题，注重理论与实践相结合，在理论阐述中注重通俗性与逻辑性，兼顾教学与传播专业实训的双重需求。本书还回应了社交媒体、算法推荐、生成式人工智能等技术发展带来的新挑战，体现出鲜明的问题导向与现实关怀。本书作为教材或参考书，适合高校新闻传播、法学、社会学等相关专业的本科及研究生使用，也可为新闻从业者、媒体平台运营者和公共传播研究人员提供专业支持。对于希望深入了解媒体伦理边界与法律责任的读者来说，本书是一本不可多得的实用指南。

主编简介

　　牛静，华中科技大学新闻与信息传播学院教授、博士生导师，中国新闻史学会媒介法规与伦理专业委员会副理事长，武汉大学媒体发展研究中心研究员。研究方向为媒体伦理、新媒体传播、新闻理论等。著有《新闻自律组织运行机制研究》《新闻伦理规范的建构：基于中外的经验》《多元视角下社交媒体中的自我表露与意见表达研究》《新媒体传播伦理研究》等，主编或编著《媒体法案例及评析》《全球媒体伦理规范译评》等；主持国家级、省级等各类基金项目20余项；曾受邀到日本北海道大学、中国政法大学、中央电视台、人民网等国内外高校和媒体机构进行学术讲座。其部分研究成果获得省市社会科学优秀成果奖、媒介法规与伦理优秀学术成果奖等。

总序

Introduction

党的二十大报告提出,要加强全媒体传播体系建设,塑造主流舆论新格局。这是适应媒体市场形态变化、占领舆论引导高地、推进文化自信自强的必然选择和重要路径。近年来,媒介技术的快速变革,特别是生成式人工智能的涌现,给人们的生活和工作带来了巨大的变化,既推动了数字艺术、数字经济等新业态的蓬勃发展,也为报纸、电台、电视等传统媒体注入了新的活力,同时造就了更加丰富和复杂的舆论场。数字化、网络化、平台化技术的发展,使数字世界越来越深入地嵌在我们所直观的物理世界中,使新闻传播活动几乎渗透在虚拟和现实、宏观和微观等人类所有层次的实践关系之中。这要求新闻传播工作者熟练地掌握各种媒介传播技术,对特定领域有专业和深刻的理解,并能创造性地开展整合传播策划,即要成为高素质的全媒型、专家型人才。

同时,面对世界百年未有之大变局和中华民族伟大复兴新征程,新时代的新闻传播工作者还应用国际化语言和方式讲好中国故事,让世界更好地认识新时代的中国。这更离不开一大批具有家国情怀、国际视野的高素质全媒型、专家型新闻传播人才的工作。而培养全媒型、专家型人才,必须在坚持马克思主义新闻观指导地位的前提下,高度关注中国实践和中国经验,积极推进学科交叉与融合、学界与业界协同,以开放的视野和务实的态度推进中国新闻传播学自主知识体系的构建,不断提高中国话语国际传播效能,实现开放式、特色化发展。

华中科技大学出版社于2023年秋发起筹备"普通高等学校新闻

传播学类专业全媒型人才培养新形态教材",并长期面向全国高校征集优秀作者,以集体智慧打造一套适应全媒体传播体系、贴合传媒业态实际、融合多领域创新成果的新闻传播学教材。本套教材以实践性、应用性为根本导向,一方面高度关注业界最新实践形态和方式,如网络直播、智能广告、虚拟演播、时尚传播等,使学生能够及时掌握传媒实践的前沿信息,更好地适应业界对人才的需求;另一方面在教材编写过程中,充分尊重各地新闻传播学院的教情和学情,鼓励学界和业界联合编写教材,突出关键技能和素质的培养,力求做到叙述简明、体例实用、讲解科学。

本套教材具有以下特点。

(1)重视总结行业经验和"中国经验"。教材内容不能停留在"本本主义"上,而是要与现实世界共同呼吸,否则是没有生命的。本套教材在撰写过程中力图突破传统教学体系的桎梏,更多面向行业真实实践梳理课程培养内容,及时捕捉行业实践中的有益经验,深刻总结传媒实践"中国经验",从而为我们讲好中国故事、在新闻传播之路上行稳致远提供坚实的基石。

(2)注重人文性与技术性的结合。高素质的全媒型人才需要熟练掌握不同媒介的操作方式和传播逻辑,同时要具有深刻的人文关怀。这需要我们在人才培养过程中更加关注技术和人文的相辅关系,使学生既有技术硬实力,在实际操作中不掉"链子",又能坚持正确的价值导向,在形象传播中不掉"里子"。本套教材注重实操经验的介绍和思政案例的融入,可以很好地将人文性和技术性结合起来。

(3)强调教学素材的多样化呈现。教材出版由于存在一定的工作周期,相对于其欲呈现的对象来说,注定是一项有所"滞后"的事业。传播的智能化趋向使我们朝夕相对的生活世界处在剧烈的变革之中,也使我们的教材更容易落伍于现实。为了突破这一局限,本套教材都配备有及时更新的教学资源,同时部分教材还配套开发了数字教材,可以为教师教学提供更具针对性的解决方案。

教材要编好绝非易事,要用好也不容易。本套教材的出版凝聚了众多编者的心血,我们期待它能为培养全媒型、专家型人才提供一定的助力。当然其中的差错讹误恐在所难免,我们希望广大教师能够不吝赐教,提出修订意见,我们将由衷感谢。同时,期待有更多教师可以加入我们的编写队伍,再次致谢。

2024 年 8 月

前言
Preface

在数字技术全面渗透社会生活的时代背景下,媒体不仅是信息传播的中介,更是价值观建构的重要场域。人工智能、大数据、算法推荐等新技术不断推动媒介形态的变革,也带来了前所未有的伦理挑战与法律难题。在此背景下,"媒体伦理与法规"作为新闻传播学科的基础性课程,亟须以系统化、前瞻性和实践导向的方式,引导学生和从业者准确理解媒体行为中的伦理与法律边界,掌握合法、合理的媒体实践规范。

我担任"媒体伦理与法规"这门课程的主讲教师已有近20年,在教学过程中观察到目前的教材存在知识结构不是很清晰、案例素材滞后等问题。为提升课程的教学质量与效果,编写一部体系完整、内容新颖、案例翔实、具有实践指导意义的教材成为迫切需要。这正是本教材编写的初心所在。

本教材的编写历时多年,在多位高校新闻传播学与法学教师的努力下完成,本教材具有以下特点。

1. 主题清晰,结构合理,体现理论与实务并重

本教材分为"上篇 媒体伦理"与"下篇 媒体法规"两大部分。上篇从伦理学基本原理出发,探讨媒体伦理规范的适用场景,包括新闻真实、人文关怀、隐性采访、算法推荐等内容;下篇聚焦法律层面的规制逻辑,覆盖媒体法基础知识、名誉权、隐私权、著作权、淫秽信息传播等热点问题。通过伦理与法规的并置,本书不仅帮助学生理解"应当如何做"的价值追求,也指导其掌握"可以如何做"的合法路

径,实现伦理与法律的内在融合。全书各章之间逻辑连贯、由浅入深,既能满足课堂系统教学的需要,也可作为学生课后查阅与案例研讨的重要参考。

2. 突出重点,紧贴现实,关注新兴媒体现象

教材在编排内容时,注重体现"重点突出、聚焦前沿"的原则。在保留传统媒体伦理与法规知识的基础上,特别强化了对新媒体环境下关键议题的覆盖。例如,关于"新闻真实"的章节,不仅回顾了传统媒体中的造假现象,也分析了智能媒体背景下虚假信息的新形式;在"算法推荐"部分,系统评析了算法歧视、隐私侵犯、信息茧房等伦理问题;而"网络暴力"一章,则以真实事件为起点,揭示平台责任缺位、群体伦理价值观失范等问题。这些内容不仅提升了教材的时代感,也帮助学生准确理解和分析当下媒体实践中频发的问题。

3. 案例丰富,贴近实践,增强课程吸引力与实用性

本教材在每章均配有详尽的案例分析,并引导学生进行多元角度的评析,培养其批判性思维与综合判断能力。例如,在"隐性采访"章节,收录了暗访高考替考事件、老坛酸菜曝光事件等知名调查新闻,结合伦理理论进行深度剖析;在"算法推荐"章节中,通过租户筛选中的算法偏见案例,直击数据歧视问题,引导学生思考技术中立是否等同于道德中立,进一步触发他们对"科技向善"的伦理思考。此外,社交媒体中的名誉侵权案、微信群传播淫秽信息案、直播视频著作权纠纷等案例,均来自近年来的热点事件,具有教学启发性。案例不只是教学辅助,也是本教材的重要组成部分,帮助构建了"理论—规范—案例—评析"的闭环教学路径。

4. 注重多学科交叉与素养导向,提升学生综合能力

与传统媒体伦理与法规教材多以单一学科为框架不同,本教材在内容设计上高度融合传播学、法学、伦理学、社会学等多学科视角。例如,在分析算法伦理时,融合了计算机伦理、科技哲学等前沿观点;同时,通过设置数字公民伦理、算法推荐的多样性机制、网络治理的新路径等议题,引导学生关注平台责任、用户素养和公共治理的交叉议题。教材的这一设计理念有助于学生拓展知识边界,在理解具体伦理规范与法律条文的同时,培养更为开放、包容、系统的学术视野与职业素养。

在具体编写过程中,我邀请了全国多所高校从事新闻传播与法律教学的一线教师参与各章节撰写,并基于他们的学术专长与研究方向进行了分工,正是他们的辛勤付出与专业精神,使本教材得以顺利完成。以下是各章节的具体写作安排。

第一章"媒体伦理与伦理困境"由西安交通大学新闻与新媒体学院副教授赵一菲与华中科技大学新闻与信息传播学院教授牛静撰写。该章阐释了伦理学的基本概念与核心理论框架,并探讨了新闻实践中常见的伦理困境及其解决模式。本章引入了关怀伦理、社群主义等伦理观,可以拓展学生的伦理视野。

第二章"媒体报道与新闻真实"由河海大学公共管理学院传播与社会研究所副教授何秋红撰写。该章厘清了新闻真实的内涵与类型,并通过介绍虚假新闻的多种表现形式及其治理机制,引导学生在日益复杂的信息环境中坚持事实核查与职业信念。

第三章"媒体报道与人文关怀"由华中科技大学新闻与信息传播学院教授牛静与西安交通大学新闻与新媒体学院助理教授刘丹撰写。该章梳理了媒体在涉及个体苦难、社会弱势群体和公共灾难事件中应当秉持的报道伦理,强调新闻不只是信息传播工具,更应成为社会温度的表达者。

第四章"媒体报道与隐性采访"由华中科技大学新闻与信息传播学院教授牛静撰写。本章探讨隐性采访的伦理合法性、适用边界,并通过新闻实践中的典型案例,提升学生在新闻采访中进行伦理判断的能力。

第五章"媒体信息与网络暴力"由中国人民大学新闻学院博士后郑晨撰写。该章从心理动因、平台责任、群体行为等多个角度解析网络暴力的生成机制,并通过典型事件的分析,引导学生思考媒体信息在激发公众情绪、构建网络舆论方面的双刃剑效应。

第六章"算法推荐与伦理反思"由同济大学艺术与传媒学院助理教授孟筱筱撰写。该章分析了算法机制带来的信息茧房、用户隐私侵犯、平台责任模糊等问题,提出建设性治理路径,提升学生对技术逻辑与伦理原则的双重理解。

第七章"媒体法概述"由临沂大学传媒学院副教授王淑芹撰写。该章为读者系统梳理了媒体法的基本构成、渊源体系与适用范围,奠定了法律学习的知识基础。

第八章"媒体传播与淫秽色情信息"由华中师范大学新闻传播学院副教授李理撰写。该章剖析淫秽信息传播在法律边界上的复杂性,以及新媒体环境下的治理困境与对策。

第九章"广告传播与法律规制"由浙江财经大学人文与传播学院教师常明芝撰写。该章聚焦广告行为的规范体系,介绍了直播带货、弹窗广告、生成式AI营销等新兴广告形态的法律约束,有助于增强学生的法律意识与合规判断能力。

第十章"媒体传播与名誉权"由华中科技大学新闻与信息传播学院教授牛静与河南大学新闻与传播学院副教授王悦彤撰写。该章分析传统与新媒体语境下侵犯名誉权的多种表现,结合司法判例,引导学生识别合理评论与恶意诽谤的界限。

第十一章"媒体传播与隐私权"由华中科技大学新闻与信息传播学院教授牛静撰写。该章介绍了媒体侵害隐私权的类型与抗辩事由,结合案例深入探讨了"公众人物隐私""短视频曝光""数据泄露"等新议题。

第十二章"媒体传播与著作权"由武汉工程大学法商学院教授代江龙撰写。该章覆盖著作权基础理论与新型传播形态中的版权问题,特别是自媒体洗稿、AI生成内容、游戏直播版权等前沿焦点,回应了著作权领域的新问题。

"附录　每章扩展阅读材料"由华中科技大学新闻与信息传播学院教授牛静整理。该部分整合了国内外经典文献与学术成果,为学生提供深入研究的参考材料。

以上参编的教师不仅具备深厚的学术功底,更拥有丰富的教学经验和敏锐的实践洞察力,他们从选题策划到章节撰写,从案例筛选到文字打磨,投入了大量心力。主编在此向以上的参编教师表示诚挚的感谢!

"媒体伦理与法规"这门课程致力于培养学生对媒体责任的认知与法治观念。我们期望

　　《媒体伦理与法规》这本教材不仅是学生课堂学习的工具书,更是他们步入社会、从事新闻传播工作后,面对复杂实践与道德抉择时可以依凭的决策参考与行为指南。

牛静

2025 年 7 月

目录
Contents

上篇　媒体伦理

上篇　媒体伦理

第一章

媒体伦理与伦理困境

◆ 学习目标

1. 掌握伦理学与媒体伦理的基本概念,理解我国新闻传播从业者职业伦理规范的具体内容和要求。

2. 熟悉中庸之道、效益主义、义务论等主要伦理学理论及其在媒体实践中的应用价值。

3. 掌握博克模式、波特方格等伦理决策工具的使用方法和适用场景。

◆ 本章概述

在信息爆炸和技术革新的背景下,媒体伦理问题日益凸显,成为媒体从业者和社会各界关注的焦点。本章从媒体伦理的基本概念出发,探讨伦理学的核心理论,分析媒体伦理困境的表现及其解决模式,并通过典型案例揭示媒体伦理问题的复杂性与现实挑战。

第一节 媒体伦理概述

一、伦理与伦理学

伦理(Ethics)是人类社会为调节个体与群体行为、维系社会关系而构建的价值规范体系。它通过界定善恶、是非、正当与非正当的标准,指导人们在复杂情境中做出符合社会共识的选择。

伦理的功能主要包括以下三点。其一,指导人类行为,塑造道德判断能力。伦理通过确立善恶边界与责任意识,帮助个体在复杂情境中做出价值判断,这种道德判断能力不仅影响个人行为,还塑造了其内在品格。例如,义务论强调"道德义务至上",要求媒体工作人员即使面对外部诱惑或压力也需坚守新闻真实性原则,从而提升了媒体工作者的道德素养。其二,以职业伦理守护专业精神。各职业的工作人员按职业伦理行事,可以有效地维护这个职业的权威性与公信力。如在西方医学领域,希波克拉底誓言要求医生以患者利益为先,确保了医疗行为的道德性;在新闻传播学领域,基于社会责任感传播新闻的伦理要求使媒体工作者获得了公众的认可。其三,减少社会冲突、维护社会秩序。当人们普遍遵循伦理原则时,良好的社会秩序得以维持。如,一个社会的伦理如果鼓励包容和尊重不同的观点和文化,那么,就会减少社会偏见,促进社会成员互相的理解与尊重;如果社会成员建立并践行公平、正义、诚信等伦理原则,那么就会减少人际交往中的不确定性,增强社会信任。

伦理学是哲学的一个分支,它系统地研究和定义正确和错误行为、道德义务,并指导人类行为的框架的原则。

伦理学主要涵盖元伦理学、规范伦理学和应用伦理学三个主要领域。元伦理学(Meta-Ethics)探讨道德的本质、来源及其是否具有客观性。它关注的问题包括"道德是主观的还是客观的?""道德判断是否可以被证实?"以及"道德语言的意义是什么?"等。元伦理学不直接讨论具体的道德行为,而是分析道德概念的逻辑和哲学基础。例如,情感主义认为道德判断源于情感,而实在论则认为道德原则是客观存在的。规范伦理学(Normative Ethics)研究道德行为的标准,探索什么是对的、什么是错的,以及人们应该如何行动。其中主要的理论流派有结果主义、义务论和美德伦理学,这些理论为道德判断提供了不同的框架和方法。应用伦理学(Applied Ethics)是伦理学在现实世界中的运用,涉及具体领域的道德问题,它关注如何将伦理原则应用到实际情境中。随着社会和科技的发展,应用伦理学不断拓展新领域,以应对人工智能、基因工程、数据隐私等现代社会的新道德挑战。

二、媒体伦理

媒体伦理是媒体从业人员在新闻报道、信息传播、娱乐节目制作及广告宣传中所应遵循的道德原则和行为规范。它涉及真实性、准确性、客观性、公平性,以及对个人权利和公共利益的尊重等。它是媒体工作人员在进行信息传播时用以保持良好道德操守和履行社会责任感的一套价值体系。

(一)媒体伦理的作用与主要媒体伦理规范

媒体伦理的主要作用主要体现在以下三个方面。其一,媒体工作者通过遵守相应的伦理规范,践行有道德的信息传播实践,从而维护新闻的真实性与信息的完整性,从而促进公众对媒体机构的信任。其二,媒体伦理帮助媒体工作人员在危机情境或道德困境中实行道德决策。例如,当记者面临艰难的选择时——是发布图片、披露匿名消息来源以报道涉及公共利益的事件,还是选择保护匿名消息来源而不进行报道。媒体伦理原则可以帮助媒体工作者应对这些复杂情况,即便没有固定的解决方案,但对道德层面的深思熟虑仍会带来更负责任的结果。其三,媒体伦理帮助媒体行为在自我管理方面更有成效。媒体机构通过建立专业行为准则、邀请公众监督等方式督促其对报道更为负责。这种自我监管方式有助于媒体机构更好地服务于公共利益。

媒体工作者需要在信息传播实践中遵循一定的伦理规范。由于媒体发展和文化的不同,媒体伦理规范在不同的国家有不同的内容,但各国媒体伦理规范的核心原则有着诸多相同之处。媒体伦理规范的核心原则主要有以下几个。其一,真实性和准确性,真实性和准确性是新闻报道的基石。这要求记者将追求事实准确性作为其首要义务。如要求记者在发表之前必须确认来自多个来源的信息;要求媒体工作者发现错误时及时更正;要求媒体区分意见和事实等。其二,避免利益冲突,保持公正。如禁止记者拥有可能影响其报道的经济或个人利益,禁止接受任何可能影响报道的礼品或馈赠,当潜在冲突无法避免时记者要披露相关的信息等。其三,伤害最小化。如媒体伦理规范有为儿童、犯罪受害者和其他人提供特殊保护的条款,也有涉及灾难、自杀和创伤事件的特别规定,也有记者在涉及弱势群体时权衡潜在危害与公共利益的要求等。这些都是为了最大限度地保护新闻当事人。其四,保护个人隐私。媒体伦理规范规定了个人拥有控制个人生活信息和免受干扰的基本权利,同时规定了侵犯隐私只有在其带来的公共利益大于侵犯时才是合理的。这样的规定表明媒体工作者需要将隐私问题置于更广泛的社会利益之下才能做出评估。其五,禁止剽窃。媒体机构往往会明确规定记者"绝不剽窃"和"如果引用务必注明来源",这是为了保护作品的著作权人、尊重他人的智力贡献,也彰显了媒体工作者对诚实这一道德的践行。其六,建立问责制。媒体伦理规范中一般规定了公众如何进行投诉,即规定了接受有关道德违规行为的投诉和裁决程序,从而方便公众对媒体进行监督,促使其更好地履行社会责任。

除上述核心原则外,媒体伦理规范还包括对匿名消息来源保护义务的规定,以及对社会责任的具体履行要求。值得注意的是,随着信息传播技术的迭代演进,相关伦理规范持续进行着动态调整,如近年来已有一些媒体机构将用户生成内容的真实性审查、人工智能生成新闻的多方验证程序等伦理要求纳入规范框架。这充分体现了媒体伦理规范的建构需要与技术发展同步迭代的特征。

(二)我国新闻工作者的职业伦理规范条文

《中国新闻工作者职业道德准则》是中华全国新闻工作者协会发布的准则,是我国新闻工作者的伦理规范,其主要原则有以下几条。其一,全心全意为人民服务。忠于党、忠于祖国、忠于人民,把体现党的主张与反映人民心声统一起来,把坚持正确舆论导向与通达社情民意统一起来,把坚持正面宣传为主与正确开展舆论监督统一起来,发挥党和政府联系人民群众的桥梁纽带作用。其二,坚持正确舆论导向。坚持团结稳定鼓劲、正面宣传为主,弘扬主旋律,传播正能量,不断巩固和壮大积极健康向上的主流思想舆论。其三,坚持新闻真实性原则。把真实作为新闻的生命,努力到一线、到现场采访核实,坚持深入调查研究,报道做到真实、准确、全面、客观。其四,发扬优良作风。树立正确的世界观、人生观、价值观,加强品德修养,提高综合素质,抵制不良风气,保持一身正气,接受社会监督。其五,坚持改进创新。遵循新闻传播规律和新兴媒体发展规律,创新理念、内容、体裁、形式、方法、手段、业态等,做到体现时代性、把握规律性、富于创造性。其六,遵守法律纪律。增强法治观念,遵守宪法和法律法规,遵守党的新闻工作纪律,维护国家利益和安全,保守国家秘密。其七,对外展示良好形象。努力培养世界眼光和国际视野,讲好中国故事,传播好中国声音,积极搭建中国与世界交流沟通的桥梁,展现真实、立体、全面的中国。①

第二节　伦理学的主要理论

在媒介伦理学领域,国外学者的研究成果颇丰。其中美国学者克里斯琴斯(Clifford G. Christians)等的《媒介伦理学:案例与道德推理》和菲利普·帕特森(Philip Patterson)、李·威尔金斯(Lee Wilkins)的《媒介伦理学:问题与案例》,都是该领域的重要著作。综合这些著作,我们可以归纳出以下几个重要的伦理理论或原则。②

一、中庸之道

在东西方伦理理论中,均强调了"中庸之道"的重要性。亚里士多德曾指出,道德上的美德是一种由实用智慧决定的中间状态,美德位于两个极端之间,亚里士多德强调:"过度与不及都破坏完美,唯有适度才保存完美。"③孔子则提出"中庸之为德也,其至矣乎",把中庸视为道德的最高境界。在处理争议性事件时,采用中庸之道往往是一个有效的解决策略。如在禁止一切烟草产业和允许不受节制的烟草制品促销之间,多数国家都采用了中庸的解决方法,即允许烟草产业的存在,但在香烟包装上印制警告标识并禁止在电视台播放烟草广告。

根据这一观点,媒体在报道时也应避免走向两个极端:一方面是一切以新闻报道为目的,不顾道义,不择手段;另一方面则是过度顾及伦理道德问题,受制于各种条件,而放弃记者报道的基本职责。记者应从整体事件和整体利益出发,寻求一种中庸之道。④

然而,并非所有道德问题都适合运用中庸之道解决。例如,在面对明显的恶意、凶杀、盗窃等情况时,就不容许中间状态的存在。⑤亚里士多德强调中庸之道在于"正确的时间、正确的人、正确的动机和正确的方式",因而在处事时注意分寸,是善的标志,分寸的把握既取决于行为者的本性,也取决于道德案例的具体情境。

二、效益主义

效益主义(Utilitarianism),也称功利主义,是一种以追求整体利益最大化为核心的伦理

① 中华人民共和国中央人民政府网.中国新闻工作者职业道德准则[EB/OL].(2019-11-07)[2025-02-14].https://www.gov.cn/xinwen/2019/12/15/content_5461304.htm.

② 本节主要伦理理论选自牛静.新闻传播伦理与法规:理论及案例评析[M].3版.上海:复旦大学出版社,2021.

③ 亚里士多德.尼各马可伦理学[M].廖申白,译.北京:商务印书馆,2003:45-57.

④ 帕特森,威尔金斯.媒介伦理学:问题与案例[M].李青藜,译.北京:中国人民大学出版社,2006:7-8.

⑤ 克里斯琴斯,法克勒,理查森,等.媒介伦理学:案例与道德推理[M].孙有中,等译,北京:中国人民大学出版社,2014:9.

理论。其思想最早由英国哲学家杰里米·边沁(Jeremy Bentham)提出,后由约翰·斯图尔特·密尔(John Stuart Mill)进一步发展和完善。密尔提出的"功利原则"明确主张"为最大多数的人谋求最大的善",认为只有那些能够为整个社会带来最大利益与最高平衡的行为,才能被视为道德上正确的。[①]由此,判断某一选择是否正确的标准,即在于其趋利避害的效果。

效益主义强调,行为本身并不存在固有的对错,而是应通过其产生的后果和实际价值来进行道德评价。换言之,单纯关注行为的内在性质或动机,并不能直接确定其道德性;只有在考量其外在效应和社会影响之后,才能对行为进行客观评价。亨利·西季威克(Henry Sidgwick)指出,"功利主义在这里所指的是这样的伦理学理论:在特定的环境下,正当的行为是将能产生最大整体幸福的行为,即把其幸福将受到影响的所有存在物都考虑进来的行为"[②]。西季威克诉诸直觉或直觉主义,深刻地揭示了个人幸福与社会普遍幸福两者之间的内在矛盾,然而他坚信他所说的功利主义,认为当人们更多地倾向于社会普遍幸福时,无疑将会带来更大的幸福。[③]

在新闻实践中,效益主义为伦理决策提供了可操作的评估模型。一是量化评估维度。记者需系统性考量报道的信息增益(如公共监督价值)、潜在伤害(如侵犯隐私权)及溢出效应(如对社会信任资本的损耗)。例如,深度调查贪腐案件虽可能损害特定个体名誉,但其促进廉政建设的长期效益具有优先性。二是技术赋能与异化风险的评估。如算法推送机制通过用户画像实现信息效益最大化,但需警惕"过滤气泡"效应削弱公众认知多样性这一基础性社会价值。

三、义务论

义务论是伦理学中的一种重要理论,它强调行为本身的道德性,即行为的道德性取决于其是否符合既定义务与原则,而非行为结果的效用。这一理论体系在新闻传播伦理中具有特殊价值,因其为媒体行为提供了超越功利考量的道德锚点。

伊曼努尔·康德(Immanuel Kant)构建的"道德律令"(Categorical Imperative)体系,构成了义务论最严密的哲学基础。其核心包含三个互为支撑的命题:普遍法则公式要求"仅按照你同时愿意它成为普遍法则的那个准则去行动",人性目的公式强调"不论对自己或他人,始终将人性当作目的而非手段",自律公式则揭示"每个理性存在者的意志都是普遍立法的意志"。[④]这三个维度共同构建了义务论的规范体系,同时启发着媒体工作者,即媒体工作者有对真相的忠诚义务,既源于传播行为必须经受普遍化检验(如杜绝欺骗手段),更根植于对人性尊严的无条件尊重。

除康德体系外,20世纪伦理学家威廉·戴维·罗斯(William David Ross)提出的"显见义

①　帕特森,威尔金斯.媒介伦理学:问题与案例[M].李青藜,译.北京:中国人民大学出版社,2006:9-11.
②　西季威克.伦理学方法[M].廖申白,译.北京:中国社会科学出版社,1993:425.
③　龚群.西季威克的功利主义[J].东南大学学报(哲学社会科学版),2020(06):5-15,152.
④　康德.道德形而上学的奠基(注释本)[M].李秋零,译注.北京:中国人民大学出版社,2013:52.

务论"进一步完善了义务论体系。其主张存在七项基本义务：忠诚、补偿、感激、仁慈、正义、自我提高与避免伤害。[①]他认为这七类义务是基于主观印象或不证自明的，它们互相区别并且无法彼此还原。[②]实际义务指那些在特定环境下极其重要的责任。对实际义务的判断存在不确定性，而最基本的道德命题（即显见义务）具有自明性。[③]当两个本身道德的选择发生冲突时，则需要对伦理原则进行排序。罗斯的理论指出，实际义务是建立在显见义务之上的；某种义务被确定为实际义务是因为它在特定情境中拥有压倒其他义务的力量，代表了最合理的选择。因此，我们有充分的理由依据实际义务来确定我们的行为。芭芭拉·赫尔曼（Barbara Herman）在《道德判断实践》中重构了康德伦理学体系，提出道德价值的核心在于行为者对道德正当性的自觉关切。她指出："当我们说一个行为具有道德价值时，我们意在指出（至少来说），这个行为者在合义务的行动时是出于对他的行为的道德正当性的关切。"[④]这一观点通过道德关切的双重维度——既要求行为符合普遍法则，又强调主体对法则的理性认同——为新闻伦理提供了方法论启示，即媒体从业者在面临调查手段选择（如暗访或隐匿身份）时，需同时追问"该行为准则能否通过普遍化检验"与"其执行过程是否尊重人性目的"，从而实现道德原则在实践中的动态调适。

在新闻传播领域，义务论的价值体现在其建立普遍道德基准的能力上。新闻生产的核心动机须始终指向履行道德义务。例如，揭露官员腐败的行为应当是出于公共利益的考量，若出于博取社会声誉的私利，则丧失道德价值；媒体报道中需要以人性尊严优先，在灾难报道中，即便公众知情权与受害者隐私权冲突，亦需遵循"最小伤害原则"，避免将悲剧事件异化为感官刺激素材。

四、社群主义

社群主义伦理学是一种强调个人与社群之间密切联系的伦理观念，主张个人的身份认同和道德价值是在特定的社会和文化背景中形成的。与强调个人独立性的自由主义不同，社群主义认为，个人的自我理解和价值观念深受所处社群的影响，社群为个人提供了意义和归属感。经典的伦理学强调了诸如个性、选择、自由和责任等概念，赋予个人和个人行为以理性的因素，但这可能会忽略个体的抉择对于更广阔社会的影响。社群主义（Communitarianism）则试图从历史和动态的角度理解社会，强调社群的优先性。

社群主义者认为共同体的善处于个人利益、自由和权利之上。这是因为每个人都不可避免地属于某个社群，同时个人的情感归属和存在认同只能在社群中实现。正如"人们彼此之间都有某些无法逃避的权利要求，除非以人性为代价，否则不能拒绝这些要求"[⑤]。社群主

① 罗斯.正义与善[M].莱克，编.林南，译.上海：上海译文出版社，2008：76.
② 陈真.罗斯的初始义务论及其方法论意义[J].江海学刊，2007（04）：47-52.
③ 梁玉萍.罗斯显见义务论思想研究[D].杭州：浙江财经学院，2012：17-20.
④ 赫尔曼.道德判断的实践[M].陈虎平，译，北京：东方出版社，2006：76.
⑤ 帕特森，威尔金斯.媒介伦理学：问题与案例[M].李青藜，译，北京：中国人民大学出版社，2006：13-15.

义认为,良好的生活是由共同体决定的。在这个观点下,共同体的利益并非由个人偏好决定,而是为个人偏好提供了一个判断优劣的标准。①

社群主义理论可以给新闻工作者以诸多启发。社群主义理论能让新闻工作者更深刻地理解他们所属机构的社会角色,认识到新闻事业是政治和经济体制中不可分割的一部分。同时,新闻记者可以依据共享的社会价值观来评价自己的工作表现,因为任何进入社会领域的行为都与他人和社会建立了联系,从而必然受到社会行为准则和规范的约束。正如在新闻界受到尊崇的阿米泰·艾兹奥尼(Amitai Etzioni)所说,社群主义是"对我们共享的环境,以及对社区"的责任。②这启示我们,新闻工作者需要更好地服务于社会的整体利益,而不仅仅是追求个体或机构的目标。

五、关怀伦理

义务论强调原则、规则和社会契约的公正性,主要关注抽象的规范和普遍适用的道德标准。然而,这种视角往往忽略了个体间的情感联系和社会互动的重要性。关怀伦理(Ethics of Care)则提供了一种不同的道德取向,主张将关爱、责任和关系纳入道德决策的核心考量,强调个体间的情感维系及社会责任在伦理判断中的关键作用。

关怀伦理的核心理念在于,通过倾听、理解和同理心建立和维护人际关系,而不仅仅依赖于抽象原则或普遍规则。它提出了一种更具包容性的道德观,认为关怀意味着对他者的责任,并以责任推动道德行动。同时,它将人际关系视为个体存在的基本要素。③关怀伦理强调个体之间的"关怀关系"应建立在互惠和平等的基础上。如诺丁斯所言:"在人生的每一个阶段,我们都需要与他人建立联系,需要被理解、被接受、被认同,同时,我们也有责任去关心他人。"④通过强调情感与责任,关怀伦理为伦理学提供了一种更加现实、包容的视角,并在性别、公民义务及社会关怀等议题上开辟了新的思考路径。

关怀伦理对新闻职业伦理具有重要启示,使新闻工作者能够更加深入地理解自身的社会责任。新闻工作者应认识到,新闻行业不仅是独立的职业实践,更是社会整体道德框架的一部分。正如吉利根(Carol Gilligan)所提出的关怀伦理观所示,该伦理取向强调人际关系和责任。⑤这一理念提醒新闻从业者,在追求新闻价值的同时,也需考虑报道对受众和当事人的影响。因此,在新闻报道中,记者应兼顾情感关怀与社会责任,关注弱势群体的处境,避免以冷漠的旁观者视角呈现事实,而是要通过理解与同理心传递信息,以促进社会公平。这一伦理视角启示我们,新闻传播不仅应达成个体或机构的目标,更应维护社会的道德生态,使新闻实践具备更深层次的人文关怀,从而更好地服务于公共利益。

① 强以华.西方伦理十二讲[M].重庆:重庆出版社,2008:186.
② 帕特森,威尔金斯.媒介伦理学:问题与案例[M].李青藜,译.北京:中国人民大学出版社,2006:14.
③ NODDINGS N. Caring: a feminine approach to ethics and moral education[m]. berkeley: university of california press,1984.
④ 诺丁斯.学会关心:教育的另一种模式[M].于天龙,译.北京:教育科学出版社,2003:176.
⑤ 吉利根.不同的声音[M].肖巍,译.北京:中央编译出版社,1999:76.

第三节　媒体伦理困境与解决模式

在媒体竞争日益白热化的今天,诚实、公正、同情、尊重等这些基本的伦理规范时常遭遇新奇、刺激、重大、轰动等"新闻价值"的挑战。处理不当时,新闻当事人就会受到干扰甚至受到伤害。新闻工作者面临着职业伦理和社会道德的冲突困境,这些迫使人们重新思考媒体伦理问题。在本节中,我们将介绍媒体伦理困境及其表现。然而在同一个道德体系当中,其不同的价值因素可能会相互冲突。面对此困境,三种伦理抉择模式可以为媒体工作者做出适宜的抉择提供借鉴。①

一、媒体伦理困境及其表现

伦理困境,在狭义角度也被称为"道德悖论"或"道德冲突",是指陷于几个道德命令之间的明显冲突,如果遵守其中一项,就将违反另一项的情形。此情况下无论如何作为都可能与自身价值观及道德观有冲突。②伦理困境可形式化地表述为:

(i) A 在道德上是必须的;

(ii) B 在道德上是必须的;

(iii) 但无法同时做到 A 和 B。

遵循媒体伦理意味着需要区分善与恶、正义与非正义等问题,同时也面临着"对若干个可能都合乎道德的正义抉择进行区分,挑选出更加合乎道德的几个"的问题。当这种情况发生时,新闻工作者就面临着伦理困境的问题。如新闻工作者是否应该为获得一个重要新闻而采取暗访、欺骗的手段? 依据非目的论者的理论,凡是以欺骗方式获取,在道德上通常都是错误的;但若用功利主义理论来理解,这一切又都合乎情理——新闻工作者的欺骗行为是为了公众利益。新闻工作者如何进行选择、在何种情况下进行怎么样的价值取舍,成为媒体伦理研究中一个重要问题。

每一个行业的工作人员都会或多或少地遇到各类伦理困境,但新闻工作者面临伦理困境的可能性更大,其原因在于以下几个方面。首先,新闻工作具有特殊性。新闻工作者既受"新闻价值"和职业理想的制约,同时又受社会公德等伦理道德的制约,但在实践中这两者之间的平衡点往往很难抉择。其次,新闻工作者进行伦理选择时具有透明性。作为一种特殊的职业,新闻工作者必须经常进行伦理选择,新闻报道的过程有时也是将自己的伦理选择公

---

① 本节伦理困境与解决模式的内容来自牛静.新闻传播伦理与法规:理论及案例评析[M].3 版.上海:复旦大学出版社,2021.

② 吴沁芳.伦理困境与和谐诉求——当代社会变迁下的伦理现象透视[M].北京:中国社会科学出版社,2012:4-6.

之于众的过程。这些选择引起的伦理过失通常会遭遇公众迅速而严厉的反应。[①]最后，追逐经济利益使一部分新闻工作者的伦理观念淡薄。市场化运作让新闻工作者的职业行为中蕴含的利益关系变得更加复杂，增加了他们面临的伦理挑战。

新闻工作者在寻求新闻真相的过程中，常常面临着困难的选择。当新闻工作者的专业意识与责任意识产生冲突时，便很难同时兼顾媒体伦理与社会道德的要求了。新闻工作者主要会在以下几个方面陷入伦理困境。

其一，真实报道与隐私保护之间的冲突。新闻工作者为了追求新闻事件的真实性，往往需要细致的新闻细节，因而新闻工作者必须权衡报道的公共利益和个人隐私的保护。例如，在报道涉及犯罪或丑闻的新闻时，如何在不侵犯报道对象隐私的前提下满足公众的知情权，这成为一个挑战。往往在处理此类事件时，遵循最小化伤害原则是关键。

其二，真实报道与人文关怀之间的冲突。新闻报道的真实性往往要求揭示事实，有时这可能会对报道对象带来伤害，进而违背人文关怀原则。例如，在报道灾难或悲剧时，如何平衡对事件的真实报道与对遇难对象及其家属的同情和尊重，同样是新闻工作者经常面临的问题。这对媒体工作者的道德敏感性和专业判断提出了较高的要求。

其三，隐性采访与真诚、信守承诺的冲突。在特定情况下，新闻工作者可能需要进行隐性采访以揭露重要信息。然而，这种做法可能违背真诚、诚信原则。面对此难题，媒体行业中的公认做法往往是，采用隐性采访需要考虑是否绝对必要，以及是否对公众利益有显著贡献，从而确保其行为符合职业伦理标准。

其四，真实报道与保护司法独立性的冲突。在报道涉及司法程序的新闻时，新闻工作者可能面临报道真相与保护司法独立性之间的冲突。在今天的媒体环境中，新闻报道的力量是巨大的，它不仅传递信息，还塑造社会舆论，这种舆论反过来又可能对司法独立性产生影响。因而，对于报道正在进行的敏感法律事件，需要深思熟虑，需在不影响司法公正的前提下进行报道，确保报道内容准确无误，同时也要避免发表可能影响案件判决的评论或偏见。

当存在冲突时，新闻工作者应当如何选择？一般来说，我们认为价值是道德判断和推理的重要依据。人世间有许多东西我们认为是有价值的，如生命、自由、友谊、爱、快乐、幸福、知识、健康等。一个行为在道德上是否正当，常常在于是否预设这些价值。如果我们可以判断价值的高低与优劣，则道德的冲突或两难的处境就会减少；如果我们无法决定价值的优劣，价值的无法取舍就转换成道德判断的不确定性，从而形成了伦理上的困境。为了解决伦理困境，我们需要借助于伦理学的相关理论与解决模式进行分析。

二、伦理抉择模式

在面临伦理困境时，应如何进行具体的决策呢？下面介绍三种伦理抉择模式及其在具体伦理困境案例中的运用，以供需要进行媒体伦理抉择的人参考。

---

① 帕特森，威尔金斯.媒介伦理学:问题与案例[M].李青藜,译,北京:中国人民大学出版社,2006:1.

（一）博克模式

在《撒谎：公共与个人生活中的道德选择》(Lying：Moral Choice in Public and Private Life)一书中，博克介绍了她的伦理抉择框架——"博克模式"(Bok's Ethical Decision-making Framework)。该框架基于两个前提：一是对不得不做出伦理抉择的人心怀同情；二是将维护社会信任作为基本目标。在这两个前提之下，博克认为所有的伦理问题都可以通过以下三步进行分析。

第一步，扪心自问，什么是正确的行为，并审视自己对此行为的感受。这符合康德关于良心责任的观点，即"为责任而履行责任"。

第二步，寻求专家意见，探索变通方案，即寻找其他能达到相同目标但能避免伦理问题的方法。如果变通的方法需要付出代价，就要求新闻工作者履行第三步。

第三步，如果可能，与面临同一问题的伙伴进行公开讨论。这包括直接涉及争议的人，如报道新闻的记者或提供信息的消息来源，以及非直接涉及的人，如某位读者。如果无法实际进行此类讨论，则可设想一场对话，其目的是了解自己的行为可能对他人产生的影响。[①]

博克模式具有较强的理论性质，然而实际生活中公开讨论往往不太现实，而且在时间紧迫的情况下，进行假想的公开讨论也可能受限。但是，这一模式为新闻工作者面对伦理困境提供了一种参考框架：变通的方法可以指导记者选择最合适的报道方式，实现报道目的的同时避免造成伤害；公开讨论，无论是真实的还是设想的，都旨在为记者提供更全面的思考角度，帮助他们做出更加审慎和全面的决策。

（二）波特方格

哈佛大学神学家拉尔夫·波特(Ralph Potter)创立的"波特方格"模式(The Potter Box)[②]也是我们解决伦理困境时的一个有效参考模型。这个模型中有四个元素（如图1.1）。

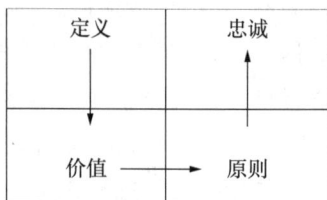

图1.1　波特方格

（1）定义、理解事实。当事实调查清楚明白后，新闻记者的伦理选择基于他们准备发布的关于当事人的信息量及所定义的情境。

（2）概述决定的内在价值观。在伦理学中，价值观的含义是明确的。当你认为一种观点或一个原则有价值时，就意味着你愿意为它放弃其他东西，比如在职业准则与道德准则之间做出判断。

（3）运用相关的伦理学原则。上文介绍中庸之道、康德的道德律令、效益主义、义务论以及社群主义等伦理学理论，都可以作为伦理选择过程中的依据和指南。

（4）清楚地表明一种忠诚。新闻记者忠诚的对象有很多，比如读者、采访对象、消息来

---

① 帕特森，威尔金斯.媒介伦理学：问题与案例[M].李青藜，译，北京：中国人民大学出版社，2006：4-5.

② 帕特森，威尔金斯.媒介伦理学：问题与案例[M].李青藜，译，北京：中国人民大学出版社，2006：82-87.

源、法官、广告主等。在实际操作中,不存在普遍适用的忠诚准则。例如,在重视真相与保护隐私之间,记者可能需要在透露全部真相与保护当事人隐私之间做出权衡。

通常情况下,面对一个伦理困境,很难找到一个明确且一致的答案。即使是最理性和经验丰富的新闻从业者,也很少会在某个问题上完全一致,因而他们通常会倾向于采取中庸之道,试图找到平衡各方利益和观点的解决方案。①

学者克里斯琴斯等对波特方格进行了改进,将其从一个线性模型转变为一个循环模型(如图1.2),并增加了一个反馈机制。在这个改进后的模型中,波特方格的每个步骤被视为有机整体的一部分,而不是孤立的。他们指出,在定义情境的一开始,人们其实已经选择了自己的忠诚方向,这种"经验性定义"即表明认知和决策受到了过往经验的影响,并在实践中得到检验。这样的改进强调了其伦理决策过程对社会现实和经验的重视,"在任何情况下,波特图式都是一种社会伦理的训练,而不是不带感情的智力游戏。任何结论必须经过社会现实的验证"②。

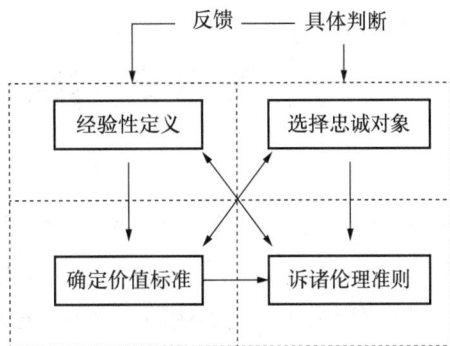

图1.2 改进后的波特方格

(三)罗尔斯"无知之幕"

政治哲学家约翰·罗尔斯(John Rawls)提出了"无知之幕"(the veil of ignorance),认为在这个"幕"之后,人们会更理性地选择正义,以消除社会不公。罗尔斯的理论旨在帮助人们在面对棘手问题时做出更加公正的决策。他主张,社群中的任何成员在做出可能影响他人的决定之前,都应置身于"无知之幕"后的"原初位置"(the original situation)。在"幕"后面,由于性别、社会经济身份等个人差异被暂时搁置,每个人都从一个平等的原初位置开始思考问题,从而避免了观察位置带来的偏见,呈现出一种"无利益偏涉的理性"(the disinterested rationality)。

"无知之幕"理论强调,在原初状态下,人们才能真正认识到社会合作的必要性。在这种状态中,当人们选择正义原则时,他们将展现出"最低的最大限度规则"(the maximin rule)的理性行为,即表现为"对社会中最少受惠者的兼顾"。③在"无知之幕"的背后,人们在考虑伦理决策时会尽量平衡各方利益,并特别保护社会中的弱势群体,以减少风险。这种方法确保了最弱势群体得到优先考虑,从而达到公正;而且人们会首先判断什么是道义正确的行为,而不是简单地以多数人受益为原则。这样就顾及了对所有问题的彻底考察,避免了功利主

---

① 帕特森,威尔金斯.媒介伦理学:问题与案例[M].李青藜,译,北京:中国人民大学出版社,2006:82-87.

② 克里斯琴斯,法克勒,理查森,等.媒介伦理学:案例与道德推理[M].孙有中,等译,北京:中国人民大学出版社,2014:3-6.

③ 万俊人.现代西方伦理学史[M].北京:中国人民大学出版社,2011:933-936.

义的简单粗暴。[①]

"无知之幕"理论鼓励人们从生活中的实际情况,退回到一个消除了所有角色和社会差异的"原始位置"来进行伦理考量。这为新闻工作者提供了一个重要的伦理决策工具。例如,在面临真实报道与暴露他人隐私的困境时,新闻工作者应退回到"无知之幕"后面,从而能够更公正地考虑公众知情权和受害者隐私权的两面。这种方法有助于新闻工作者从一个更中立、去偏见的角度出发,综合考虑各方面因素,做出能够最大限度减少伤害的伦理决定。

第四节　媒体伦理困境案例评析

在当今复杂多变的社会环境下,公理、正义、真理的衡量标准都经受着巨大的考验。在新闻传媒、信息传播领域,作为普通个体的伦理要求与作为媒体工作者的职业要求经常发生冲突,甚至形成了一定的困境。例如,记者在地震现场,是先救人还是先拍摄? 如果选择救人,会在一定程度上耽误记者的本职工作;而如果记者进行拍摄和采访,虽然能够动员更多人关注灾区,但可能影响对受害者的抢救工作。现实中的这些两难问题激发了公众的热烈讨论,也考验着媒体工作者的综合素质和职业道德,这就使得媒体工作者在伦理规范的两难中寻求平衡显得尤为重要。下面就媒体工作者的伦理困境问题详细分析三个案例。[②]

一、媒体过度介入的悲剧案例介绍与评析

2010年8月23日,香港康泰旅行社的一辆旅游观光客车在菲律宾马尼拉市中心遭到劫持,导致8名香港游客遇难、7人受伤。此次事件中,菲律宾媒体的直播报道被广泛认为是导致人质解救失败的直接原因。菲律宾媒体不仅进行了现场直播,还发布了关于警方解救方案、政府不向暴力屈服、劫匪弟弟被捕等敏感信息,严重干扰了解救行动。有媒体甚至长时间占用劫匪电话线路,并通过电话怂恿劫匪不要放弃,争取更多利益。这些行为直接导致劫匪情绪失控、枪杀人质的悲剧。菲律宾媒体在人质事件中的表现,不仅遭到了来自中国、新加坡、英国、德国等国家媒体的批评,也激起了社会各界对媒体职责和道德的深刻反思。英国《卫报》称"菲媒体让全球人都通过现场直播观看了一场大屠杀"。菲律宾总统贝尼尼奥·阿基诺三世于2010年9月20日公布了政府关于"8·23"人质事件的调查报告,称5名菲律宾媒体人因此事面临起诉。

对于菲律宾人质事件的报道,记者面临着解释真相与人道主义之间的困境,以及公众知情权与人质的隐私权之间的两难选择。下面,我们通过"博克模式"对该事件的报道进行分

---

① 帕特森,威尔金斯.媒介伦理学:问题与案例[M].李青藜,译.北京:中国人民大学出版社,2006:139-140.
② 本部分的三个案例均选自牛静.新闻传播伦理与法规:理论及案例评析[M].3版.上海:复旦大学出版社,2021.

析和解读,探讨媒体在此类事件中如何做,才能更具有道德上的正当性。

在应用博克的伦理抉择框架来分析此事件时,我们首先要对不得不在紧迫情况下做出伦理抉择的记者表示理解和同情;其次需明确基本目标是维护社会信任。基于这两个前提,我们可以通过以下三步来进一步分析。

第一步,询问自己的良心。

在人质事件中,公众都急切地想知道事件进展,但菲律宾媒体的全程直播在传达信息的同时,也对人质的安全和隐私构成了威胁。美国新闻学者富勒强调,需要认识到"对新闻记者来说,关键问题是,他们的职业并没有让他们游离于那些指导着所有其他人际关系的基本道德命令之外。如果他们背离了基本的标准,他们必须有充分和明确的理由这么做。追求真实性不能成为作为一个蠢人的许可证"[①]。

职业要求并不能成为漠视生命的理由。虽然菲律宾媒体在第一时间、第一现场的报道本身无可厚非,但在知晓劫匪可观看直播的情况下仍进行现场直播,实际是干扰了营救行动,变相成了"帮凶"。对此,新加坡《联合早报》评论道:"媒体要有一颗道义之心,避免成为追求残暴'热点'的帮凶,真正做到兼顾新闻真实和公共道义的平衡。"[②]

第二步,探索变通的方法。

在处理人质事件报道时,由于稍有不慎就可能给人质带来不必要的伤害,因此探索其他方法以达成相同的报道目标,同时避免伦理问题显得尤为重要。记者可以不采用现场直播,而是选择比如延迟播放等方式,这样既能传达重要信息,又能避免媒体过度介入对人质安全可能产生的负面影响,同时保护当事人隐私。尽管这样的报道在及时性上可能不及现场直播,且对媒体收视率产生一定影响,但这种做法的好处是,不会对人质的生命安全造成额外风险。

第三步,进行公开的讨论。

人质事件的报道要求媒体在保障信息传播和维护人质安全之间找到变通的平衡点,这并不容易。博克模式鼓励新闻工作者与所有当事人进行公开的伦理对话,包括与经验丰富的编辑、涉及争议事件的家属、警方、专家、读者等进行公开讨论,甚至可以通过模拟与劫匪、囚犯对话来寻找合适的方法应对伦理问题。博克认为,讨论的目的在于获得支持伦理选择的依据。博克模式迫使我们寻求变通的方法,正是在求变中,新闻技巧得以提高。

在该事件中,电视媒体的现场直播对解救行动产生了负面影响,导致了悲剧的发生。虽然在事件发生时,进行公开讨论可能很难实现,但悲剧过后,相关的讨论应继续进行,如媒体现场直播到底是否可以进行,在报道突发事件时如何趋利避害等。通过这些讨论,可以唤起媒体人对于人文关怀、疏导舆论和稳定社会等责任的思考,将伦理思考与新闻工作者的践行充分结合,有助于事前预防和自我监督,避免失范行为的重蹈覆辙。[③]

① 富勒.信息时代的新闻价值观[M].展江,译.北京:新华出版社,1999:61.

② 张国平.突发事件中媒体的责任——以菲律宾人质事件为例[J].新闻爱好者,2011(24):66-67.

③ 李晓.博克模式的再认识——以菲律宾人质事件报道为例[J].东南传播,2012(01):48-50.

二、新闻摄影中的伦理困境案例介绍与评析

1993年3月,摄影师凯文·卡特到苏丹南部采访时,目睹了一名骨瘦如柴的苏丹女童在挣扎着走向一个食物供应点时停下歇息,这时一只秃鹰降落在她附近。卡特说,他等待了约20分钟,期待秃鹰振翅飞离。然而它并未离开。他拍下了这个令人难以释怀的场景,然后驱赶了秃鹰。这张照片随后被卖给了《纽约时报》,并于3月26日首次刊登。照片发布后,一夜之间有数百名读者向《纽约时报》询问女童是否还活着,迫使报社刊登一则编者声明,称女童当时有足够的力量避开秃鹰,但她的最终命运不得而知。1994年4月2日,《纽约时报》通知卡特,他因这张照片获得了普利策特写摄影奖。然而7月27日,不到34岁的卡特留下7岁的女儿自杀了,他在遗言中道出他复杂的心理:"我郁闷……没有电话……租房子的钱……赡养孩子的钱……还债的钱!我脑子里尽是这样的记忆:杀人和尸体、愤怒和痛苦……饿得要死的或受伤的孩童、乱开枪的疯子、经常是警察、杀手……"①

卡特拍下了一张传世之作,可是他由于被认为只顾拍摄没有施救而受到猛烈批评,甚至有人称他为"现场的另一只秃鹰"。这反映了他作为摄影记者,在追求震撼画面的职业伦理要求与履行关爱生命的人文伦理要求之间的尖锐冲突。美国全国新闻摄影师协会前会长威廉·桑德斯强调了人性和道德责任的重要性,他认为:"你首先是人类的一分子,其次才是新闻工作者。"②而迈克·华莱士等知名电视记者则强调记者的职业使命是发掘和报道真相,认为只有真相才能最大限度地造福世界。在上述案例中,凯文·卡特记者所面临的抉择是在可能出现生命危险的情况下,是以其作为记者的职责为重,还是优先考虑拯救生命。以下我们运用"波特方格"模式来分析这一决策。

(1)定义、理解事实。在苏丹的拍摄现场,卡特遭遇了一个令人心酸的场景。他看到了一个小女孩蜷在地上,仿佛在哭泣,她的母亲正在忙着领取救济粮,暂时没有时间照顾她。就在这时,一只秃鹰降落在孩子身后。为了不惊扰秃鹰,卡特谨慎地调整了拍摄角度,并捕捉了他们俩的影像,之后他将秃鹰赶走。一个重要的细节是,小女孩手上戴着的一个环,表明她当时正受到人道主义保护。苏丹当时处于战乱和贫困中,使得这个小女孩的命运显得尤为悲惨,这些构成了摄影师凯文·卡特所理解的全部事实。

(2)概述决定的内在价值观。凯文·卡特生于1961年的南非,成长于种族隔离时代,目睹并经历了许多苦难,渴望通过摄影让世界了解非洲、关注非洲。③因此,尽管他拍摄的这一场景看起来像是小女孩即将成为猎物,而且他自己也可能因此遭受舆论的谴责,但他认为在小女孩能够得到人道主义援助的情况下,拍摄这样一张具有强烈震撼力的照片,可以揭示苏丹的战乱和饥饿现状,引起全世界的关注和同情。他认为这符合他的职业使命和道德责任,

---

① 维基百科.Kevin Carter词条[EB/OL].(2012-12-15)[2014-03-04]. http://en.wikipedia.org/wiki/Kevin_Carter.

② SMITH R F.Groping for Ethics in Journalism[M].MA:Wiley-Blackwell,2003.

③ 孙雪梅.凯文·卡特的选择是人道主义精神的体现——重新解读凯文·卡特《饥饿的苏丹》[J].新闻传播,2009(04):16,18.

即便这意味着要承受来自公众出于误解照片而产生的批评和对他个人的谴责。

（3）运用相关的伦理学原则。面对灾难时刻,记者是应该优先救助还是先进行拍摄?根据卡特所了解的事实和他所坚守的价值观,我们可以运用相应的伦理学原则来进行分析。根据罗斯的义务论,卡特救人和拍摄这两种选择本身都是道德的,但两者间发生冲突之时,则需要对不同伦理原则进行排序。显然,卡特肯定了拍摄的新闻价值和社会价值。在不造成伤害的前提下,通过拍摄引发全世界对苏丹问题的关注,可以产生更大的社会影响,从而实现作为记者的"忠实"、作为公民的"仁慈"等初始义务。此外,也可以从功利主义的角度出发,卡特认为报道真相,引起更广泛的关注和响应,能够带来最大的整体效用。

（4）清楚地表明一种忠诚。价值观往往是相互竞争的,使用波特方格的一个重要因素就是诚实对待你真正看重的价值观。揭示真相和人道主义都是高尚的理想,一旦他看重的是真相,他忠实于受众和职业,那么必须先拍摄,而放弃先援助。同时,怀有崇高新闻理想的卡特认为,通过镜头展示非洲的苦难也是对小女孩的忠诚,能让世界了解真实的非洲,能让更多的非洲儿童受到援助。从这个角度来看,卡特的行为是有其正当性的,即使这可能导致对个别受害者的直接援助的延迟或缺失。

通过运用"波特方格"的道德推理,我们能够理解卡特当时所处的伦理困境。作为一名专业摄影师,他努力通过新闻报道唤醒世界对非洲人民的关注,并勇于承担社会责任。他的职业理想中蕴含着人道主义精神,并且他一直致力于实践这一精神。但围绕卡特这次摄影行为,仍旧存在着诸多争议。这些争议反映出公众对新闻工作者在极端情况工作的理解与体会相对不足,由此带来了对如何平衡职业责任和人道主义原则的不同看法。

三、社交媒体视频传播伦理案例介绍与评析

2017年11月8日,被誉为"中国高空极限运动第一人"的吴永宁(微博名"吴咏宁")在长沙进行一次极限挑战时失手坠楼身亡,时年仅26岁。自2017年2月起,吴永宁开始在多个视频平台发布各种高空挑战视频,这些惊险刺激的内容为他带来了人气和收入。为吸引更多流量和关注,吴永宁不断加大动作的危险性,例如徒手扒着楼顶边缘做引体向上、单手固定位置凭空远眺等。媒体评论称他是"用生命在表演,以死亡谢幕"。在他坠亡前,有报道称某直播平台上的用户曾多次呼吁和请求相关视频平台关闭吴永宁的账号,担心这些视频可能引发悲剧。[①]然而,网络上仍然可以看到吴永宁账号发布的高空危险动作视频。

面对用户上传"危险动作类视频"的情形,网站平台的内容管理者确实面临着一个伦理困境。一方面,这类视频可能记录了多样化的生活方式,为平台带来更多流量;另一方面,这些内容可能涉嫌违反公众公认的伦理规范。下面我们通过"波特方格"模式来分析这一伦理问题。

（1）定义、理解事实。在决定是否删除视频、是否阻止吴永宁视频传播的过程中,平台

---

① 新浪科技.吴咏宁坠楼数月前,网友曾多次恳求视频直播平台封号[EB/OL].(2017-12-15)[2025-02-13].http://tech.sina.com.cn/roll/2017-12-15/doc-ifypsvkp3386359.shtml?cre=zlpc&mod=f&loc=4&r=1&doct=0&rfunc=100.

内容管理者首先需要明确当前的具体情境。在该类情况中,需要考虑的几个关键点包括:吴永宁作为普通用户,享有上传视频的权利和自由;他发布的视频属于危险动作类,这类视频可能引发观众,特别是未成年人的模仿行为,同时可能对吴永宁自身的生命安全构成威胁;另一个事实是,吴永宁有大量粉丝,其刺激性视频能够满足部分受众的好奇心理,从而为平台带来流量和知名度。这些因素共同构成了吴永宁事件中内容管理者所面临的完整事实背景。

（2）概述决定的内在价值观。一般而言,一方面,短视频平台都希望通过视频内容展现一个多元化的世界,反映不同群体和个人的生活状态。可见,"记录真实、传播多样生活方式"是这些平台的核心价值观之一。在这种价值观的指导下,平台内容管理者通常倾向于允许播放这类视频。但另一方面,此类危险动作视频存在着明显的风险。它们不仅可能危及吴永宁的生命安全,还可能对公共安全造成负面影响。

（3）运用相关的伦理学原则。面对这样的伦理困境,平台内容管理者可以参考"中庸之道"这一伦理学原则来进行决策。《中庸》有云:"喜怒哀乐未发,谓之中;发而皆中节,谓之和。中也者,天下之大本也;和也者,天下之达道也。致中和,天地位焉,万物育焉。"中庸之道的关键在于"中和",也即"折中"。世间万物,并非非黑即白。在决定是否播放危险动作类视频的问题上,管理者可以超越简单的"播"与"不播"的二元选择,探索更多的解决方案。一种可能的方法是,在基于"传播多样生活方式"的理念下允许视频公开传播的同时,采取一些技术手段来控制视频的曝光度和热度,比如限制评论或限制流量。此外,为了防止可能的模仿行为,可以在视频上添加警示标语,提醒观众"危险动作,切勿模仿"。这样的做法既尊重了"记录真实"的价值观,又最大限度地降低了可能造成的伤害,从而实现了"中和"的理念。

（4）清楚地表明一种忠诚。在该事件中存在两个相互对立的价值观——"记录真实"与"避免伤害"。尽管这两种价值观都体现了人文关怀,但平台内容管理者必须在两者之间做出选择,明确自己最看重的价值。如果平台内容管理者认为"记录真实"是平台最重要的价值观,那么他们会选择播放这些视频,帮助上传者记录并分享其生活经历。相反,如果管理者认为"不伤害"是最重要的价值观,他们则会禁止上传此类视频,以防止可能对表演者本人和观众造成的身心伤害。因此,无论平台内容管理者最终做出何种选择,都是忠诚于他们所选择的价值观的结果。

通过"波特方格"模式的推理分析可知,网络视频平台内容管理者在面对"危险动作类视频"时面临着伦理困境。这类视频"播"与"不播"都可能违背某种价值观。但在"运用相关的伦理学原则"这一步中,我们引入"中庸之道"以平衡这两种价值观之间的矛盾,并通过采取折中的技术手段来解决平台内容管理者面临的伦理难题。这种解决方式既考虑到了平台的利益,又照顾到了视频上传者的权益,并满足了观众的需求。

结 语

在信息爆炸的时代,媒体从业者不仅是信息的传递者,更是社会价值的守护者。一名真正具有专业精神和道德良知的媒体从业者,在新闻信息的选择、加工和传播过程中,时刻面临着复杂的道德考验和伦理抉择。这些抉择不仅关乎个体的职业操守,更影响着公众认知、社会信任乃至整个信息生态的健康发展。

通过本章对伦理学基本理论和伦理抉择模式的系统介绍,媒体从业者得以构建一套科学的伦理分析框架。这些理论并非简单的教条,而是提供了多元化的思考路径。在面对具体问题时,从业者需要灵活运用这些理论,结合具体情境进行综合权衡。通过伦理学的指引,从业者能够更清晰地梳理矛盾的核心,避免陷入非黑即白的简单化思维。

此外,本章对媒体伦理困境案例的评析进一步揭示了伦理问题的复杂性和现实性。这些案例表明,伦理困境往往不是技术或能力的问题,而是价值观的冲突。在"解释真相、恪守本职与伦理道德"的拉锯战中,媒体从业者必须学会多维度思考:既要坚持新闻的真实性和客观性,又要兼顾人文关怀;既要满足公众的知情权,又要防范信息传播的潜在风险。这一过程并非要寻找一个完美的解决方案,而是通过持续的反思与实践,找到一个相对合理的支点。

更重要的是,媒体伦理的实践不应仅依赖个人的道德自觉,还需要行业规范和社会监督的共同作用。我国的新闻职业伦理规范条文为从业者提供了基本准则,但真正的伦理意识源于对职业使命的深刻理解——媒体不仅是信息的桥梁,更是社会的守望者。在技术变革加剧信息伦理风险的今天,媒体从业者更需保持警惕,避免在流量竞争中迷失方向。

总之,媒体伦理的学习不是终点,而是职业成长的起点。它要求从业者在每一次采访、每一篇报道中保持自省,在"记录历史"与"守护人性"之间寻找平衡。唯有如此,新闻业才能赢得公众的长期信任,真正履行其社会责任。

思考题

1. 各国媒体伦理规范的主要内容有哪些?
2. 伦理学的主要理论有哪些?
3. 媒体伦理困境中的伦理抉择模式有哪些?
4. 请用伦理困境的解决模式去分析某一新闻事件。

第二章

媒体报道与新闻真实

◆ 学习目标

1. 深入理解新闻真实性的内涵及其在新闻实践中的核心价值。

2. 了解虚假新闻的特征表现,特别是智能媒体时代虚假新闻的新特点。

3. 全面掌握虚假新闻产生的深层原因及治理对策。

◆ 本章概述

新闻真实是媒体工作的核心原则,也是媒体公信力的基石。然而,在信息传播技术飞速发展的今天,虚假新闻问题日益严重,尤其是在智能媒体时代,虚假新闻的生成与传播变得更加隐蔽和复杂。本章从新闻真实的含义出发,探讨如何在新闻工作中坚守真实性原则,分析虚假新闻的特点及其在智能媒体环境下的新变化,并通过典型案例揭示虚假新闻的危害与成因。最后,本章提出智媒环境下虚假新闻的治理对策。

第一节　新闻真实概述

一、新闻真实的含义

新闻真实既是新闻学科中最古老的问题,也是当下最受关注的议题,是新闻实践中最重要的原则。新闻真实是新闻的生命,失去真实性的新闻无论多么吸引人,都失去了新闻存在的意义和价值。比尔·科瓦齐和汤姆·罗森斯蒂尔在《新闻的十大基本原则》中认为,"新闻工作首先要对真实负责",并指出"最终使新闻业与众不同的是它对真相的责任"。[①]对于媒体

---

① 科瓦齐,罗森斯蒂尔.新闻的十大基本原则——新闻从业者须知和公众的期待[M].2版.刘海龙,连晓东,译.北京:北京大学出版社,2014:42,48.

来说,新闻真实是安身立命的根本,是新闻业合法性的来源;对于媒体工作者来说,新闻真实是其在新闻职业实践中需要遵循的最低底线,也是他们需要追求的最高目标;对于公众来说,新闻真实是他们信任媒体的基础。如果新闻媒体所提供的新闻不真实,公众就无法获取日常生活所需要的有参考价值的信息,其对于新闻媒体的信任便会大打折扣。因此,作为一种新闻规范,新闻真实既是一种道德理想,也是一套工作原则,还是一种可行且必要的新闻生产规范。

新闻真实,指的就是要以事实为依据,如实地、准确地描述客观事实的原貌及其变动过程。新闻作为决策依据被社会所需要;公众对于新闻的核心期待是真实性;新闻失实则可能造成严重的社会后果。[①]对新闻业来说,真实性解决了一个重要的问题——它如何可信地向公众传递一种价值观,即新闻业是寻求真相的机构,真相的讲述者,由此在社会中确立自己的位置。[②]具体而言,新闻真实包含以下含义。

其一,事实客观。

新闻真实的核心在于对客观事实的忠实还原。新闻报道中的信息必须是独立于主观意志的客观存在,而不是道听途说甚至主观臆断。马克思主义新闻观强调"事实第一性,新闻第二性",新闻必须以客观事实为基础,如实反映社会现实。若新闻脱离事实,其传播价值将归零,甚至沦为谣言工具。新闻报道需客观呈现多元视角,避免主观偏见,在报道中要给予各方平等发声机会。

其二,要素准确。

新闻真实要求构成新闻的基本要素必须精确无误,时间、地点、人物、事件、原因、过程六大核心要素都是真实的。要素准确性不仅是技术要求,更是新闻伦理的底线,每个要素的精确性共同构筑新闻真实的基石。许多媒体伦理规范都规定,新闻从业者需确保公众所接受的信息绝对准确,任何对事实的歪曲或遗漏都将损害新闻的公信力。具体来看,时间需与实际严格契合;地点需从宏观到微观精确无误;人物身份、言行需真实可查,杜绝虚构或断章取义;事件需完整呈现因果链条,兼顾多方观点与证据,持续完善细节;原因需基于事实与科学逻辑,综合表层与深层动因,避免专业局限产生的误判;结果需清晰明确,对不确定性如实说明。马克思主义新闻观强调以实事求是原则与发展眼光透视本质,指导记者严谨核实、交叉求证,通过时间线连贯性、空间精准性、人物客观性、事件完整性、因果逻辑性及结果清晰性,构建多维真实,为公众提供可靠认知框架。

其三,过程真实。

过程真实是指由多元新闻生产、新闻传播主体相互影响、相互作用,在一定过程中共同呈现、塑造、建构出的新闻真实。在微观层面上,同样一件新闻事实,不同的媒体可能有不同的报道,这些报道有可能相似,也有可能不同,甚至会出现矛盾对立,总体上看,会形成一种存在差异的报道局面,这是由不同媒体、不同报道者的新闻选择取向所决定的。由此一来,新闻事实的真实面目如何,就不再是某一媒体单一呈现或决定的,而是所有参与报道的媒体

①　《新闻学概论》编写组.新闻学概论[M].2版.北京:高等教育出版社,2020:37.

②　白红义,王嘉怡.数字时代新闻真实的消解与观念重构[J].新闻与写作,2022(07):14-25.

共同呈现的,这些不同呈现可能展现了新闻事实的不同侧面,有可能形成一种互补关系,从而呈现出新闻事实的整体面目。马克思有关"报刊的有机运动"的论述认为:"在人民报刊正常发展的情况下,构成人民报刊实质的各个分子都应当首先各自形成自己的特征。这样,人民报刊的整个机体便分成许多各不相同的报纸,它们具有各种不同而又相互补充的特征。"①新闻真实论视野中,不同新闻媒体之间只有实现良性有机互动,才能促成整体新闻图景的形成。

二、在新闻工作中如何做到新闻真实

新闻真实是新闻媒体公信力的前提,提高新闻媒体的公信力,就必须反对虚假新闻。下面基于"采写编排摄"各环节对新闻真实性的要求,结合数字媒体时代的特点,分析在采访、编辑、写作等环节保证新闻真实性的策略。

其一,采访求真:多源核实,现场还原。

采访是坚持新闻真实性的基础环节,记者必须以科学且专业的调查方法进行新闻采访。"新闻真实不仅是对事实的准确呈现,也是新闻传播过程中'采写编排摄'各环节共同作用的结果。新闻真实是一个系统工程,新闻生产者需要以科学的采访方法和严谨的写作态度作为保障。"②在数字媒体时代,信息源更加多元,记者需要具备更强的信息筛选和核实能力。首先,记者应坚持多源核实原则,通过交叉验证确保信息的可靠性。如在处理复杂的数据新闻时,记者需运用统计学,确保数据的准确性和代表性,同时结合实地采访和专家咨询,验证数据背后的事实。其次,记者应注重现场采访,尤其是在突发性新闻事件中,第一手资料对于还原事件真相至关重要。此外,记者还需警惕虚假信息和网络谣言,避免因信息失真而影响新闻的真实性。

其二,编辑把关:严格筛选,多角验证。

编辑环节在确保新闻真实性中至关重要,尤其是在信息传播极为迅速的数字媒体时代,编辑更需严格把关。徐宝璜在我国第一部理论新闻学著作《新闻学》中提到"新闻须为事实,此理极明,无待解释,故凡凭空杜撰、闭门捏造之消息,均非新闻"③。这一观点至今仍具有重要的指导意义。在数字媒体时代,信息传播速度极快,编辑在筛选、审核稿件时,更要严格把关,确保新闻的真实性。无论是传统新闻稿还是新兴的短视频新闻脚本等,编辑都需依据新闻真实性原则,对内容进行仔细甄别与修正。编辑应重点关注以下几个方面:首先,对新闻来源进行核实,确保信息的可靠性;其次,对新闻事实进行多角度验证,避免因片面信息导致报道失真;最后,规范新闻语言表达,避免使用模糊、误导性的表述。

其三,写作严谨:语言精准,逻辑清晰。

写作是新闻真实性的重要体现,新闻生产者应以严谨的态度和科学的语言表达事实。

---

①　马克思,恩格斯.马克思恩格斯全集(第一卷)[M].2版.北京:人民出版社,1995:397.

②　杨保军.新闻真实论新修版[M].北京:中国人民大学出版社,2024:47-96.

③　徐宝璜.新闻学[M].北京:中国传媒大学出版社,2016:1-3.

首先,记者应确保新闻内容的准确性,避免主观臆断或夸大事实。其次,记者应注重语言表达的清晰性和逻辑性,避免使用模糊或歧义性语言。此外,记者还需遵循新闻伦理规范,确保报道不侵犯他人权益,同时避免因不当表述引发社会误解或冲突。

其四,编排有序:图文并茂,事实优先。

在内容编排上,通过对图文和视频合理的排版更好地呈现新闻事实,避免在视觉上误导受众。在融合新闻中,文字、图片、视频等多种元素的排版布局至关重要。排版应遵循以下原则:首先,信息呈现应清晰明了,避免因复杂的排版设计而干扰受众对新闻事实的理解;其次,多种元素如图片、文字的组合应逻辑严谨,确保新闻事件的全貌得以完整呈现;最后,排版设计应避免因过度追求视觉效果而扭曲事实。

其五,摄影纪实:瞬间捕捉,真实呈现。

摄影是对新闻事件现场的直接记录,记者在拍摄时必须尊重事实,确保所拍摄的内容真实反映事件现场的情况。在突发性新闻事件中,摄影记者的第一手真实影像资料对于还原事件真相起着关键作用。例如,在灾难现场或突发公共事件中,记者应避免使用后期处理技术对图片或视频进行虚假修饰,确保影像资料的原始性和真实性。同时,记者应具备敏锐的新闻嗅觉,捕捉事件的关键瞬间,通过真实、客观的影像传递新闻价值。

新闻真实是新闻工作的核心价值,贯穿于新闻生产的各个环节。在采写环节,记者应运用科学方法和技术手段,确保信息的准确性和客观性;在编辑环节,编辑应严格把关,对内容进行仔细甄别与修正;在排版环节,应注重形式与内容的统一,避免误导受众;在摄影环节,记者应坚守真实性原则,确保影像资料真实反映现场。在数字时代,新闻工作者应不断学习和适应新技术,以确保新闻真实在新闻传播的全过程中得以实现。

第二节　对新闻真实性的违背——虚假新闻现象

新闻真实是新闻工作的生命线,其要求从业者以严谨态度不断逼近事实本质。然而,在新闻生产实践过程中,主观认知偏差、技术迭代冲击与传播环境变迁等多重因素交织,使得媒体工作者对新闻真实性的维护面临严峻挑战。近年来,虚假新闻已从偶发失范行为演变为影响社会信息秩序的结构性问题,其生成机制与传播模式呈现出值得警惕的新动向。虚假新闻呈现出许多新的样态。

一、虚假新闻的主要特点

(一)新闻要素失实,背离真相

虚假新闻往往存在新闻要素的失实,具体表现为新闻人物、时间、地点、事件、原因、过程等方面的虚构、歪曲或者断章取义,制造出部分真实或完全失实的假新闻,干扰公众对客观世界的认知。例如,对事件的时间和地点进行错误描述扰乱事件逻辑,人为导演的新闻假事件等,背离新闻真实性的基本原则。[①]

(二)新闻来源模糊,渠道不可靠

虚假新闻的信息来源往往不明确或难以追溯,如使用"据知情人士透露""外媒报道""内部消息"等模糊表述,缺乏具体的机构、人物或证据支持。此外,虚假新闻常依赖非权威或匿名渠道,甚至引用未经证实的社交媒体帖子、论坛讨论或自媒体报道,这些来源往往未经核实,可信度存疑。[②]特殊情况下为保护信源而使信源模糊情有可原,但这绝不应成为主观造假的"掩护"。

(三)新闻标题夸张,吸引眼球

虚假新闻的标题往往以夸张、煽动性的语言吸引眼球,利用公众的猎奇心理和情感共鸣获得关注与传播。这类标题通常采用极端化的表述,如"震惊!""惊天秘密!""全球哗然!"等,制造紧迫感或戏剧化效果,激发读者的点击欲望。然而,标题与内容往往严重不符,甚至完全脱离事实。例如,标题可能宣称某明星"突然去世"或政府"宣布重大政策",但正文却与标题完全无关。这种夸张的标题不仅误导读者,还破坏了新闻的真实性和公信力,加剧了信息传播中的混乱与不信任。

(四)刻意煽动情绪,操纵舆论

虚假新闻常常采用情绪化的语言,刻意夸大事实或制造对立,激发读者的愤怒、恐惧、同情等强烈情绪,从而干扰公众的理性判断。[③]例如,虚假新闻可能渲染某种危机(如突发公共卫生事件、经济崩溃)以制造恐慌,或者通过断章取义、歪曲事实的方式挑起地域、种族、政治等群体间的对立。此外,虚假新闻的制造者往往带有明确的目的,如政治操纵、商业利益或诋毁他人等,通过操控舆论导向来实现自身利益。[④]

(五)假新闻传播迅速,缺乏核实

社交媒体的便捷性使用户能够轻松转发信息,而社交媒体上一些虚假新闻正是利用人们的好奇心和从众心理,吸引大量用户关注和分享。再加上平台算法的推荐机制,这些虚假信息得以在网络上迅速传播,形成病毒式扩散。例如,一条虚假的明星绯闻可能在几小时内就传遍各大社交平台,引发大量讨论。由于虚假新闻传播速度快,往往未经当事人、权威机构或主流媒体核实,导致其在短时间内广泛传播,其不实的内容会对当事人、社会秩序等带来负面影响。

---

①　唐建英.关于虚假新闻与传媒自律的思考[J].中国青年政治学院学报,2008(01):123-127.

②　吴辉,向启芬.虚假新闻生产新变化及其治理研究——基于《新闻记者》2001-2019"年度虚假新闻案例"的考察[J].西南民族大学学报(人文社科版),2020(08):155-160.

③　吴红旗,朱文文.互联网语境下虚假新闻的特点及规制[J].新闻爱好者,2022(08):65-67.

④　杨保军.认清假新闻的真面目[J].新闻记者,2011(02):4-11.

二、智能媒体时代虚假新闻的新特点

随着智能技术发展,信息传播突破时空限制、制作成本大为降低、传播效率大大提高,而智能技术在为信息传播带来诸多便利的同时,却给防范虚假新闻的产生带来了前所未有的挑战。从深度伪造技术制造逼真视频,到社交媒体上自动化机器人散布谣言,虚假新闻正以前所未有的速度和规模影响公众认知与决策。美国印第安纳大学的一个研究团队即通过对有关1400万条推特(Twitter)推文的流通规律的分析,发现高度智能化的社交机器人在低可信度内容的扩散和病毒式传播中扮演了关键角色,人类媒体用户对此几乎无法分辨。[①] 智能媒体时代虚假新闻的新特点主要有以下几个方面。

(一)虚假新闻的生成主体:从人类主导到人机合谋

由于新闻生产主体的泛化,越来越多的自媒体开始自主生产和传播信息,但是由于缺乏一定的专业主义素养,既有的新闻伦理和道德对于这部分信息传播者完全失灵,部分自媒体逐渐成为假新闻酝酿、生产和传播的温床;同时,人工智能技术驱动的自然语言处理模型拥有文本生成能力,能够不断学习大规模语料库,根据用户的要求整合修改资料,生成结构和语法较为规范的虚假新闻。虚假新闻的制作者借助层出不穷的智媒技术不断提高制作水平,使得"有图"不一定"有真相",新闻呈现出高仿真的特点,识别假新闻的成本越来越高。[②] 2023年4月25日,甘肃平凉警方在网络平台监测到一条名为"今晨,甘肃一火车撞上修路工人,致9人死亡"的虚假新闻,调查后发现是某自媒体借助自然语言处理工具ChatGPT将搜集到的多个新闻要素修改编辑生成的。这则虚假新闻涉及重大安全事故,因此被有关部门迅速识别并澄清。

早期的虚假新闻制作主要依赖于Photoshop等图像处理工具,技术要求较高且效果有限。而随着人工智能技术的进步,特别是OpenAI发布的Sora等文生视频大模型的出现,用户仅需输入简单的文字描述即可生成与描述相符的视频内容。此外,深度伪造技术能够在文本、图像、音频和视频等多个领域生成高度逼真的虚假内容。技术门槛的降低使得虚假新闻的制作变得更加便捷和高效,普通人也能轻松生成具有欺骗性的新闻。

(二)虚假新闻的生成效果:逼真度大幅提升

在新媒体时代,自媒体生产者为了使假信息获得更多的关注和更强的传播力,会有意识地采取"仿造"策略,常见方法包括假借权威、捏造细节、图文错位、情境挪移等,试图生产出让用户难以辨别的假新闻。但在仿造中,无论仿品新闻多么逼真,仿品与被仿客体仍存在着

---

① SHAO C, CIAMPAGLIA G L, VAROL O, et al. The spread of low-credibility content by social bots[J]. Nature Communications, 2018(1):1-34.

② 熊茵. 合谋、超真、无终态:假新闻的生成机理及演化趋向[J]. 南京社会科学,2023(08):105-113.

一种可察觉的差异。①相较于传统媒体技术,智能时代的图像视频处理技术愈发成熟,新闻图片造假的方式也更加多样。如常见的新闻图片造假方式有截图、摆拍、使用修图软件调整图片色调和其他细节等。无论是伪造的名人演讲、虚假的新闻报道,还是捏造的社会事件视频,其视觉效果和语音模拟都几乎可以以假乱真。这种高度的真实性使得虚假新闻的识别难度大幅增加,普通公众甚至专业机构都难以在短时间内辨别真伪。2023年3月,一组美国前总统特朗普被捕的图片在网上流传,这组虚假图片实际上由 Midjourney 生成,创作者在图像生成工具上输入了"特朗普在被捕时摔倒""新闻镜头""黄金比例"三个关键词而生成。②新闻生产中诸如形象性、纪实性、瞬间性等范式已被人工智能习得,新闻媒体报道的真实性和权威性面临着新的挑战。

(三)假新闻的生成过程:没有终止的流动生成

今天的新闻生成过程发生了巨大变化,虚假新闻的生产与传播也因此变得难以遏制。传统的新闻生产模式由记者主导、机构把关,新闻经过一次刊发后单次传播;而如今,新闻生产已转变为全民参与、共同传播的过程,新闻传播也从单次发布演变为多主体接力传播和循环报道。这种变化使得虚假新闻呈现出一种"流动生成"的状态,其传播过程没有终点,始终处于动态演变之中。③

在这一背景下,基于结构扁平化和多元协同的蜂巢式新闻生产模式逐渐成为业界常态。智能技术如传感器、算法等被广泛应用于新闻文本的自动生成、更新与推送,进一步推动了新闻生产的自动化和智能化。虚假新闻在这种环境中不再具有固定的形态,而是在不断的传播和裂变中变得更加复杂和不确定。这种动态性和流动性使得虚假新闻的识别和治理变得更加困难,也对新闻的真实性和社会的信任体系提出了严峻挑战。

第三节　　虚假新闻的案例介绍与评析

一、传统媒体中虚假新闻案例介绍与评析

2007年7月8日,北京电视台《透明度》栏目播出了一期题为"纸做的包子"节目,内容为记者暗访朝阳区一无照加工点,该加工点使用废纸箱为馅制作小笼包并出售。节目播出后,

---

①　熊茵.合谋、超真、无终态:假新闻的生成机理及演化趋向[J].南京社会科学,2023(08):105-113.

②　南博一,刘卓尔.特朗普被警察围殴逮捕?人工智能合成的假图像传播引发担忧[N/OL].澎湃新闻,2023-03-24[2025-03-22].https://www.thepaper.cn/newsDetail_forward_22428102.

③　熊茵.合谋、超真、无终态:假新闻的生成机理及演化趋向[J].南京社会科学,2023(08):105-113.

公众极为震惊,也引起政府等多方的重视。

2007年6月初,北京记者訾北佳在《透明度》栏目组选题会上提出,曾接到过群众电话反映"包子有掺碎纸"的问题,引起了栏目制片人的兴趣,遂被确定为报道专题。此后訾北佳先后在北京四环路一带进行调查,但始终没有发现包子的质量问题。由于选题已上报,压力很大,加之刚到北京电视台,既想出名又想挣钱。期间,栏目主编以时限为由,催促其抓紧拍摄专题节目。于是,他化名"胡月",以为民工购买早点的名义,要求来自陕西省华阴市的卫全峰、赵晓彦、赵江波、杨春玲等人为其制作包子。6月底的一天,訾北佳携带秘密拍摄设备,邀请其朋友、无业人员张泫江假扮工地老板,在朝阳区康家沟市场购买了肉馅、面粉等物后,要求卫全峰等四人做包子。拍摄过程中,訾北佳要求卫全峰等人将其捡来的纸箱经水浸泡剁碎掺入肉馅中,制成包子喂狗。因效果不佳,便随机找到一名农民工,授意其编造了有关"肉和纸比例关系"的谎话,并编造使用火碱的台词,以增加视觉、听觉效果,编辑制作了虚假电视专题片《纸做的包子》播出带。

北京电视台在7月18日的《北京新闻》中承认生活频道对《纸做的包子》报道"审核把关不严,管理制度执行不力",并承认报道播出后造成了恶劣的社会影响,表示要"高度重视这一恶劣事件,深刻汲取教训,严肃查处相关责任人员"。8月12日,訾北佳以损害商品声誉罪被北京市第二中级人民法院判处有期徒刑1年,并处罚金1000元。[1][2]

(一)利益权衡下的立场失守:记者缺乏基本的职业素养

记者訾北佳为完成任务,制造轰动效应而自导自演"新闻",已经严重违背了新闻真实原则,是缺乏基本职业素质的表现。一名合格记者的专业素质除了理论知识素质、政治素质之外,还包括职业道德素质,即维护新闻真实是记者职业道德中的基本要求。记者的本职是客观真实地报道事实,不应为了完成任务而触碰职业道德的底线,新闻报道中需要的不是导演、编剧、小说家,而是一个冷静、客观的旁观者和记录者。在新闻报道中,记者应该首先要保证新闻的真实性,其次再追求其他趣味性、显著性等价值。本报道中的虚假新闻是"完全的假新闻",可以说该记者为了追求名利,追求新闻的趣味性和轰动性,完全忽视了新闻真实这一基本原则。一些虚假新闻产生的原因与新闻工作者在新闻生产流程各个环节中缺乏专业素质有密切关系。例如,在采访环节,记者在一些常识性知识中犯错误、疏漏采访中的某些细节、过于依赖网络消息来源或单一消息源而不进行现场采访等。这些都是记者缺乏基本职业素养的表现,会对新闻真实性造成很大的破坏。

(二)公共话题中的把关缺失:媒体运行制度存在漏洞

食品安全作为关乎民生的敏感话题,极易引发社会舆情。因此,在涉及此类事件的新闻

---

① 刘浦泉.京城"纸馅包子"假新闻出笼前后[EB/OL].(2007-07-19)[2025-03-21].https://news.cctv.com/society/20070719/111968.shtml.

② 叶伟名.假新闻事件:纸包子露馅[EB/OL].(2007-12-29)[2025-03-21].https://news.sohu.com/20071229/n254380891.shtml.

采集、编辑和传播过程中,主流媒体作为权威信息的代表,更应层层把关,慎重对待。然而,"纸做的包子"事件暴露了媒体运行制度中的严重漏洞,尤其是审核和把关环节的缺失。2011年国家新闻出版署就印发了《关于严防虚假新闻报道的若干规定》,其中要求:"新闻记者开展新闻采访活动必须遵守国家法律法规,严禁编发虚假新闻和失实报道。新闻机构要建立健全内部防范虚假新闻的管理制度。新闻机构要建立健全虚假失实报道的纠错和更正制度,完善虚假失实报道的责任追究制度。"[①]然而,在这一事件中,媒体并未严格执行相关规定,导致虚假新闻得以传播。具体而言,媒体在审核环节存在明显疏漏。编辑未对记者提供的视频内容进行核实,轻信记者的说辞,导致虚假新闻顺利播出。这种把关不严的现象,反映出媒体在管理制度上的漏洞。为杜绝此类问题,媒体应建立公开严厉的处理机制,例如设立"问责制"和"不良记录制",提高造假的成本,从而确保新闻的真实性。

(三)虚假新闻的影响:引起媒体声誉受损和社会恐慌

记者訾北佳为追求个人利益、捏造事实、导演场景,制作虚假新闻,而栏目组在未严格核实的情况下将其播出,这种行为严重违背了新闻真实性的基本原则,导致公众对媒体的信任度大幅下降。事件曝光后,北京电视台公开承认"审核把关不严,管理制度执行不力",并对此表示深刻反省。然而,这种事后补救难以完全挽回公众对媒体的信任。同时,该新闻直接引发了公众对食品安全的恐慌。许多消费者对市场上的包子及其他食品产生了严重的信任危机,加剧了社会对食品安全监管体系的不信任。这种恐慌不仅影响了消费者的日常生活,还对食品行业的经济活动造成了冲击,食品生产企业因虚假新闻而遭受不必要的质疑和损失。

二、智媒环境下虚假新闻案例介绍与评析

2023年7月31日,央视CCTV-13《法治在线》栏目播出《编造谣言博眼球,法不容》,聚焦崆峒公安分局侦破甘肃省首例利用AI人工智能技术炮制虚假信息案。[②]据悉,2023年4月25日,甘肃省平凉市公安局崆峒分局民警在工作中发现,有多个网络账号在百家号、新浪微博等平台陆续发布《今晨,甘肃一火车撞上修路工人,致9人死亡》的文章,并出现多个版本,涉及甘肃省平凉、庆阳、陇南、酒泉等多地。[③]在全网累计传播258条,累计浏览1.5万余次,引起了不明真相网友的关注。对此,崆峒公安立即开展多方核实工作,得到各市州官方明确回复:近期未发生任何火车安全事故。民警核定"甘肃省发生火车事故致9人死亡"的信息

---

① 国家新闻出版署.新闻出版总署关于印发《关于严防虚假新闻报道的若干规定》的通知[EB/OL].(2021-10-14)[2025-03-22].https://www.nppa.gov.cn/xxfb/zcfg/gfxwj/201111/t20111111_4458.html.

② 编造谣言博眼球,法不容[N/OL].央视网,2023-07-31[2025-03-10].https://tv.cctv.com/2023/07/31/VIDEcVGxYqGJJWoXnoZIXfe4230731.shtml.

③ 甘肃公安.挖呀挖,甘肃公安侦破首例利用AI人工智能技术炮制虚假信息案![EB/OL].(2023-05-07)[2025-03-22].https://mp.weixin.qq.com/s/_Wfe-EV13O6uBM65jZDzdg.

系谣言。该文章作者发布虚假造谣信息、扰乱网络公共秩序意图明显,并已严重扰乱网络秩序。民警迅速展开案件侦办工作。5月5日,民警在广东东莞将犯罪嫌疑人洪某抓获。经查,洪某于2023年4月从微信好友口中得知网络流量可变现,随后便在网上搜索近几年的社会热点新闻,并使用AI人工智能软件对新闻时间、地点等各要素进行修改编辑后,利用软件上传到发布平台,赚取关注和流量进行非法牟利。犯罪嫌疑人洪某已被依法采取刑事强制措施。[①]

2023年2月16日,一条关于杭州市政府3月1日起将取消机动车依尾号限行的所谓"新闻稿"在网上传播,引发群众广泛的关注。后经过相关部门核实,该信息为谣言。具体情况为:杭州某小区业主群讨论ChatGPT时,一位业主开玩笑说可以尝试用其写一篇杭州取消限行的新闻稿,随后在群里直播了使用ChatGPT的写作过程,并将文章发在业主群里。其他不明真相的群内业主纷纷截图转发。随后,一则题为"浙江省杭州市政府3月1日取消机动车依尾号限行"的"新闻稿"在网上疯传,引起关注。3月17日,杭州警方介入调查,证实该消息不实。[②]

以上两则案例都涉及普通用户使用新的技术生产虚假新闻这一问题。在智能媒体时代,虚假新闻的产生与传播都值得我们警惕。

(一)人工智能技术使得虚假新闻更容易被生成与传播

生成式人工智能浪潮下,多元行动者涌入新闻生产与传播领域,主流媒体构建真实的权威被进一步消解,后真相时代陷入去真相的困境。[③]以ChatGPT为代表的生成式人工智能,依托强大的算法和语言模型,在一定程度上提升了新闻报道的效率化和便捷化。人工智能实现了新闻内容的自动化生产、个性化呈现以及场景化、嵌入式传播,推动了新闻业的数字化和智能化转型。然而,它也给新闻报道带来了巨大的挑战与危机。生成式人工智能不具备审查信息真实性或判断信息合理性的能力,这使得非专业人员从事新闻生产时,传统的"选择事实、加工制作、播报传递、受众接受和信息反馈"的新闻生产环节被打乱。记者在新闻内容生产中的决定权和把关权被削弱,新闻生产的链条关系被打破。大量由人工智能生成的内容,为了博取流量与利益,涌入新闻报道行业,导致新闻真实性与准确性难以保障,虚假新闻产生的可能性大幅增加。甘肃省平凉市公安局崆峒分局侦破的"甘肃一火车撞上修路工人,致9人死亡"虚假新闻案件,是典型的技术滥用的产物。犯罪嫌疑人洪某通过AI人工智能软件对新闻时间、地点等要素进行修改编辑,制造虚假信息并在多个网络平台发布。AI技术的普及使得虚假新闻的生成更加高效和逼真,普通人也能通过简单的操作制造出看

---

① 平凉市公安局.媒体聚焦:央视法治在线栏目聚焦崆峒公安分局侦破甘肃省首例利用AI人工智能技术炮制虚假信息案[EB/OL].(2023-07-31)[2025-03-10].https://mp.weixin.qq.com/s/wnDVSo92ytlvybEcKUsoUg.

② 互联网联合辟谣平台.网络疯传"取消限行新闻稿"?警方已介入调查[EB/OL].(2023-02-17)[2025-03-10].https://mp.weixin.qq.com/s/viokH4fYLm-EqdUSAeQ3Gw.

③ 喻国明,高娅婕,章雪晴."后真相"的形成机制与消解之道:AIGC时代新闻真实的重建——基于信息生态理论的探讨[J].学术探索,2024(05):37-45.

似真实的新闻内容。虚假新闻制造者借助人工智能技术,生产了让人难以分辨真假的虚假新闻,对社会的信息生态构成了严峻挑战。

(二)公众的人工智能素养不足加速了虚假新闻的传播

人工智能生成新闻在内容结构、逻辑、完整度上实现了全面突破,其表达习惯与真人高度接近,以ChatGPT为代表的人工智能技术,凭借其强大的模拟能力,生成的新闻稿在格式、措辞、结构和语态上与官方通报或专业新闻稿极其相似,几乎达到了以假乱真的程度。这种高度逼真的生成能力,使得普通公众难以辨别新闻的真伪。在"杭州市政府3月1日取消机动车依尾号限行"事件中,ChatGPT生成的虚假新闻因其与官方通报的高度相似性,被许多不明真相的公众信以为真并广泛转发。这一现象反映出公众在人工智能素养方面的不足:他们缺乏对人工智能生成内容的辨识能力,无法有效区分真实新闻与虚假信息。

此外,自媒体用户在这一过程中扮演了重要角色。与专业新闻从业者不同,自媒体用户往往缺乏新闻生产的专业素养,发布信息时容易被情绪主导,且较少主动核查事实。他们更多的是通过评论、转发等方式参与信息传播,这进一步扩大了虚假新闻的传播范围和影响。在此次事件中,一些自媒体用户不加质疑地转发和评论虚假新闻,正是公众媒介素养不足的典型表现。公众在人工智能素养方面的欠缺,不仅使他们难以理性、批判地接收信息,还加速了虚假新闻的传播。

第四节 智媒环境下虚假新闻的治理对策

随着媒介技术的迭代升级,虚假新闻已从传统媒体时代的要素失实、来源模糊,演变为智能媒体时代人机合谋、深度伪造的复杂样态。虚假新闻的泛滥不仅消解了媒体公信力,更侵蚀着社会共识与公共理性。面对这一跨主体、跨技术、跨维度的系统性挑战,仅靠单一治理手段已难以应对。唯有构建多层级协同的治理框架,从技术反制、素养提升、制度约束等多维度切入,方能在虚实交织的传播生态中重塑新闻真实的权威,为公众锚定可信的认知坐标。

一、建设开放的打假防御机制:用技术反制技术

建设一种开放的、技术驱动的打假新闻防御机制,成为应对虚假新闻泛滥的必然选择。针对人工智能产生虚假新闻问题,可以基于人工智能的智能检测工具来防御虚假新闻的产生,如利用深度学习算法识别伪造的图像、视频和音频,通过自然语言处理技术分析文本内容的真实性。平台方可以运用算法对虚假新闻进行治理,如利用社交平台内部算法的优化,

减少假新闻的扩散概率和程度,即在假新闻被算法监测到后,对低可信度信源进行"降权"处理,减少来自这个信源的推送机会,通过平台的检测和响应操作,抑制假新闻的传播。[①]又如利用社交平台之外的算法对社交平台中的假新闻进行预测、识别。《纽约时报》于2019年7月利用区块链技术开启了"新闻来源计划",依靠区块链技术打击误导性图片。《纽约时报》具体从拍摄时间、拍摄地点、拍摄人、发布人以及新闻机构网络中的编辑使用情况五个维度判别照片来源是否真实可靠。通过这些信息,媒体可以将该图片与存储在开源区块链分布式账本上的内容进行对比,从而判断该图片是否真实,进而判断相关资讯是否是假新闻。[②]此外,还可通过开发"人机协作标注平台",将专业记者的事实核查逻辑转化为算法训练数据,以提高机器识别准确率。以上列举的仅是部分方法,但其核心在于依托技术的力量来遏制虚假新闻的泛滥,通过创新与协作构建更加有效的防御机制。

二、拓展新型的新闻实践机制:事实核查制度

事实核查作为一种新闻体裁,可以被定义为通过系统方式对公众人物和机构提出的主张或声称的有效性的评估。[③]20世纪20年代,事实核查制度产生于美国,在其出现初期,它被当作新闻编辑室内部的一种纠错机制,是报纸采编流程中的重要部分。事实核查在后真相时代发生转型,逐渐跳脱出新闻编辑室内部的新闻生产流程,成为一种新兴的新闻样态。在中国,辟谣是一种更为常见的针对假新闻的新闻实践机制。互联网信息辟谣主要由政府主体主导,例如中央网信办设立的"中国互联网联合辟谣平台"和"科普中国-科学辟谣"。此外,专业媒体也在积极探索事实核查,如澎湃新闻的全球事实核查平台"明查"。除了事实核查的主体呈现出多样性之外,事实核查的方式也呈现出丰富的特征。常见的核查方式有专家辟谣、专业记者完成的背景信息查证或者叙事逻辑检验、自动化核查等。[④]研究显示,接触事实核查能够显著降低人们对假新闻误以为真的判断,同时提升他们对真新闻的准确度感知。其中,新闻机构和专业人员完成的"识真"式事实核查具有尤为显著的正面效果。[⑤]

---

①　方师师.哈佛大学肯尼迪政治学院:打击假新闻的研究议程与行动方针(编译)[J].汕头大学学报(人文社会科学版),2017(09):98-101.

②　江苏社科规划网.从国外媒体实践看传统媒体区块链应用[EB/OL].(2021-06-16)[2025-03-10].http://jspopss.jschina.com.cn/shekedongtai/202106/t20210616_7125708.shtml.

③　WALTER N,COHEN J,HOLBERT R L,et al.Fact-checking:A meta-analysis of what works and for whom[J].Political Communication,2019(03):350-375.

④　潘文静.事实核查何以"出圈"——一项在线实验研究的启示[J].青年记者,2023(23):16-18.

⑤　闫文捷,刘于思,周睿鸣.事实核查:专业新闻生产者可为的创新实践——一项在线实验的启示[J].新闻记者,2023(02):46-59.

三、培养合格的信息守门人：用户素养提升

用户作为信息传播链中的重要一环，其素养水平直接影响虚假新闻的传播效果。提升用户素养，尤其是媒介素养和信息辨识能力，是遏制虚假新闻生产与传播的关键路径。媒介素养是指用户对媒体信息的理解、分析和评估能力。提升媒介素养可以帮助用户更好地辨别虚假新闻。具体来说，主要有以下几个方面。其一，用户可以通过学习基本的新闻核实方法，如查证信息来源、比对权威报道、识别情绪化语言等，来判断信息的真实性。具备较高媒介素养的用户更倾向于质疑可疑信息，并主动核实其真实性，从而减少虚假新闻的传播。其二，提升用户的信息分享责任感，可以显著减少虚假新闻的扩散。例如，平台可以通过提示用户"转发前请核实"或提供"事实核查工具"，鼓励用户在分享信息前进行简单核实。此外，用户自身也应养成"先核实，再分享"的习惯，避免成为虚假新闻传播的推手。其三，培养批判性思维。具备批判性思维的用户不会轻易相信未经证实的信息，而是会从多角度分析信息的合理性和逻辑性。例如，面对一条耸人听闻的新闻，用户可以通过思考"信息来源是否可靠""是否有其他权威媒体证实""信息是否符合常识"等问题，来判断其真实性。这种理性思考的习惯能够有效减少虚假新闻的传播。总的来说，通过增强用户的媒介素养、培养其批判性思维、强化用户的信息分享责任感，用户可以从被动接收者转变为主动守门人，有效减少虚假新闻的传播。

结 语

本章通过对新闻真实性的系统探讨和虚假新闻现象的深入分析，全面揭示了智能媒体时代虚假新闻问题的复杂性和治理路径。在技术快速迭代的今天，虚假新闻已经演变成一个涉及技术伦理、传播机制和社会治理的综合性议题。

新闻真实作为新闻传播活动的生命线，始终是媒体公信力的核心支柱。在传统媒体时代，新闻真实主要体现在事实要素的准确性和客观性上；而在数字新闻时代，真实性的内涵已经扩展到算法透明度、数据来源可靠性等新维度，成为主导数字新闻专业化的价值罗盘。

智能媒体技术的发展呈现出明显的双刃剑效应：一方面，AI生成内容、深度伪造技术使得虚假新闻的制作门槛大幅降低，传播速度呈指数级增长；另一方面，大数据分析等新兴技术也为虚假新闻治理提供了全新工具。

特别值得关注的是，在算法推荐主导的信息分发模式下，新闻真实面临着新的挑战。个性化推荐容易形成"信息茧房"，而流量至上的运营逻辑则可能助长标题党和虚假内容的传播。这就要求媒体从业者在技术创新中坚守专业主义精神，算法工程师在模型设计中融入伦理考量，共同维护信息传播的公共价值。

守护新闻真实需要媒体行业、技术界、教育界和社会各界的通力合作。媒体机构要完善内部把关机制，技术公司要承担平台责任，教育系统要培养具有媒介素养的数字公民，监管

部门要建立适应新技术环境的治理框架。只有通过这种全社会协同的治理模式,才能构建更加透明、可信的信息传播生态。

维护新闻真实不仅关乎行业规范,更是对社会公共利益的守护。在信息过载的时代,真实、准确、全面的新闻报道犹如黑暗中的灯塔,指引公众在复杂的信息环境中明辨是非。这既是新闻行业的立身之本,也是媒体人不可推卸的社会责任。

◤ 思考题

1. 在新闻实践中媒体工作者如何才能做到新闻真实?
2. 智能媒体时代虚假新闻的新特点有哪些?
3. 智媒环境下虚假新闻的治理对策有哪些?
4. 请结合一个案例来对新媒体时代下的虚假新闻进行评析。

第三章

媒体报道与人文关怀

◆ 学习目标

1. 掌握人文关怀的概念内涵及其在新闻报道中的核心价值。

2. 理解国内外媒体伦理规范中关于人文关怀的具体要求。

3. 认识智能媒体时代人文关怀面临的新挑战与新机遇。

◆ 本章概述

人文关怀是媒体传播中不可或缺的价值导向,它体现了对个体尊严、生命价值和社会公平的尊重与关注。本章从人文关怀的概念出发,梳理媒体伦理规范中对人文关怀的规定,探讨其在媒体传播中的重要性,并通过具体案例分析新闻报道中人文关怀的实践与意义。本章旨在揭示人文关怀在新闻报道中的核心价值,为媒体从业者提供实践指导,推动媒体在追求效率的同时,始终坚守人文精神。

第一节　人文关怀概述

一、人文关怀的概念溯源

西方的人文关怀思想可以追溯到更为古老的希腊观念,苏格拉底强调"认识你自己",倡导个体的自我反思;亚里士多德则在《尼各马可伦理学》中提出"幸福"(eudaimonia)概念,强调人的德性养成。这一时期奠定了人文关怀的哲学基础,即关注人的价值和德性。但在欧洲中世纪宗教神学的统治下,人文精神被压制与束缚。直到14—16世纪的文艺复兴时期,伦理学家们重新发现古典哲学中的人文精神,强调个体价值、理性与创造力。文艺复兴时期的人文主义思想有:提倡以人为中心,恢复人的本性,给人以个性与自由;要求正确看待人的欲望及物质享受;反对以神为中心的封建教会及教会对人的控制;否定封建等级制度,追求平等;强调知识的重要性,重视科学研究和技术革新,也崇尚古典知识与学术。总的来说,人文关怀发端于14世纪到16世纪欧洲文艺复兴时期的人文主义,强调以人为中心,追求现世幸福,体现了一种乐观进取的精神,它高度重视人和人的价值,以人作为衡量一切事物的尺度。[①]

在中国历史上,思想家们一直关注并强调人文关怀。儒家伦理的核心思想"仁"便体现了对人的关爱与尊重。孔子认为,"仁者爱人",即通过关爱他人来实现社会的和谐与个人的道德完善。他主张"己欲立而立人,己欲达而达人"(《论语·雍也》),即一个人如果自己想要立身,就应当帮助别人立身;如果自己想要成功,就应当帮助别人成功,这其实是强调推己及人和关爱他人的重要性。孟子提出"性善论",认为人性本善,每个人都有"恻隐之心、羞恶之心、辞让之心、是非之心"。这四种善端是仁、义、礼、智的萌芽,是人之所以为人的根本。孟子强调,正是因为人性本善,人与人之间才能产生关爱与同情,社会才能实现和谐。另外,道家中的"无为"、墨家中的"兼爱""非攻"等观点都是人文主义精神的体现。中国传统人文关怀思想主要体现在道德哲学上,从对人的现实关怀到以天下为己任的情怀,"其基本内容为天地之性人为贵的人道精神、天地万物为一体的生命意识与宇宙情怀、自强不息的人生态度和进取精神、凛然大义的人格气节和高尚的情操、宽厚仁爱的道德追求"[②]。人文关怀主要是指尊重人的尊严、思想和情感,肯定人的价值、意义和人的主体性,关怀个体的自我实现与自由,追求人性的完善,实现人的最大发展。

二、人文关怀的内涵界定

人文关怀作为哲学社会科学的核心命题,其理论内涵随着时代语境变迁持续演进。不同学术传统对人文关怀的阐释既存在价值共识,又呈现出多维度的学术对话。

在人文主义传统中,阿伦·布洛克强调"人文主义将焦点集中于人,一切从人的经验开始。每个人都有其独特的价值存在,而人权以及其他一切价值的根源就在于对这一点的尊重"[③]。俞吾金提出"人文关怀是对人的生存状况的关注、对人的尊严与符合人性的生活条件的肯定和对人类的解放与自由的追求"[④],这将关怀维度从个体层面拓展至社会解放层面。杨学功在此基础上进一步阐释,认为马克思主义哲学的人文关怀"体现在将现实世界视为人类实践活动的产物,自然界只有通过人的活动才具有现实性"[⑤]。新闻传播学界对人文关怀的当代性重构值得关注。吴飞等学者指出,数字时代新闻业应当"重访人文主义,关注技术变革之下的个体境遇,在促进公共沟通中寻找确定性"[⑥]。也有研究者警示智能媒体发展中的技术异化风险,强调"智媒与记者应注重人文观照,在算法推送与用户画

① 吴于廑,齐世荣,刘祚昌,等.世界史·近代史编(上卷)[M].北京:高等教育出版社,2001:21.
② 唐镜.中国传统文化中的人文精神[J].求索,2011(02):135-136,85.
③ 布洛克.西方人文主义传统[M].董乐山,译.北京:群言出版社,2012:164.
④ 俞吾金.人文关怀:马克思哲学的另一个维度[N].光明日报,2001-02-06(B04).
⑤ 杨学功.也谈马克思哲学的人文关怀——兼与俞吾金先生商榷[J].哲学研究,2002(06):24-29.
⑥ 吴飞,杨龙梦珏.重访人文:数字时代新闻学与新闻认识论的反思[J].中国编辑,2021(10):4-9.

像中保留人性化思考"①。

虽然研究者对人文关怀的定义不同,但都指向一个核心观点:人文关怀。就是要坚持以人为本的理念,坚持人道主义立场,理解人情、尊重人性。

第二节　媒体伦理规范中涉及人文关怀的规定

在全球各国的媒体伦理规范中,坚持人文关怀是媒体工作者在报道事故、灾难以及涉及个人隐私事件时应遵循的核心原则。媒体伦理规范中涉及人文关怀的规定主要包括以下几个方面。

一、媒体伦理规范中强调尊重受害者的隐私权

媒体应尊重个人及家庭在面对灾难时的隐私,必须关注受害者的尊严,不应过度打扰或曝光他们的悲痛情绪,避免过度曝光其痛苦经历。例如,坦桑尼亚《广播员伦理规范》规定:"禁止对处于悲痛状态的人们施加任何压力,以强迫他们违背自己的意愿来接受采访。禁止以增加其痛苦的方式来拍摄或记录极度悲伤的人。轻率的提问可能会引起悲伤并造成伤害。尽量避免让一些近亲从某个节目中知晓其亲属死讯的情况。节目中不应提及逝者姓名,除非能确信该近亲已知悉此消息。只有经过家属的同意,才能报道葬礼。报道葬礼时,要保持敏感,且应该避免侵扰性的行为,如近距离拍摄悲伤者的特写等。"②这表明,新闻的公共价值不应以牺牲个人尊严为代价,而是应在信息披露与人性关怀之间找到平衡。

二、报道涉及个人悲痛与震惊情绪时应保持谨慎

媒体在报道涉及重大事故或暴力事件时,避免使用刺激性语言或过于煽情的表达方式,避免使用过于血腥、冲击性的图片,以减少对当事人或家属的二次伤害,同时也要顾及社会公众的心理承受能力。加纳《新闻工作者协会伦理规范》规定,"在涉及个人的不幸和痛苦时,新闻工作者应机智地、有策略地收集和发布信息。"③肯尼亚《新闻行为准则》规定:"不建议使用反映悲伤、灾难以及可能造成性别歧视的图片;当访谈内容涉及个人悲痛或不幸时,应保持敏感和谨慎。"④纳米比亚《媒体伦理规范》规定:"如果采访对象处于悲痛或震惊之中,对其采访应当体贴、同情,发布报道时也应保持敏感。"⑤博茨瓦纳的《新闻伦理规范》特别指

① 丁柏铨.智媒时代的新闻生产和新闻传播——对技术与人文关系的思考[J].编辑之友,2019(05):6-12.
② 牛静.全球媒体伦理规范译评[M].北京:社会科学文献出版社,2018:260.
③ 牛静.全球媒体伦理规范译评[M].北京:社会科学文献出版社,2018:183.
④ 牛静.全球媒体伦理规范译评[M].北京:社会科学文献出版社,2018:193-194.
⑤ 牛静.全球媒体伦理规范译评[M].北京:社会科学文献出版社,2018:204.

出,在报道个人悲痛或情绪冲击时,记者应使用同情与谨慎的表达方式。[1]这表明,新闻报道不仅仅传播信息,更应当体现对人的尊重,避免因不恰当的报道方式加重当事人的心理负担。

三、涉及弱势群体或特殊群体时应保持关怀与同情

当新闻报道涉及生活困难者、儿童或其他弱势群体时,记者应以关怀与同情的态度对待当事人。例如,博茨瓦纳的规定强调,在采访生活困难或残疾的少年儿童时,媒体从业者应展现出关怀与同情。[2]这意味着,记者不能将受访者视为新闻素材,而应考虑到其身份的特殊性,并采取合适的方式进行报道。美国《专业记者守则》在"减少伤害"一节中规定:"记者应该同情因新闻消息曝光而受到反面影响的人。特别是儿童及没有接受采访经验的人。"[3]由于这类人群缺乏新闻媒体应对经验,记者在采访时应特别注意,需要特别审慎,避免因报道不当而对其造成负面影响。

四、媒体需要关注社会问题以体现人文关怀

媒体通过深入的调查和报道,将社会问题呈现在公众面前,引发社会的广泛关注和讨论,从而推动政策的调整、促进社会的进步,这也是具有人文关怀的重要表现。《中国新闻工作者职业道德准则》规定,坚持以人民为中心的工作导向,保持人民情怀,及时回应人民群众的关切和期待,畅通人民群众表达意见的渠道。[4]如媒体报道贫困地区儿童因教育资源匮乏而无法接受良好教育的新闻,不仅能让公众了解他们的困境,还能激发社会的同情与行动,推动政府和社会组织采取措施改善现状。这种报道不仅体现了对弱势群体的关怀,也促进了社会公平与正义。

从各国媒体伦理规范来看,人文关怀已成为新闻职业道德的核心要素。无论是尊重受害者及其家属、保护隐私、谨慎选择新闻素材,还是报道弱势群体、关注社会问题等,这些规范都体现了媒体行业对个体尊严和媒体社会责任的高度重视。媒体需要坚持以人为本的伦理立场,维护社会的温度与公正。

第三节 媒体传播中体现人文关怀的重要性

媒体活动是一种反映人类社会行为、传递价值观念、沟通精神世界的文化实践活动。在

[1] 牛静.全球媒体伦理规范译评[M].北京:社会科学文献出版社,2018:172.
[2] 牛静.全球媒体伦理规范译评[M].北京:社会科学文献出版社,2018:172.
[3] 牛静.全球媒体伦理规范译评[M].北京:社会科学文献出版社,2018:296.
[4] 中国新闻工作者职业道德准则[EB/OL].(2019-12-15)[2025-08-17].https://www.xinhuanet.com/politics/2019-12/15/c_1125348618.htm.

媒体传播的历史进程中,传播理念经历了从"传媒为本"到"受众为本"的深刻转变。"传媒为本"是一种以传播者为中心的传播模式,其出发点和落脚点都在于传媒自身,服务于传媒所有者、出版人等。在这种模式下,传播活动往往忽视受众的实际状况和现实需求,难以体现对受众的关怀、尊重和满足。

然而,随着大众化报纸的兴起和现代生活的变迁,"受众为本"逐渐成为新闻传播的主流理念。这一理念强调从受众的需求和兴趣出发,通过提供合理且有益的服务,最终以实现受众的最大满足为目标。"受众为本"的传播模式要求新闻工作者充分尊重人,深入了解人的多样化需求,并竭尽全力去满足这些需求。[①]在这一过程中,媒体需要重视人文关怀,需要使媒体活动更加贴近人性,更具温度和深度。媒体传播中体现人文关怀的重要性主要体现在以下几个方面。

其一,具有人文关怀的媒体信息传播,可以满足最大多数受众的精神需求,通过弘扬人性的真、善、美以及积极的人生观和人生状态,使媒体成为构建美好社会的重要力量。[②]人文关怀的核心是对人的尊重与关爱,媒体通过关注普通人的生活、情感和困境,能够与受众产生情感共鸣,满足他们对理解、认同和归属感的精神需求。例如,报道普通人在逆境中奋斗的故事,不仅能让受众感受到人性的坚韧与温暖,还能激发他们对生活的希望与信心。具有人文关怀的媒体传播注重挖掘和展现人性中的真、善、美。通过报道真实而感人的故事,媒体能够传递真诚、善良和美好的价值观。例如,报道志愿者无私奉献的事迹,或普通人在灾难中互助的感人瞬间,能够唤起受众内心对善良与美好的向往。

其二,传播具有人文关怀的新闻报道,可以提升媒体公信力,彰显媒体的责任感和使命感。当媒体关注普通人的生活、情感和困境,并以尊重和关爱的态度进行报道时,受众会感受到媒体的真诚与温度,从而增强对媒体的信任。例如,在灾难报道中,媒体不仅关注灾情本身,还深入挖掘救援人员的无私奉献和灾民之间的互助精神,这种充满人文关怀的报道方式会让受众感受到媒体的责任感与同理心。又如,媒体通过报道弱势群体的困境,呼吁社会关注并推动政策改进,这种以人文关怀为核心的传播方式,体现了媒体对社会公平与正义的追求,显示了媒体的责任担当。

其三,具有人文关怀的报道可以激发国际社会的同理心,推动全球合作。在全球化时代,媒体通过报道战争、难民危机、贫困、自然灾害和公共卫生问题,能够让全球公众意识到各地人民所面临的困境。例如,2015年,叙利亚难民危机爆发,大量难民涌入欧洲,媒体报道了年仅三岁的叙利亚难民儿童艾兰·库尔迪(Aylan Kurdi)溺亡在土耳其海滩的画面。[③]这一具有人文关怀的报道引发了全球关注,促使多个国家调整难民政策,也促使各国政府、非政府组织(NGO)和个人行动起来,共同参与人道救援,推动政策变革。可见,具有人文关怀的媒体不仅能揭示全球人道主义问题,还能在推动跨国合作与国际援助方面发挥积极作用。

---

①　童兵.科学和人文的新闻观[J].新闻大学,2001(02):5-9.

②　黄琼.人文关怀,给社会新闻注入持久的生命力[J].新闻与传播研究,2007(02):91-93.

③　3岁难民偷渡溺亡 全球为他作画悼念[N/OL].新华网,2015-09-05[2025-03-01].http://www.xinhuanet.com/world/2015/09/05/c_128197207.htm.

第四节　具有人文关怀的新闻报道案例介绍与评析

在许多新闻实践中,媒体从业者都十分重视人文关怀,从而产生了一篇又一篇有影响力的报道。下面对两则具有人文关怀的报道进行分析。

一、外卖骑手的新闻报道介绍与评析

(一)外卖骑手的新闻报道介绍

2020年9月8日,《人物》发布深度报道《外卖骑手,困在系统里》。[①]该报道进行了近半年的调查,通过与全国各地数十位外卖骑手、配送链条各环节的参与者、社会学学者的交流,还原了外卖骑手身处的外卖系统。报道全文有两万余字,包括十二个关键词:"收到""大雨""导航""电梯""守门""佩奇与可乐""游戏""电动车""微笑行动""五星好评""最后一道屏障""无限游戏"。对于外卖配送员交通违章事件频频发生的现象,骑手告诉记者,"永远也无法靠个人力量去对抗系统分配的时间,我们只能用超速去挽回超时这件事"。在中国社科院助理研究员孙萍看来,"这些外卖骑手挑战交通规则的举动是一种'逆算法',是骑手们长期在系统算法的控制与规训之下做出的不得已的劳动实践"。报道从外卖骑手、学者、顾客等视角,多角度地剖析了在外卖平台系统的控制下,外卖骑手受到派送时间不合理、规划路线含逆行、超时高额罚款、劳动权益无法得到保障等多重问题的困扰,揭示了外卖骑手身处的一场"无限游戏":"外卖员的劳动越来越快,也变相帮助系统增加了越来越短的'短时长数据',数据是算法的基础,它会去训练算法,当算法发现原来大家都越来越快,它也会再次加速。"在这一报道发布后,澎湃新闻、《第一财经》、央视新闻《消费主张》栏目等多家媒体也开始关注外卖骑手这一群体,并引发社会对这一群体的关注,引起全国民众对外卖行业商业伦理、职业风险、用户体验的讨论。[②]

(二)基于人文关怀对该新闻报道进行的评析

《外卖骑手,困在系统里》这篇报道通过对外卖骑手生存现状的深入剖析,揭示了他们在现代科技与资本运作下的困境。这篇报道充满了人文关怀,主要体现在以下几个方面。

1.关注弱势群体,揭示边缘劳动者的生存困境

在经济和文化等因素的影响下,媒体往往将更多的注意力集中在名人和热点事件上,而

---

① 赖祐萱.外卖骑手,困在系统里[EB/OL].(2020-09-08)[2021-01-19].https://mp.weixin.qq.com/s/Mes1Rq-IOdp48CMw4pXTwXw.

② 本部分的案例与评析均选自牛静.新闻传播伦理与法规:理论及案例评析[M].3版.上海:复旦大学出版社,2021.

忽视了对弱势群体的报道。在信息时代,弱势群体逐渐被边缘化,成为网络世界中的"隐形人"。为了争夺受众的注意力,媒体倾向于追逐那些能够制造轰动效应的人物和事件,这种趋势进一步加剧了弱势群体在公共话语中的失声状态。但新闻媒体本该站在人民的立场上,为人民的利益鼓与呼,所以更应该关注弱势群体和城市边缘群体的生活状态,这就需要新闻媒体提高自身意识的敏锐度,对各个群体进行理性报道。[①]

外卖骑手作为现代城市中的边缘劳动者,在该报道之前一直处于被忽视的处境。外卖行业兴起后,骑手在高强度工作下的身心压力,例如为赶时间而超速行驶、面临交通事故风险等,这些情况一直较少被报道。而《外卖骑手,困在系统里》通过调查发现这并不仅仅是某一个外卖配送员的个体行为,而是整个外卖配送员群体共同面临的困境。

这篇报道展现了新闻记者对社会现象的敏锐洞察力和专业性。记者并未停留在"外卖员闯红灯"或"用户催单"等表面现象上,而是深入挖掘了背后的系统性原因。通过对江苏、上海、广东等多地外卖骑手以及外卖公司算法程序员的深入采访,记者记录了大量的实际情况,并从众多事例中归纳出配送系统算法的核心问题:过度强调时间与效率,却忽视了恶劣天气等现实因素对骑手的影响,同时也缺乏对骑手劳动安全的有效保障。此外,报道还揭示了因系统对订单数据量、好评率、按时送达率等指标的严苛要求,导致外卖配送站管理者与骑手、骑手与商家、骑手与顾客之间矛盾频发,进一步呈现了外卖配送系统的多方面问题。相比于其他媒体为蹭热点而片面报道外卖骑手的个体原因,这篇新闻通过报道聚焦骑手的生存状态,唤起了社会对边缘劳动者的关注,体现了媒体对社会弱势群体的关怀与责任。

2. 平民化的报道视角,还原普通劳动者的真实生活

在报道弱势群体时,媒体应以平等的姿态与其对话。新闻媒体需要站在"他者"的角度,设身处地地思考问题,以"平民化"的视角真实展现弱势群体的生活状态和角色定位。[②]这种报道方式不仅能够更准确地反映他们的处境,还能传递普适性的人文关怀,体现媒体对社会公平与正义的追求。通过这种平等而深入的报道,媒体能够唤起公众对弱势群体的理解与支持,推动社会的包容与进步。

"平民化"的视角体现在对报道主体的尊重上,即不刻意渲染煽动情绪,而是尊重报道对象的感受,与他们进行平等对话。《外卖骑手,困在系统里》这篇报道虽然以外卖骑手的生活状态为核心,但记者并未局限于单一视角,而是通过采访外卖配送站站长、美团算法工程师、外卖顾客、一线交警等多方主体,构建了一个更加客观、立体的叙事框架。这种多主体的采访方式避免了"上帝视角"的片面性,让不同群体都能发声,从而从多角度揭示问题的本质,全面呈现外卖骑手的生存环境。这种视角既表达了对骑手的关心,又避免过度渲染其困境,从而减少了对这一群体的情感伤害,体现了深刻的人文关怀。

此外,以往对外卖骑手的报道多聚焦于他们违反交通规则的表象,导致这一群体遭受网友的"抨击",他们鲜有机会为自己发声。而这篇报道通过深入采访骑手,为他们提供了表达

①　陈建胜.新闻传媒:弱势群体的利益表达渠道[J].新闻大学,2007(03):28-31.

②　陈建胜.新闻传媒:弱势群体的利益表达渠道[J].新闻大学,2007(03):28-31.

情绪的渠道。这种对弱势群体日常生活状态的深入挖掘,不仅为他们提供了发声渠道,也让公众更全面地了解他们的真实处境,从而推动社会对这一群体的理解与支持。这种报道方式充分体现了媒体对弱势群体的尊重与关怀,彰显了新闻传播中的人文精神。

3. 尊重个体价值,推动平台与社会承担责任

《外卖骑手,困在系统里》报道通过细致入微的描写,展现了外卖骑手作为个体的价值与尊严。这显示出对人的尊重,对生命的敬畏,对弱者命运的同情,对理念的确认和坚守。[①]例如,描述骑手为了家庭而辛勤工作的场景,让读者感受到他们的责任感与坚韧精神。记者赖祐萱并没有表达自身的悲悯,更多是客观陈述,并为外卖骑手争取本该属于他们的权益。这种叙事方式不仅让骑手的形象更加立体,也让公众意识到他们并非仅仅是"送餐工具",而是有血有肉、有情感有追求的劳动者。通过展现骑手的努力与坚持,报道强调了他们作为社会一员的价值,呼吁公众尊重他们的劳动成果和人格尊严。

《外卖骑手,困在系统里》这一报道深入揭示了外卖平台算法对骑手的严苛控制,批判了劳动异化现象。在算法驱动下,骑手的劳动被简化为"配送效率",他们的工作自主性和尊严感被严重剥夺。例如,报道指出骑手为了满足系统的时效要求,不得不超速行驶甚至冒险闯红灯,这种对效率的极端追求使骑手沦为系统的"工具"。通过对这一现象的批判,报道呼吁社会重新审视科技与人的关系,强调在追求效率的同时,不能忽视劳动者的基本权益和人性化需求。

该报道不仅揭示了问题,还提出了具体的解决方案,倡导平台和企业尊重骑手的劳动尊严,提供更人性化的工作环境。例如,建议平台优化算法,赋予骑手更多自主权,同时加强对骑手的劳动保护和安全保障。此外,报道还呼吁政府和社会各界关注外卖骑手的权益,推动相关政策的完善。通过这种倡导,报道不仅体现了对劳动者的关怀,也为构建更加公平和人性化的劳动关系提供了重要的思考方向。这种对劳动者尊严的重视,彰显了媒体在社会进步中的责任与担当。

二、少儿舞蹈培训安全问题的新闻报道介绍与评析

(一)《孩子们在冒着风险下腰》报道介绍

2021年12月15日,《冰点周刊》发布深度报道《孩子们在冒着风险下腰》,聚焦中国少儿舞蹈培训中因"下腰"动作引发的脊髓损伤问题。该报道通过多维度调查,串联起医学数据、典型案例、行业矛盾与法律纠纷,揭示了这一"新型致残因素"对儿童健康造成的系统性威胁,并引发社会对少儿艺术教育安全规范的广泛反思。

报道以内蒙古巴彦淖尔一名6岁女童的急诊经历切入:她在完成舞蹈下腰动作后无法站立,初诊时因脊髓影像未见骨折被误判为"脊髓震荡",地方医院难以确诊,最终转诊至北

---

① 刘影.在新闻报道中彰显人文关怀[J].新闻记者,2006(02):35.

京。北京儿童医院神经内科主任韩彤立用"剪刀剪断豆腐脑"的比喻,直观解释了儿童脊柱过度拉伸导致脊髓供血中断的损伤机制——神经组织缺血坏死不可逆,而柔软骨骼的恢复性反而掩盖了致命风险。这种医学认知的滞后性在浙江义乌案例中更显残酷:一名5岁女童受伤后初诊为"腰扭伤",直到病危通知书下达才确诊脊髓损伤。

报道援引中国康复研究中心北京博爱医院的研究数据,2015—2019年该院收治了75例因下腰导致脊髓损伤接受康复治疗的女孩,5—7岁占比高达80%。首都医科大学宣武医院陈赞医生指出,其接诊的舞蹈致瘫案例中"十个有八个因下腰",远超成人脊柱安全活动范围的动作设计成为隐形杀手。

报道进一步揭露行业规范与教学实践的深层矛盾。北京舞蹈学院考级教材规定下腰动作应从第六级(9—11岁)开始,但现实中4—8岁低龄儿童已成主要受害群体。舞蹈家吕艺生2019年公开信强调,专业训练本应始于12岁后,当前过早的强度训练违背生理规律。浙江家长何军的统计数据印证了这一冲突:其建立的400人家长群中,2016年后事故量陡增,与舞蹈培训机构五年新增1.4万家的市场扩张形成刺眼对照。①

报道通过医学权威论证、长周期数据追踪与行业伦理拷问,将个体悲剧上升为公共安全议题。《冰点周刊》以冷峻笔触揭示真相,在科学与人文的双重维度上,完成了一次对少儿艺术教育异化的反思。

(二)基于人文关怀对该新闻报道进行的评析

《冰点周刊》的这篇深度报道以人文关怀为核心叙事逻辑,通过个体命运显微、系统矛盾解剖与媒体关怀实践的三重维度,构建了一个兼具情感温度与理性深度的公共议题讨论框架,展现了新闻媒体在揭示社会问题时的价值立场与社会责任感。

1. 个体命运显微:以身体叙事唤醒共情

《冰点周刊》以"被折叠的童年身体"为叙事支点,将人文关怀具象化为可触摸的生命创伤。内蒙古6岁女童脊髓损伤后"无法感知水温的冰冷双脚",杭州9岁女孩因考级压力导致永久瘫痪的"腿酸"信号被忽视,这些被放大的身体细节犹如解剖刀,剖开了成人世界对儿童生命的感知。记者通过"膀胱造影的黑影""导尿管引发的反复感染"等医学具象,将冰冷的脊髓损伤数据转化为具身化的生存困境,以身体的感官叙事唤醒读者的共情能力。这种对生命困境的微观凝视,唤起了社会对特殊儿童生存境遇的情感共鸣。

报道创新性地将舞蹈教室转化为社会病理的观察室:当5岁女童的痛觉信号被教师解读为"偷懒",当家长沉迷于"考级证书"而忽视生理极限,折射出成人世界将儿童视为"未完成作品"而非独立生命体的认知偏差。在这种情形下,儿童沦为成人的支配与改造对象,其权利在极大程度上遭到了漠视。②记者以北京博爱医院10年病例数据为实证,揭露这种偏

①　该新闻报道的内容选自龚阿媛.孩子们在冒着风险下腰[N/OL].中国青年报,2021-12-15[2025-03-21].https://mp.weixin.qq.com/s/9Kw2SQOpG6WD0l6uHEpNTA.

②　洪秀敏,宋菲燕,蒲明玥.强化学前儿童权利的法治保障:价值意蕴、核心要义与实践进路[J].学前教育研究,2025(01):10-20.

差如何从个体失误演变为系统性危机——超过80%的受伤儿童为女孩。这种从个体遭遇向群体命运的叙事升华,更暴露出成人世界对儿童身体信号的集体漠视。记者通过疼痛书写,将舞蹈教室里的哭声转化为社会良知的叩问。

2. 系统矛盾解剖:追问"谁在制造风险"

报道特别关注到制度性暴力对弱势群体的双重压迫:义乌5岁女童在医学影像无异常时,教师的按摩处置与家长的妥协构成沉默螺旋的运转机制;杭州9岁女孩在考级压力下丧失行走能力,其遭遇不仅指向培训机构的失责,更暴露出美育评价体系的系统性异化。这种叙事策略使报道超越了个案呈现的层面,转而揭示出结构性暴力如何通过教育制度、家庭期待与社会认知的共谋,将女童身体异化为文化资本积累的工具。

报道的人文关怀不仅停留于同情,更表现为对社会的反思。通过揭示行业规范失序(北京舞蹈学院考级教材规定9岁起下腰,但80%的受伤儿童为5—7岁)、教育功利主义异化(母亲坚持让双腿乏力的女儿继续"专业集训")、法律救济困境(某舞蹈班致瘫案耗时6年执行赔偿),记者构建了一个"儿童健康—商业利益—监管缺失"的冲突链。当"兴趣班"演变为致残风险源,暴露出监管体系中儿童保护条款的虚置。这种批判性叙事暗合人文关怀中"促进人的自由全面发展"的深层诉求——教育不应成为摧毁童年的利刃,而应回归对儿童认知规律与身体极限的尊重。报道后续引发的教育部、中消协安全提醒——教育部联合公安部、国家消防救援局开展中小学生校外培训"安全守护"专项行动,并针对舞蹈、体育等以身体训练为主、较易出现伤害风险的培训活动,提醒不要过早对孩子进行过强柔韧训练,建议未满10周岁的儿童慎做"下腰"等脊椎、腰部身体训练,避免出现伤害[①],这印证了媒体监督对制度完善的推动作用,体现了从个体关怀到系统变革的进阶思考。

3. 媒体关怀实践:从共情到行动的可能性

《冰点周刊》"孩子们在冒着风险下腰"系列报道的价值内核,在于其体现了新闻媒体在风险社会中的核心职能——通过专业调查建构社会预警机制。新闻业作为社会预警与信息传播功能的主要承载者,是社会不可或缺的重要组成部分。[②]记者从接到"一些小女孩跳舞下腰时可能伤害脊髓"的线索开始,其调查路径完整呈现了风险预警的专业化运作逻辑:从医学论文研读、跨机构病例溯源到司法裁判文书分析,记者通过多重证据链交叉验证,确认这是一个真问题、硬问题[③],将碎片化的个案上升为具有统计学意义的公共健康议题。

报道的人文关怀最终指向社会行动。通过呈现医学界的黄金救治指南推广、家长互助组织的自发形成,记者暗示了解决方案的双重路径:既需要专业知识的公共化(如脊髓损伤急救科普),更依赖民众的觉醒(如对考级制度的反思)。这种叙事策略,将传统报道中的"问题揭露"升级为"解决方案的公共讨论场域",体现了媒体作为社会对话平台的功

① 周韵曦.教育部发布中小学体育艺术类校外培训安全提醒 不要过早对孩子进行过强柔韧训练[N/OL].中国妇女报,2023-11-13[2025-03-21].https://epaper.cnwomen.com.cn/html/2023/11/13/nw.D110000zgfnb_20231113_6-2.htm.

② 伊俊铭.否思新闻加速:基于社会加速批判理论视角[J].新闻界,2021(04):28-36.

③ 从玉华.调查性深度报道:让你的脚带你抵达问题最深处[J].中国记者,2022(02):18-21.

能价值。

　　该报道的突破性在于,它未将儿童脊髓损伤简单归因于"个别教师失误"或"家长疏忽",而是通过严谨的证据链建构(医学数据＋法律案例＋行业分析)与情感动员(个体创伤叙事),揭示了艺术教育产业化进程中的人本价值缺失。当记者记录下一位父亲为女儿尝试"麻油疗法"的荒诞与绝望,实则在质问:我们是否正在用"优雅形体"的集体想象,吞噬着儿童最基本的生命尊严。这种追问,正是新闻人文关怀的终极体现——它不仅为弱势群体发声,更致力于唤醒社会对"何以为人"的再思考。

结 语

　　人文关怀作为媒体伦理的核心组成部分,不仅是一种职业操守,更是媒体履行社会责任的重要体现。本章通过系统梳理人文关怀的理论内涵和实践要求,揭示了其在当代媒体传播中的关键价值。在信息爆炸的数字时代,人文关怀犹如一盏明灯,指引着媒体从业者在复杂的传播环境中保持人性温度,守护社会良知。

　　纵观世界各国的媒体伦理规范,人文关怀都是不可或缺的基本原则。不同国家的新闻工作者职业道德准则中无不强调对人的尊严、权利和福祉的尊重。这些规范要求媒体在报道社会问题时,必须超越简单的信息传递,深入挖掘事件背后的人性光辉与情感共鸣。

　　媒体从业者践行人文关怀,首先需要具备深厚的人文素养。这包括对人类命运的关切、对社会问题的敏感、对弱势群体的同理心。在日常工作中,记者应当培养"换位思考"的能力,在追求新闻价值的同时,充分考虑报道可能对当事人产生的影响。例如,在报道灾难事件时,既要满足公众知情权,又要避免对受害者及其家属造成二次伤害;在涉及未成年人、残障人士等特殊群体时,更需格外谨慎,保护他们的隐私和尊严。

　　推动媒体行业在技术变革中坚守人性化视角,需要多方共同努力。媒体机构应当将人文关怀纳入采编流程和考核标准,建立完善的内容审核机制;新闻院校需要加强人文教育,培养学生的社会责任感和同理心;行业组织可以定期举办相关培训和研讨,提升从业者的人文素养;受众也应当积极反馈,用关注度奖励那些富有人文温度的优质内容。

　　充满人文关怀是媒体从业者的重要特质。在纷繁复杂的信息环境中,那些闪耀着人性光辉的报道往往能够直抵人心。所以,媒体从业者应不断提升人文素养,在新闻实践中践行人文关怀,推动媒体行业在技术变革中始终坚守人性化视角,为社会传递更多温暖与力量。

思考题

　　1.媒体伦理规范中与人文关怀相关的条文有哪些?
　　2.媒体报道新闻时,媒体工作者为什么要重视人文关怀?
　　3.请结合一个案例对新闻报道中的人文关怀进行评析。

第四章

媒体报道与隐性采访

◆ **学习目标**

1. 掌握隐性采访的概念界定及其在新闻调查中的价值。
2. 理解隐性采访面临的伦理争议与道德困境。
3. 掌握隐性采访应遵循的五大基本原则及其应用场景。

◆ **本章概述**

在新媒体实践中,隐性采访作为一种特殊的报道手段,常被用于揭露社会不公、维护公共利益。然而,这种采访方式也引发了诸多伦理和法律争议。本章将深入探讨隐性采访的概念、价值及其在新闻实践中的应用。通过分析典型案例,我们将审视隐性采访所涉及的伦理道德问题,并探讨记者在采用此类手段时应遵循的原则,以期为新闻从业者提供指导,促进新闻实践的规范化和专业化。

第一节　隐性采访概述

本节将从隐性采访的概念入手,探讨其在新闻实践中的多重价值,包括提高新闻真实性与社会影响力、增强新闻可读性与媒体公信力、提升记者社会责任感与职业素养,以及揭露社会问题与维护社会正义。通过对这些价值的分析,本节旨在为隐性采访的合理运用提供理论依据,同时启发大家对新闻伦理与责任的深入思考。

一、隐性采访的概念

关于隐性采访,许多学者都曾对其进行详细的定义,并提出了实践的指导准则。蓝鸿文将隐性采访定义为记者为完成某一特定的采访任务,不公开自己的记者身份,或隐藏真正的采访意图而进行的一种新闻采访方式。相对于显性采访而言,隐性采访有一定的侦察性,是显性采访有力的辅助工具和手段。①魏永征指出:"隐性采访是指对被采访人隐瞒记者身份以至伪装其他身份进行采访,有时还要采取偷拍偷录等手段。这种手段存在许多道义上乃至法律上的问题,只有在涉及公共利益议题而又没有其他手段获取信息时才可以酌情采用,对此业界已有相当共识。"②靖鸣等强调,媒体与新闻记者在采用隐性采访方式时,一定要遵循良好动机原则,并必须满足以下四个先决条件:第一,针对的必须是已有充分的证据表明严重侵犯公众利益的行为;第二,通过正常途径无法收集资料;第三,公开采访难以了解真实情况;第四,经过相关部门的批准。③

这几种观点清楚地指出了隐性采访的几个重要特征:采访的主导者是新闻记者,是职业新闻人;采访方式和手段是隐秘的,不被采访者知晓;采访目的也是被隐藏起来的,记者会以某种社会角色(不是记者角色)面对不愿接受采访的对象,必须隐藏自己报道新闻的目的,否则,既达不到隐瞒身份的目的,也无法实现自己报道新闻的目的。此外,还需指出隐性采访的前提条件:第一,只有在为公共利益且别无他法时,才可以使用隐性采访;第二,隐性采访属于记者的职业行为,是为了完成新闻报道而进行的一种特殊采访活动。这不同于社会其他成员(如警察、其他执法人员等)所采取的秘密调查活动。④

综上观点,隐性采访指媒体工作者在通过公开采访方式无法获取采访对象或事情的真实信息的情况下,为了公共利益,在采访对象不知情或未同意的情况下获取信息的采访方式。

二、隐性采访的价值

隐性采访作为一种特殊的新闻调查手段,在新闻实践中具有重要的价值。它通过隐蔽的方式获取信息,能够突破常规采访的限制,揭示被掩盖的真相,从而在多个层面发挥积极作用。以下是隐性采访的主要价值。

(一)提高新闻真实性与社会影响力

隐性采访作为一种特殊的新闻调查手段,其核心价值在于能够通过深入现场、获取一手资料,最大限度地逼近事实真相,从而提高新闻的真实性与社会影响力。隐性采访通常用于深度报道,记者需要潜入被采访对象所在的环境,以隐蔽的方式观察和记录事件,从而揭示普通人难以接触到的真实情景。这种采访方式不仅能够突破信息壁垒,还能为公众提供更具深度和可信度的新闻报道。

① 蓝鸿文.新闻采访学[M].北京:中国人民大学出版社,2005:377.

② 魏永征.关于记者权利的独白[J].青年记者,2012(13):12-14.

③ 靖鸣,石红星.隐性采访必须遵循的原则与底线——从印度"记者行贿议员丑闻"谈起[J].新闻记者,2006(02):63-65.

④ 周俊.隐性采访应有的职业意识[J].青年记者,2011(22):37-39.

以 2016 年普利策新闻奖"公共服务奖"获奖作品《血汗海鲜》(Seafood from Slaves)为例,美联社记者组通过长达一年的隐性采访,深入东南亚渔业生产一线,揭露了当地普遍存在的强迫劳动和奴工滥用问题。记者通过伪装身份接近被奴役的劳工,记录了他们超长时间工作、食不果腹的生存状态,并追踪到这些"血汗海鲜"最终流向欧美国家的餐桌。这一系列报道不仅揭示了全球供应链中的系统性剥削问题,还直接促使 2000 名奴工获得自由。[①]隐性采访的运用,使得记者能够突破信息封锁,获取第一手真实资料,从而将这一被掩盖的真相公之于众,并促进劳工权益的改善。

(二)增强新闻可读性与媒体公信力

隐性采访通过获取独家新闻和第一手资料,不仅能够满足受众的知情权,还能显著增强新闻的可读性与吸引力。在隐性采访中,记者既是采访者又是事件的亲历者,能够以"第一视角"将受众带入事件现场,使其身临其境地感受事件的真实性与紧迫性。这种生动鲜活的叙事方式不仅能够一针见血地揭示问题的实质,还能为受众提供耳目一新的阅读体验,从而提升受众对媒体的好感度,增强媒体的公信力与社会影响力。

以央视"3·15"晚会为例,该节目多次通过隐性采访揭露社会问题,揭穿大量骗局、陷阱和黑幕。例如,2024 年"3·15"晚会曝光了安徽阜阳某猪肉批发商和食品公司使用含有大量淋巴结、脂肪瘤和甲状腺的槽头肉制作"梅菜扣肉"预制菜的违法行为。记者通过隐性采访拍摄到生产环境的恶劣状况:露天堆放的冷冻槽头肉、缺乏保护措施的进出车辆,以及随意的生产流程,这些画面令人印象深刻。[②]每年的"3·15"晚会都会引发广泛的社会反响,成为公众关注的热点新闻,观众对节目的期待也体现了对媒体的信任与认可。

(三)增强记者社会责任感与提升职业素养

隐性采访通常用于揭露社会不公、违法行为或涉及公共利益的事件,这要求记者具备强烈的社会责任感。隐性采访对记者的职业素养提出了更高的要求。首先,记者需要具备敏锐的观察力与判断力,能够在复杂的环境中捕捉关键信息。其次,记者需要具备较强的应变能力与心理素质,以应对隐性采访中可能出现的突发情况。隐性采访要求记者在伦理与法律之间找到平衡。记者需要严格遵守职业道德规范,确保采访手段的合法性与正当性,同时尽量减少对采访对象的伤害。记者通过揭露真相、推动社会进步而实现自身的职业价值,这种实践使记者更加深刻地认识到新闻工作的意义。隐性采访的这种新闻实践能够帮助记者更好地理解新闻伦理的重要性,提升其职业素养与专业水平。

(四)揭露社会问题与维护社会正义

隐性采访最大的价值在于揭露社会不公、腐败和其他违法行为。隐性采访强化了新闻

---

①　搜狐网.普利策新闻奖:为奴 22 年 揭露东南亚"渔奴"黑幕[EB/OL].(2019-11-15)[2020-01-01]. https://www.sohu.com/a/70730111_355208.

②　央视 315 晚会丨预制菜顶流梅菜扣肉原料竟是劣质槽头肉[N/OL].澎湃新闻,2024-03-15[2025-03-12].https://www.thepaper.cn/newsDetail_forward_26695642.

的监督与问责功能,确保权力不被滥用,提升社会透明度。例如,1972年美国水门大厦民主党全国委员会总部的盗窃案最初并未引起广泛关注,尼克松政府也坚决否认其与水门事件有任何关联,但《华盛顿邮报》的青年记者伍德沃德和伯恩斯坦通过22个月的秘密调查与报道触及了白宫内部的政治阴谋,揭露了尼克松政府非法窃听、妨碍司法、滥用权力等违法行径。《华盛顿邮报》的报道引发了社会的广泛关注,并促使司法部门介入,最终导致尼克松在1974年辞职。[①]腐败行为往往隐藏在权力体系内部,传统采访方式难以触及,而隐性采访能够突破信息壁垒,让公众了解真相。许多政府官员、企业高管在面对公开采访时会隐瞒事实,而隐性采访可以获取第一手信息。

第二节　隐性采访的伦理问题

隐性采访是指记者在不公开身份、不告知被采访者的情况下获取新闻信息的一种调查手段。这种方式在新闻报道中经常用于揭露腐败、欺诈、权力滥用等社会问题,但同时也引发了关于伦理道德的争议。从伦理学角度来看,隐性采访可以从义务论(Deontology)和结果论(Consequentialism)两种不同的伦理框架进行分析。

一、基于义务论对隐性采访的分析

义务论伦理学以康德为代表,强调行为的道德价值源于其是否符合道德法则,而非行为的结果。康德认为,道德准则是绝对的、无条件的,例如"诚实"是一种无条件的义务,任何情况下都不应违背。义务论认为,道德行为应遵循普遍适用的道德法则,即"每一个理性存在者都应当决不把自己和其他一切理性存在者仅仅当作手段,而是在任何时候都同时当作目的自身来对待"[②]。换言之,我们"不得将人仅仅作为手段,而应始终作为目的"。此外,康德的道德律令主张,人应该以合乎普遍道德法则的方式行事,而不应仅仅以目的来判断行为的道德性。根据义务论的观点,隐性采访中的欺骗行为(如隐瞒身份或目的)本身就是不道德的,无论其目的多么正当。其原因如下。

其一,欺骗的不道德性。隐性采访中,记者通过隐瞒身份或诱导采访对象获取信息,本质上是一种欺骗行为。义务论认为,欺骗无论出于何种目的,都是对道德法则的违背。《华盛顿邮报》的前任编辑本杰明·布拉德利基于"义务论"的观点就隐性采访进行评价,他指出:"当我们花去数千个工时揭露他人的欺骗行为时,我们自己不能骗人。如果报纸自身在获取新闻时不够诚实,又怎能为诚实和信誉作战呢?"[③]隐性采访中的欺骗行为不仅损害了媒体的

①　王敏."水门神话"再审视——兼论20世纪七八十年代美国调查性报道的变革[J].新闻界,2016(04):7-13.

②　康德.道德形而上学的奠基(注释本)[M].李秋零,译注.北京:中国人民大学出版社,2013:52.

③　史密斯.新闻道德评价[M].李青藜,译.北京:新华出版社,2001:307.

公信力,也违背了新闻职业道德的基本准则。

其二,对隐私与尊严的侵犯。隐性采访通常涉及对被采访者的欺骗,即记者隐藏身份、假装是普通人或其他身份来获取信息。这种做法违反了康德所强调的"尊重个体"的道德原则。另外,在隐性采访中记者未经采访对象同意便记录其言行,可能侵犯其隐私权。1983年,《阿尔布开克论坛报》允许一名长相年轻的记者去阿尔布开克的一所高中注册上学,称她家刚刚搬到该市,当了11天学生之后,她写了一系列文章。"学生、教师、家长和学校管理人员的反应既震惊,又气愤,他们不是反对那些文章的内容,而是反对这件事所体现出的伦理道德观,"该记者后来承认,"他们感到受到了侵犯,被不怀好意的人所说的谎言骗取了信任。"该记者认为她的行为是正当的,因为那是她获得高中生信任的唯一手段。但是,她的编辑决定以后不再使用这种手段了,因为这种行为违背了诚信原则,"因为这使媒体的可信性和公正性受到了显而易见的质疑。"[①]义务论认为,这种行为即使出于公共利益,也不能为其正当性辩护。

其三,不可普遍化的道德困境。康德的道德理论认为,如果一个行为不能普遍适用,那么它就不应当被采纳。如果所有记者都使用隐性采访,那么人们将不再信任新闻媒体,新闻行业的透明性将丧失。因此,从义务论的角度来看,隐性采访并非合乎道德的新闻实践。

二、基于结果论对隐性采访的分析

结果论(Consequentialism)强调道德判断应基于行为的后果,而非行为本身是否符合某种道德原则。功利主义(Utilitarianism)是结果论的代表理论之一,由边沁(Jeremy Bentham)和密尔(John Stuart Mill)提出,主张衡量道德行为的标准是"最大多数人的最大幸福"[②]。如果一种行为能够带来更大的整体利益,即使其手段存在争议,也可以被认为是正当的。在新闻伦理领域,结果论意味着记者应当考虑隐性采访可能带来的社会影响,而非单纯以手段是否符合伦理标准来评判。从结果论的角度来看,隐性采访在某些情况下可能具有正当性。其原因如下。

其一,公共利益的优先性。结果论认为,当隐性采访能够揭露重大违法行为或保护公共利益时,其正当性可以得到辩护。许多违法行为、腐败事件、公共安全问题通常隐藏在权力机构或企业内部,如果没有隐性采访,记者可能无法获得真实信息。例如,记者通过隐性采访揭露食品安全问题或环境污染事件,可能挽救无数生命或避免更大的社会损失。在这种情况下,隐性采访的欺骗手段被视为实现更大善的必要代价。

其二,满足公众的知情权。媒体的核心使命之一是维护公众知情权。知情权是指公民或相关利益方有权获取与其切身利益相关的信息,特别是政府、企业或其他组织所掌握的重要信息。知情权通常涵盖获取、查阅、知晓和利用信息的权利。结果论认为,如果隐性采访

①　史密斯.新闻道德评价[M].李青藜,译.北京:新华出版社,2001:308.
②　穆勒.功利主义[M].徐大建,译.北京:商务印书馆,2019:14.

能够给社会提供重要信息,使公众意识到存在的社会问题,并促使政府或企业采取行动改善社会环境,那么隐性采访就具有道德合理性。

三、隐性采访的伦理困境与平衡

隐性采访的伦理困境在于,其手段(欺骗)与目的(揭露真相)之间存在内在矛盾。义务论强调手段的纯洁性,认为欺骗无论如何都是不道德的;而结果论则强调目的的正当性,认为只要结果有益,手段可以灵活选择。

我们需要看到义务论的局限性,义务论的绝对化立场可能使记者在面对重大公共利益问题时无从报道。例如,在揭露黑心工厂或腐败行为时,公开采访往往难以获取真实信息,隐性采访可能是唯一有效的手段。在这种情况下,义务论的严格立场可能阻碍社会正义的实现。我们也要看到结果论的风险,结果论虽然为隐性采访提供了辩护空间,但也可能被滥用。如果记者以公共利益为名,过度使用隐性采访手段,可能导致对个体权利的普遍忽视,甚至引发社会对媒体的信任危机。

隐性采访所引发的伦理争议,根源于义务论与结果论两种伦理观点在新闻实践中的冲突。义务论强调手段本身必须符合道德要求,任何欺骗行为都是不可接受的;而结果论更关注行为结果,只要采访能带来积极的社会效益,即便手段存在争议也可以接受。在具体新闻实践中,记者需要在这两种伦理视角之间寻求平衡,即在确保实现公共利益的同时,尽可能降低对采访对象造成的伤害,并严格遵守法律与职业道德的底线。只有这样,隐性采访才能在揭露真相与尊重个体权利之间找到合理的伦理立足点。

第三节　隐性采访案例介绍及评析

一、《南方都市报》卧底高考替考事件及评析

(一)《南方都市报》卧底高考替考事件介绍

2015年6月7日正是高考第一天,上午10点49分,南方都市报在其新闻客户端、官方微信公号同时发布一篇文章《重磅!南都记者卧底替考组织 此刻正在南昌参加高考》,在其中揭露了一起有组织性地带领高校学生前往江西省替考的违法行为,报道一经传播,瞬间引发了广大网民的关注。

从2014年11月起,《南方都市报》一位年轻记者就开始卧底调查该替考组织,参与了与该非法组织联络接头、见面、入考等整个过程,发现组织替考活动中有个别高校多名大学生

加入,试图通过充当"枪手"牟利。为调查这个团伙的运作情况,南都记者提供了一张本人真实照片和虚假身份信息(包括姓名、籍贯、年龄、学历和专业等),成为其"下线"。此后,双方就以"上下线"关系联络。直至2015年6月5日下午,南都记者拿到了高考用的"身份证"和"准考证",上面的照片均为记者此前提供,户籍地被"设定"为山东。2015年6月5日晚上,记者随同"上线"等十余人,从武汉坐火车抵达江西南昌。在卧底的过程中,南都记者还获得了替考组织给一名关键"枪手"发放的高考"身份证"和"准考证",此"枪手"曾发展多名"下线"。6月7日,记者带着替考组织提供的"身份证"与"准考证"顺利进入考场。

2015年6月7日上午,《南方都市报》卧底调查组报警后,向南昌警方提供掌握的全部线索和材料,包括卧底人员在内的调查组成员,全力协助警方甄别替考组织成员,快速抓捕,固定证据。南昌公安局东湖分局的办案民警全面部署抓捕。卧底记者和卧底调查组其他成员也连续工作,协助警方印证线索,形成证据链。

6月7号下午,江西省教育厅、江西省教育考试院召开新闻发布会,通报了"关于6月7日高考替考事件调查进展情况"。最终,事件相关人员得到了应有的惩罚:马某波等4名高考替考组织者,因涉嫌伪造居民身份证罪被公安机关依法刑事拘留;中介人员李某炎因涉嫌行贿罪被检察机关立案侦查;对7名被替考考生,作出其报名参加考试的各阶段、各科成绩无效,同时暂停参加各种国家教育考试3年的处理决定;对7名替考者,根据教育部第33号令有关规定,给予暂停参加各种国家教育考试3年的处理。另外,相关公职责任人也都得到了不同的处分。①

(二)卧底高考隐性采访中的伦理争议

此次《南方都市报》暗访高考替考事件,从曝光量、轰动性和传播度上看都可以说是一次成功的新闻,但它也引起了学界、业界关于隐性采访的集体讨论。②

反对此次隐性采访的人士大都围绕以下几点理由展开批判。第一,通过非正常手段获得的新闻可信度不高,久而久之会降低媒体的公信力。"其(记者)身份的隐藏和替换本身就具有欺骗性,违背了传统道德观中的诚信原则。"③第二,记者以暴制暴的行为有悖于新闻的职业道德,体现了记者法律素质的低下。记者其实不必亲自走入考场完成替考,大可以从第三方的角度来真实客观地记录替考事件,亲自替考已经扰乱了高考秩序并且涉嫌违法。第三,《南方都市报》作为商业化气息较强的媒体,报道此事件很可能是为了追逐市场利益。④

① 据以下整理:百度百科.6·7南昌高考替考案[EB/OL].[2025-03-21].https://baike.baidu.com;南方都市报.重磅!南都记者卧底替考组织 此刻正在南昌参加高考[EB/OL].(2015-06-06)[2025-02-23]. https://mp.weixin.qq.com/s?__biz=MTk1MjIwODAwMQ==&mid=207197285&idx=1&sn=553a2af2671a828fc79edd031217068a&chksm=d5ce978be2b91e9d5668e38a180bdc010d250014fdb3945befc51f235e37b4b1d1efa3c23572&scene=27.

② 本部分的案例与评析均选自牛静.新闻传播伦理与法规:理论及案例评析[M].3版.上海:复旦大学出版社,2021.

③ 薛国林,吴丽君.隐性采访:公共利益规约下的"善意谎言"——从道德与法律的角度分析隐性采访的合理性[J].记者摇篮,2011(06):7-9.

④ 陈力丹.新闻从业者对职业道德的无知和淡漠令人愕然——对照《中国新闻工作者职业道德准则》谈近期几起新闻伦理事件[J].新闻记者,2015(08):4-10.

　　然而,也有很多的媒体人与公众对《南方都市报》记者暗访持赞扬与支持态度,人民网舆情分析抽取200多篇微博分析发现,力挺记者暗访行为的网友占到抽样的40%。[①]大部分支持者认为《南方都市报》此举是为了揭露高考过程中出现的违法作弊行为,并有利于匡扶社会正义。具体理由如下。第一,记者卧底行为不仅是为了获得重要的新闻,而且是为了追求社会公平正义,这有利于保障公众的知情权。记者在之前已征得单位领导同意,并提前向公安机关报备,完全符合隐性采访的情况和原则,因此从隐性采访与公众知情权的角度来说,南都记者的做法并无不妥。[②]第二,南都此次暗访行为并无触犯法律。传媒法学者魏永征认为,根据媒体此前披露的消息,记者在进入考场之前就已与警方报备,而且在考试开始后也与警方联系,警方很快就将其中一名犯罪嫌疑人抓获,所以这次南都记者的行动是媒体与警察的一次联合行动。[③]

　　无论以上何种观点,都认同隐性采访只是在特殊情况下的一种非常规采访形式,而在哪些情况下,隐性采访才可以说是符合道德伦理的呢?至少应满足以下条件:一是揭露事件是符合公共利益的,在本案例中,《南方都市报》记者卧底探访高考替考组织真相,最终还是有利于维护社会公平正义,有利于社会教育的正常发展,是业界践行新闻理想的一次成功实践;二是隐性采访之外没有其他手段可以获取信息,在本案例中,《南方都市报》的记者暗访行为虽然是为了获得重要信息,但也被质疑不一定必须要采取这种手段。

　　通过这些争议,我们可以看到,新闻工作者应当尽可能地从专业精神和公众利益的角度对具体问题进行具体分析,保证是在出于保障公共利益的目的下,在别无他法的情况下才运用隐性采访。即使这样,也应有必要的程序。奥地利媒体委员会在"公共利益"相关的条文中规定:"只有在出于更大的公共利益的考虑而非纯粹的偷窥隐私的需要时,才能牺牲人(们)的隐私权(如用暗访的方式获取信息)来发表特定照片。"[④]德国媒体委员会在"调查原则"一章中特意提到:"记者在工作中应表明其记者身份,这是一条基本原则。在做调查工作时掩饰其记者身份和所发表的内容,是违背新闻准则且对新闻功能有所伤害的行为。只有在出于公共利益的需要且其他手段已无法奏效时,秘密调查的手段才可能作为个案而被接受。"[⑤]匈牙利媒体委员会则详细列出了不构成伦理冒犯的隐性采访要求:采访的目的在于揭露违法或反社会的活动;只有通过隐性采访才能接触电视或广播访谈的对象;所需材料无法通过公开方式获得;隐性采访必须经过负责编辑的授权;电话采访只能在预先通知对方的情况下进行。[⑥]我国并未出台关于记者隐性采访的相关法律细则,因此媒体更应慎用隐性采

　　① 卢永春,宋天卓.南都记者卧底替考事件舆情分析[N/OL].人民网,2015-06-09[2025-03-02].http://yuqing.people.com.cn/n/2015/0609/c354318-27125490.html.

　　② 谭湘竹.论"南都"记者卧底高考的职业伦理与法律依据[J].新闻传播,2015(17):97,99.

　　③ 魏芳.记者卧底替考组织:该还是不该?[N].中国新闻出版报,2015-06-16(007).

　　④ 牛静.全球媒体伦理规范译评[M].北京:社会科学文献出版社,2018:12.

　　⑤ 牛静.全球媒体伦理规范译评[M].北京:社会科学文献出版社,2018:57.

　　⑥ 牛静.全球媒体伦理规范译评[M].北京:社会科学文献出版社,2018:74.

访,把握好使用频率和内容限度,坚守记者的职业伦理道德。[①]另外,要重视隐性采访具体操作过程中的风险控制,作为记者不应随意行动,要听从所在媒体及相关部门、领导的安排,在采取隐性采访之前制定详细的预案,如记者行动到哪一步截止、向公众披露哪些方面的信息。

对承担社会监督功能的媒体而言,在某些为了保障人民权益、促进社会公正的情况下,进行隐性采访有一定的合理性。但是,"拒绝暗访是原则,采用暗访是例外"应当成为新闻业界的共识和工作准则。

二、老坛酸菜制作内幕新闻报道案例介绍与评析

(一)老坛酸菜制作内幕新闻报道案例介绍

2022年的"3·15"晚会上,央视曝光了湖南岳阳知名酸菜代工企业"插旗菜业"标准化腌制出来的酸菜仅被用来加工出口产品,老坛酸菜包里的酸菜则是使用从外面收购来的"土坑酸菜",而"土坑酸菜"的腌制过程问题重重。

视频显示,在插旗菜业清洗车间,一袋袋酸菜被随意堆放在地上,经过机器清洗、切碎、拌料、包装、杀菌,就做成了老坛酸菜包。接着通过实地探访,记者跟随公司的货车,在附近一片农田里,找到了腌制酸菜的土坑。工人们有的穿着拖鞋,有的光着脚,踩在酸菜上,有的甚至一边抽烟一边干活,抽完的烟头直接扔到酸菜上。暗访视频曝光后,引发了全网强烈的关注和探讨。康师傅立刻在官网发布声明并致歉;肯德基、白象、今麦郎等其他受波及的企业也火速发布声明表示与被曝光的酸菜加工企业无关。

3月16日,有网友发现多地线下商超已下架酸菜口味方便面,插旗菜业公司官网也已经关闭。晚上7点,插旗菜业董事长致歉。媒体报道湖南省市场监管局高度重视,做出了紧急部署,当即派出两支执法队伍和食品专家团队,分别奔赴事发地君山区、华容县进行督查执法。此次执法行动采取省市县(区)三级联动,对违法企业依法依规从严查处,对湖南岳阳全市腌制酸菜企业进行全面排查,企业相关人员已被控制。[②]

(二)老坛酸菜制作内幕新闻报道案例评析

"3·15"晚会对"土坑酸菜"事件的曝光充分体现了隐性采访在新闻调查中的重要价值。在新闻报道中,获取事实真相是至关重要的,而对于某些涉及公众安全、企业欺诈和政府失职的事件,普通的公开采访往往难以触及问题核心。若记者仅依靠企业提供的信息,可能只

① 豆媛.公共负面报道中的舆情研究与伦理分析——以"南都记者高考替考案"为例[J].新闻研究导刊,2016(12):62-63.

② 看吐!老坛酸菜用脚踩?连夜执法,下架![N/OL].南方日报,2022-03-16[2025-03-21].https://mp.weixin.qq.com/s/SXRDWvAShbOYht-WvopdyQ.

能看到表面"合规"的生产流程,而无法深入了解真正的问题。因此,隐性采访成为揭露食品行业乱象的必要手段,使公众得以了解产品的真实生产过程,并对企业的道德标准和质量控制进行审视。正是因为隐性采访的深入调查,这一食品安全问题才能被广泛关注,并推动社会对行业乱象整改,保障消费者的合法权益。

尽管隐性采访在新闻伦理上存在争议,但其合理性在于它的最终目的是否符合公共利益。在本案例中,食品安全直接关系到公众健康,而企业的违规操作一旦未被曝光,将可能导致更大范围的食品安全危机。虽然记者在隐性采访过程中隐瞒了身份,并通过偷拍手段记录企业内部情况,这可能涉及隐私权问题,但央视在最终的报道中对涉事人员进行了马赛克处理和变声处理,以最大程度减少个人隐私的泄露,同时确保公众能够获得关键信息。这样一来,不仅揭示了事实真相,也在一定程度上平衡了公共利益与个人隐私之间的冲突。

在食品行业等涉及公共安全的领域,企业往往会通过营销手段掩盖内部问题,而传统采访方式容易受到信息壁垒的限制。隐性采访能够突破企业精心打造的"光鲜外表",直击问题本质,为公众提供真实可靠的信息。此事件的报道不仅揭露了食品安全隐患,也促使监管部门迅速介入调查,并加强食品行业监管,从而强化了社会监督的作用。因此,隐性采访不仅是新闻报道的有力工具,也是维护社会公正、保护消费者权益的重要力量,在面对企业和权力的不当行为时,它依然是值得被慎重使用的监督手段。

第四节　隐性采访应遵循的原则

隐性采访是一种特殊的新闻调查手段,因其涉及隐瞒身份、偷拍录音等方式,可能会引发伦理争议和法律风险。因此,在运用隐性采访时,新闻媒体和记者必须严格遵循新闻伦理、法律法规及公共利益原则,确保新闻报道既符合社会正义,又不损害新闻公信力。以下是隐性采访应遵循的核心原则。①

一、合法性原则

遵守法律,在法律允许的范围之内进行合法的新闻采访,这是记者进行新闻采访的前提,在隐性采访中,记者应该采取更为谨慎的态度和方式,以免在无意中触犯法律,造成法律纠纷。《中国新闻工作者职业道德准则》中指出:"要通过合法和正当手段取得新闻,尊重被采访者的声明和正当要求。"我国法律对国家机密、未成年人、商业机密等都有专门的规定,记者在进行隐性采访时,必须遵守这些规定。

---

① 本部分的原则均选自牛静.新闻传播伦理与法规:理论及案例评析[M].3版.上海:复旦大学出版社,2021.

二、最小伤害原则

在道德决策中,最小伤害原则意味着:如果无法完全避免道德困境,应选择伤害最小的方案。道德行为应尽量减少对个体或社会造成的痛苦或不公正。任何有可能对他人造成损害的行为,都需要进行严格评估,以确保伤害降到最低。密尔强调"尽可能多地免除痛苦"是道德决策的重要原则。[①] 在新闻传播实践中,记者应合理控制隐性采访的内容,不应过度曝光与事件无关的个人隐私,对于无意卷入事件的人员,应当使用马赛克、变声处理等方式保护其隐私。记者需要权衡利弊,需要在保护公共利益的同时,尽可能减少对个体的负面影响。

三、公共利益原则

公共利益通常被定义为"对社会整体有益的最大化",即在决策过程中,优先考虑社会整体福祉,而不是单个群体或个人的私利。隐性采访的合理使用必须以维护公共利益为前提,而不能仅仅为了满足公众的好奇心或追求新闻的轰动效应。即使是对公众人物或公共事件的采访,所涉及的个人隐私内容在报道时也需谨慎选择,与公共利益无关的信息不应随意披露。加纳《新闻工作者协会伦理规范》规定:"只有在符合公共利益的时候,询问和报道一个人的私人生活才被视为是正当的;新闻工作者只能通过光明正大的方法获取信息、图片和证据,只有在涉及公共利益时,使用其他手段才是正当的。"[②]

四、别无他法原则

在使用隐性采访前,应当评估是否存在其他合理合法的调查手段。若能够通过公开采访、政府信息公开、数据分析等方式获取信息,则应优先采用公开手段,而非隐性采访。只有在被调查者拒绝接受采访,或存在故意隐瞒、伪造信息的情况时,隐性采访才可以作为调查手段。如阿塞拜疆《新闻工作者的伦理专业准则》规定:"在别无他法获得信息时,新闻工作者可以运用特殊的设备(如隐性相机、隐性麦克风或其他隐性工具)或者隐性方法(如虚构身份等)去获得信息,当然这个信息是对于公众有重要性的。"[③]

五、具体案例具体分析原则

虽然可以遵循"公共利益原则"和"别无他法原则"来进行伦理选择,但是每一次隐性采

① 穆勒.功利主义[M].徐大建,译.北京:商务印书馆,2019:14.
② 牛静.全球媒体伦理规范译评[M].北京:社会科学文献出版社,2018:181-182.
③ 牛静,杜俊伟.全球主要国家媒体伦理规范[M].武汉:华中科技大学出版社,2017:96.

访所面临的问题、所出现的情景都是不同的，这就决定了伦理原则只能提供一些指导，但非解决所有隐性采访伦理冲突的万全之策。所以媒体从业者在决定是否要以隐性采访的方式获取信息时，要具体案例具体分析，综合考量隐性采访的动机、手段和结果，以确保新闻调查的正当性和合理性。比如在进行隐性采访时，需要考虑是否能保障记者及其相关人员的人身安全、是否妨碍行政或司法程序、是否客观呈现事件真相、是否向公众说明隐性采访的必要性、是否对欺骗性行为做出合理解释等。总的来说，新闻工作者在进行隐性采访的伦理选择时，需要在奉行基本的伦理原则的基础上，根据所处情境进行多方面考量，最终做出一个具有较少伦理争议的决定。[①]

结　语

隐性采访作为新闻调查领域的一把"双刃剑"，始终在新闻实践与伦理规范之间保持着微妙的平衡。本章通过系统的理论探讨和深入的案例分析，全面展现了隐性采访的多维价值与复杂面向，为新闻工作者提供了重要的实践指引。

隐性采访的独特价值在诸多重大社会事件的报道中得到了充分印证。从《南方都市报》卧底高考替考事件到老坛酸菜制作内幕报道，这些调查报道不仅揭示了隐蔽的社会问题，更直接推动了相关领域的制度完善与行业变革。隐性采访之所以能够发挥如此重要的作用，关键在于它能够突破常规采访的限制，获取那些通过公开渠道难以触及的关键事实。这种突破常规的采访方式，往往能够呈现更具深度和震撼力的新闻真相，从而产生更大的社会影响力。

然而，隐性采访的隐蔽性和侵入性也使其成为新闻伦理讨论的焦点。记者在调查过程中可能面临身份伪装、隐私侵犯等道德困境，这些行为虽然服务于揭露真相的目的，但其手段的正当性常常受到质疑。义务论伦理学者坚持认为，不能以目的正当性掩盖过程的不道德；而结果论者则更看重报道产生的社会效益。这种伦理争议提醒我们，隐性采访必须建立在严格的伦理考量之上，不能简单地以"揭露真相"为由忽视采访过程中的道德风险。

为确保隐性采访的正当性，本章提出的五项原则为新闻工作者提供了行动指南。合法性原则划定了采访行为的法律边界，要求记者在调查过程中严格遵守相关法律法规；最小伤害原则强调要尽可能减少报道可能带来的负面影响，特别是对普通当事人的伤害；公共利益原则要求隐性采访必须服务于重大公共议题，而非追求轰动效应；别无他法原则则规定只有在常规采访手段完全无效时才能考虑隐性方式；具体案例具体分析原则则赋予记者必要的判断灵活性。这些原则共同构成了隐性采访的伦理框架，帮助记者在复杂情境中做出合理抉择。

隐性采访的价值核心不在于其戏剧性的调查过程，而在于其服务公共利益的本质。正如本章案例所展示的，真正有价值的隐性报道往往能够引发深刻的社会反思，推动实质性的

[①]　牛静，张小玲.隐性采访的伦理学争议及其应用原则[J].法治新闻传播，2017(5)：61-65.

制度变革。媒体从业者应当始终牢记,隐性采访只是手段而非目的,其最终价值在于促进社会公平正义,而非仅仅追求个人荣誉或商业利益。媒体工作者需要在坚守专业伦理的基础上,不断创新调查方法,提升报道质量。唯有如此,新闻媒体才能在复杂多变的社会环境中,既充分发挥监督职能,又始终恪守伦理底线,成为推动社会进步的重要力量。

思考题

1. 隐性采访的价值主要体现在哪些方面?
2. 隐性采访的主要伦理争议有哪些?
3. 隐性采访时应该遵循的原则有哪些?

第五章

媒体信息与网络暴力

◆ 学习目标

1. 深入理解网络暴力的概念本质,掌握其作为现实暴力在虚拟空间延伸与异化的核心特征。

2. 系统认识网络暴力的主要类型和行为特征,理解其系统化行为模式的形成机制。

3. 全面把握网络暴力产生的多重原因,理解这些因素如何共同促成网络暴力的发生。

◆ 本章概述

近年来,网络暴力现象频繁发生,不仅严重侵害公民个人的合法权益,还破坏了网络空间的公共秩序和社会安全感,损害了公共利益。本章首先界定了网络暴力的概念、类型及行为特征,指出其具有匿名性强、传播迅速和伤害隐蔽性等特点;继而分析了网络暴力产生的多重原因,包括平台技术与监管缺位、行为人心理动机与群体价值失范以及社会理性不足导致的情绪化表达;最后提出治理对策,强调需健全法律体系、落实平台责任,并倡导数字公民伦理,以实现多方协同治理,推动网络空间的理性与文明。

第一节　网络暴力概述

在传播技术高速发展的信息社会,互联网已成为绝大多数民众获取信息及表达言论的重要平台,亦是网络舆论及意识形态争论的高地。互联网的开放性、快捷性、交互性、匿名性,使得网络信息在传播过程中容易呈现出碎片化、无序性的裂变传播,造成受众的片面理解和逻辑缺失,系统的、理性的深化思考难以短时实现。相当一部分非理性且具有聚集性的网民,将过激言行视作主流民意,推动舆情极化,从而引发扰乱网络秩序与社会稳定的网络暴力。

网络暴力是一种兼具现实暴力性质的网络失范行为,表现为不特定多数人针对个人或群体,反复实施网络侮辱、诽谤和言语攻击等在线传播侵害行为。一方面,与以往人际传播、大众传播的单向传播模式不同,网络传播突破了地域范围、媒介平台甚至事件的限制,侮辱、诽谤性言论通过互联网能够在极短时间内向全社会传播,而且在传播过程中会不断裂变,形成聚众性效能。聚众性言论能够压制受害者的反抗,给其造成巨大的心理压力,进而产生网络暴力的效果。另一方面,现实空间的侮辱、诽谤性言论会随着人们记忆的遗忘而消散,而"互联网是有记忆的",网络暴力造成的伤害具有持续性。发布在网络空间的言论难以彻底删除,导致受害者的人格权长期受到侵害。由此,网络暴力在传播效能与持续时间层面呈几何级数上升,网络侮辱、诽谤性言论等产生的压迫性及危害性与现实空间产生的无法等量齐观,现实生活中受害人因为遭受网络暴力而自杀的案件频发,进一步佐证了网络侮辱、诽谤行为或造成难以估量的危害后果。[①]

一、网络暴力的概念

兼具数字隐秘属性与互联网群体传播属性、跨越现实与虚拟双重空间的网络暴力,正在成为网络治理高度关注、人民群众反映强烈的突出问题。然而,"网络暴力"长久以来一直存在着概念失焦的问题,这一概念从严格意义上而言,并非规范的法律用语;即使在相对宽泛的人文社科领域,这一概念也尚未形成共识性学理定义。概言之,学者们对网络暴力的界定主要存在"网络失范行为""网络侵权行为"以及"网络舆论暴力"等趋向。[②]

从新闻传播学的角度出发,网络暴力是指一定规模的网民群体借由网络媒介技术通过人机界面实现感官化功能,对特定对象发起大规模的、非理性的攻击,对当事人身心、名誉、财产等方面造成实质性损害,影响社会价值观并干扰社会管理。这一定义明确指出网络暴力存在广泛自发参与性、盲目从众性、初始动机朴素正义性、价值观扭曲性、个人利益侵害性与恶意制裁性等特征。[③]现阶段的网络暴力是指集聚在网络空间中的民众,以道德名义侮辱、谩骂、嘲讽他人,形成强势舆论,最终导致大规模群体极化的群体性失范行为。[④]在数字交往情境下网络暴力是指施暴者以道德审判为起点,受"机会主义""当下主义"等观念所刺激,有意或无意地通过网络对个人或小群体发布含有侮辱谩骂、造谣诽谤、煽动仇恨、威逼胁迫、侵犯隐私、指责嘲讽、贬低歧视等内容的网络暴力信息,对被施暴者造成集束型伤害而致

①　储陈城,刘淼.网络暴力刑法规制的乏力与重塑——以侮辱、诽谤罪为中心[J].新闻记者,2024(03):97-112.

②　冉华,郑东和.戒除诱惑与重申信任:数字交往情境下的网络暴力治理[J].学习与实践,2024(10):25-33.

③　李华君,曾留馨,滕姗姗.网络暴力的发展研究:内涵类型、现状特征与治理对策——基于2012-2016年30起典型网络暴力事件分析[J].情报杂志,2017(09):139-145.

④　丁汉青,韩玥.事件与传播:网络暴力事件传播力影响因素分析——基于49例网络暴力事件的定性比较分析(QCA)[J].广州大学学报(社会科学版),2023(01):183-192.

精神失常、"社会性死亡"乃至自杀等严重后果的异化的数字交往行为。①

从心理学的角度出发,网络暴力是网民对当事人实施的以制造心理压力为手段,以迫使当事人屈服的网络攻击性行为。②网络暴力的实质是一种语言暴力,具有明显的强制性、攻击性,主要体现为一种心理压力。③网络暴力是社会暴力在网络上的延伸,网民通过对尚未证实的网络事件的发帖、回帖或网络创作,以道德审判的形式,对其他网民发表具有进攻性的言论,以侮辱、谩骂、人身攻击和发布"追缉令"等方式来达到维护社会正义和伦理纲常、实现群体性情绪宣泄等目的的网络行为。④

在伦理学的视域下,网络暴力被认为是对"正义的误读"。首先,网络暴力违背了"程序正义",其表现为典型的"未审先判",往往还伴随着使用非正义和非法的调查取证手段;其次,网络暴力违背了"实体正义",其以信息自由与言论自由为名,牺牲了个体的自由。网络暴力是以侵犯当事人的名誉权、隐私权、肖像权、生活安宁等合法权益为代价的,一种多数人的网络暴政与狂欢。⑤可以说,网络暴力是一定规模的网民以维护伦理道德为由,在网上发布带有诽谤或侮辱性的言论,并对当事人的隐私权、名誉权及其他正当权利造成侵害及恶劣影响的失范行为;其以即时互通流转的文字、图像、视频为载体,因群体负面评价而对当事人造成以精神压迫为主要威慑力的暴力。⑥

近年来,为更准确把握网络暴力违法行为与犯罪的定罪量刑标准和法律政策界限,正确适用相关法律规则,有力惩治网络暴力违法犯罪,我国司法部门不断调适和加强与网络暴力相关的法律规范。2024年8月1日,国家互联网信息办公室、中华人民共和国公安部、中华人民共和国文化和旅游部、国家广播电视总局四部门联合公布的《网络暴力信息治理规定》正式施行,这标志着第一部将"网络暴力"概念置于标题的部门规章出台,也被视为网络暴力信息治理机制迈向动态调控新模式的重要一步。《网络暴力信息治理规定》在附则部分对"网络暴力信息"作出定义:"通过网络以文本、图像、音频、视频等形式对个人集中发布的,含有侮辱谩骂、造谣诽谤、煽动仇恨、威逼胁迫、侵犯隐私,以及影响身心健康的指责嘲讽、贬低歧视等内容的违法和不良信息。"⑦还需值得注意的是,最高人民检察院于2024年7月28日发布了《检察机关依法惩治利用网络暴力侵犯企业合法权益典型案例》,其中将散布针对企业的不实信息进行敲诈勒索或传播虚假负面信息损害其他市场主体商誉的行为,也称为"网络暴力"。显然,最高检认为"网络暴力"的侵害对象并不局限于个人。

① 冉华,郑东和.戒除诱惑与重申信任:数字交往情境下的网络暴力治理[J].学习与实践,2024(10):25-33.

② 陈代波.关于网络暴力概念的辨析[J].湖北社会科学,2013(06):61-64.

③ 喻海松.网络暴力的多维共治——以刑事法为侧重的展开[J].江汉论坛,2023(05):128-135.

④ 侯玉波,李昕琳.中国网民网络暴力的动机与影响因素分析[J].北京大学学报(哲学社会科学版),2017(01):101-107.

⑤ 林爱珺.网络暴力的伦理追问与秩序重建[J].暨南学报(哲学社会科学版),2017(04):111-117.

⑥ 王静.数字公民伦理:网络暴力治理的新路径[J].华东政法大学学报,2022(04):28-40.

⑦ 中华人民共和国中央人民政府.网络暴力信息治理规定[EB/OL].[2025-03-10].https://www.gov.cn/gongbao/2024/issue_11526/202408/content_6969181.html.

二、网络暴力的类型与行为特征

由于社会公众对网络暴力的认知与耐受度在不断变化,不同国家、不同文化背景下对网络暴力的认知也存在差异,探寻网络暴力的本体内涵与界定实质的犯罪概念一样困难。[①]尽管在当前世界范围内并无对网络暴力的权威定义,但网络暴力的基本类型与行为特征却有迹可循。

(一)网络暴力的基本类型

网络暴力有不同的类型,现有研究将其分为网络谣言、网络谩骂与"人肉搜索"[②],或个体攻击型、报复社会型与解构权威型等类型[③]。从更宽泛的意义而言,网络暴力的两种典型形态包括言辞侵害型网络暴力与实体侵害型网络暴力。我国出台的有关网络暴力的政策文件如《网络暴力信息治理规定》《关于依法惩治网络暴力违法犯罪的指导意见》《关于切实加强网络暴力治理的通知》等,主要将网络暴力聚焦于言辞侵害型网络暴力。由此,我国司法解释对"网络暴力行为"列举的主要形态包括以下几种。[④]

(1)网络语言侮辱:是指通过信息网络发布针对他人的侮辱谩骂及恶意诅咒的言论、文字、视频、图片等,由此进行精神伤害的行为。这种行为易引发众人的参与,造成大量网民的跟风。

(2)网络诽谤:是指编造虚构的有关损害他人名誉的信息,通过信息网络予以传播及散布,由此对他人名誉造成恶劣影响的行为。

(3)人肉搜索:是指通过搜索引擎等互联网信息渠道或者发动网民挖掘他人的身份、生活等隐私信息,并使这些信息不断地在网上爆料及传播的行为。

(4)网络谣言:是指在网络上发布及传播虚假信息,这种信息涉及社会热点、突发事件、他人独特行为等易于引起公众关注的所谓新奇的内容,因传播速度快而产生巨大舆论影响力,有的谣言还具有攻击性。

对于网络暴力的具体形态,国外学者也提出了许多独到的见解,其中,英国犯罪学家蒂姆·纽伯恩(Tim Newburn)对网络暴力的界说具有一定的代表性。纽伯恩认为"网络暴力是指通过网络对他人实施心理伤害或者煽动对他人进行身体伤害的行为",其具体形态包括以下几种。[⑤]

(1)网络跟踪(cyberstalking),是指利用电子通信设备(包括通过电子邮件、即时通信信息、在线社交网络等)不断重复向他人传递具有胁迫、恐吓等内容的信息。网络跟踪被认为

---

① 敬力嘉,胡隽.网络暴力法律规制的完善路径[J].中国人民公安大学学报(社会科学版),2021(05):142-149.

② 蔡荣."网络语言暴力"入刑正当性及教义学分析[J].西南政法大学学报,2018(02):63-72.

③ 柳思思.网络语言暴力问题研究——欧盟治理经验及对我国的启示[M].北京:人民日报出版社,2018:83.

④ 张小虎.网络暴力的典型事实形态及其刑法定性[J].甘肃社会科学,2024(02):162-171.

⑤ NEWBURN T. Criminology[M]. New York: Routledge, 2017.

是一种最危险的网络犯罪。

（2）网络骚扰（cyberharassment），是指一个成年人或一群人使用数字媒体使他人遭受情绪困扰的一系列行为。具体表现为专门用于折磨个人的威胁性或骚扰性的电子邮件、即时信息、博客文章或网站。网络骚扰是最广泛的网络暴力形式。

（3）网络霸凌（cyberbullying），是指恶意攻击者通过电子文本的媒介故意以及反复地对他人的身心施以强制性的虐待及伤害，以寻求隐性或显性的快乐或利益。

（4）其他网络暴力，具体包括网络极端主义（online extremism）/网络仇恨（cyberhate）/虚拟极端主义（virtual extremism）、网络恐怖主义（cyberterrorism）、与信息通信技术（ICT）有关的隐私侵犯以及对儿童实施线上的性剥削与性虐待。

通过对中外有关网络暴力形态的比较分析及综合，可以将网络暴力的基本形态归纳为以下八类：①网络言辞侮辱；②网络诽谤；③人肉搜索；④网络系统攻击；⑤恐吓性网络霸凌；⑥非恐吓性网络骚扰；⑦暴力网络鼓动；⑧暴力网络演示（包括国外所称的"对儿童实施线上的性剥削与性虐待"以及我国有关学者所称的"网络信息暴力""网络暴力游戏"等）。①

（二）网络暴力的行为特征

网络暴力作为新型网络信息传播犯罪具有如下四重特征。②一是参与主体多，涉众面广。网络暴力常以"多对一"甚至"多对多"的形式呈现；网络暴力行为全过程的参与主体大致可以概括为"源头发起者—有影响力的用户—海量平台用户—受害人"，海量网络用户的道德审判、人肉搜索造成事态迅速升级乃至失控。二是社会危害性严重。网络暴力以网络平台作为传播媒介，对受害人造成跨越时空的精神侵害甚至是施加"社会性死亡"的心理压力。三是传播速度快。网络技术的飞速发展和高覆盖性为多级传播模式提供条件，也加速了网络暴力内容的传播扩散。四是持续时间长。网络平台不仅加快了热点事件的传播速度，还会利用算法延续事件热度，使网络暴力持续较长时间。

网络暴力一种具有群体属性、跨越双层空间的新型暴力。③它具有暴力最为本质的特征，即产生压迫力，使得被侵害主体不能或不敢反抗以及使当事人产生冲突性紧张与恐惧。但是，相较于"传统"暴力，网络暴力在主体、行为、主体关系、动机、损害结果、因果关系方面都发生了重大的变化。第一，网络空间的本质属性是虚拟性，这是现代数字化的存在方式、发展方式与创造方式。第二，网络暴力的主体是个人或社会组织。第三，不同于物理空间中主体拥有真实可靠的身份，网络空间中的主体的形象、身份都被数字化了。第四，传统暴力发生于物理空间，而网络暴力发生于网络空间，是匿名的超多元主体间基于语言舆论所产生的暴力。第五，网络空间具有跨双重空间属性，这使得网络暴力的治理必须从物理空间中寻找理论与实践经验，又要充分考虑网络空间的特殊性。

---

① 张小虎.网络暴力的典型事实形态及其刑法定性[J].甘肃社会科学,2024(02):162-171.

② 熊波,金泽瑢.网络暴力的传播与防控：基于典型性案例和复杂性互动理论探析[J].现代传播（中国传媒大学学报）,2024(11):53-64.

③ 王静.数字公民伦理：网络暴力治理的新路径[J].华东政法大学学报,2022(04):28-40.

第二节　网络暴力产生的原因

论及网络暴力的根源与成因,或被总结为对私人领域的入侵,或被认为其实质乃话语暴力,或被归于"多数人的暴政";有论者认为网络暴力的根源在于"乌合之众"的极端化、不理智等群体心理内因,也有论者提出网络暴力是风险社会下"制度—结构"风险、转型风险等"外因"的产物。[①]剖析网络暴力的成因及其传播机制,需从网络平台的技术特性与"守门人"角色缺位、行为人的心理动机与群体伦理价值观失范、社会理性缺失触发情绪暴力等多方面进行深层透视。

一、网络平台的技术特性与"守门人"角色缺位

互联网的虚拟性、多元性、即时性与互动性,不仅仅是互联网语言符号形变的环境与基础,同时也是网络互动滑向网络暴力的原点。[②]"传播环境说"主要从互联网的技术和信息环境入手解释网络暴力成因。[③]首先,网络身份的匿名性与虚拟性既降低了施暴者被追究法律责任的法律风险,也方便施暴者逃避社会道德规范的管制。匿名上网使得网民产生了"去个性化"的认识,对自身行为的约束能力和动力降低,进而引发了现实中少见的恶意表达与攻击行为。网络身份的虚拟性也避免了网络暴力者直面受害者的痛苦,减少了施暴者对自身行为后果的感知,回避了传统暴力中可能出现的共情与悔恨心理。其次,互联网信息的扁平化传播方便了相似观点与情绪下的个体集结成了缺乏伦理自觉的"乌合之众"。在相互鼓舞、煽动的群体氛围中,温和的意见逐渐微弱,强势表达则循环上升,最终导致激进化和极端化的网络表达和暴力行动泛滥。最后,网络社交平台的技术特点及伴生的社交形式也影响了网络暴力活动的形式。

概言之,信息传播上匿名性心理的去抑制化效应、"沉默的螺旋"效应和拟态环境,使得网络暴力呈现出更为复杂的特点。互联网无准入门槛的开放性加大了筛选与审查的难度,难以有效发挥传统意义上的媒体"守门人"作用。当前,在利益的驱使下,部分网络运营商往往放松对信息真实性的甄别,为了点击量故意放大舆情吸引受众,甚至蓄意误导舆论。因此,必须明确网络运营商对信息真实性的把关责任。[④]

①　董天策,伍晨阳,周润哲,等."网络暴力"治理研究中规范判断与理论依据的学理分析[J].国际新闻界,2024(06):70-90.

②　秦伯约.语词·社群·规制:网络暴力生成的多维思考[J].现代传播(中国传媒大学学报),2025(01):44-53.

③　刘紫川,桂勇,黄荣贵."暴"亦有"道"? 青年网暴实践的特征及价值基础[J].新闻记者,2023(09):3-18,96.

④　林爱珺.网络暴力狂欢的反思与规制[J].人民论坛,2022(09):90-92.

二、行为人的心理动机与群体伦理价值观失范

网络暴力的实施者和参与者,其传播与侵害行为往往源于情感的宣泄。传播动机的产生与个体的感情和心理状态有着紧密的联系。许多行为人试图通过传播网络暴力来获取社会认同感和满足感,以强化自己的地位或满足攻击性的欲望。甚至在某些群体中,网络暴力行为可能被视为一种获得认可和尊重的方式。[①]

网络暴力根植于群体的伦理观,其发酵与传播是对伦理价值观的挑战。深入探究我国新近发生的网络暴力案例,这些案例大多触发或者说挑战了民众广泛认同的孝顺尊长、家庭和谐稳定、社会公正、维护国家利益与国家尊严等伦理价值观。[②]价值判断具有明显的主体特征,带有明显的主观倾向。就我国目前的网络舆论现状而言,缺乏事实根据,仅作价值判断的话语较为常见;部分群体是情绪化的、易被影响的、易于诉诸暴力的,所以随着信息热点的生成和算法的推荐,群体不断生成极端的观点。网络暴力之所以频发,与特定人群的道德审判欲、民众的价值判断思维、缺乏责任意识具有较强的关联性。

三、社会理性缺失触发情绪暴力

社会理性缺失触发情绪暴力主要是指,社会环境变动和公众心理相互作用,社会道德滑坡、本我释放等原因引发网络暴力。[③]网络暴力可视为社会戾气的移情表达。我国正处于社会转型期,社会认同的急剧分化构成了网络暴力的现实基础。现实社会中的利益受损者、失意者等弱势群体产生了"存在性焦虑",他们在不公平感和被剥夺感下淤积了现实生活中难以排解的负面情绪,因而以言论为武器,在网络空间中发泄不满,或以"舆论惩戒"的方式对目标进行道德审判。当个体融入群体,往往会被群体的情绪所裹挟,理性思考的光芒被遮蔽,取而代之的是盲从和情绪化的表达。通过网络欺凌的方式,在现实生活中"失语"的受挫者得以重新获得控制感和存在感,享受作为"网络巨魔"的快乐。为了实现控制欲,网络暴力者通常会选择相对自身地位更弱势者施行暴力,这也导致了权力不平等的再生产。研究显示,女性、青少年和性少数群体最容易成为网络暴力的受害者。[④]

① 熊波,金泽璨.网络暴力的传播与防控:基于典型性案例和复杂性互动理论探析[J].现代传播(中国传媒大学学报),2024(11):53-64.

② 王静.数字公民伦理:网络暴力治理的新路径[J].华东政法大学学报,2022(04):28-40.

③ 侯玉波,李昕琳.中国网民网络暴力的动机与影响因素分析[J].北京大学学报(哲学社会科学版),2017(01):101-107.

④ 刘紫川,桂勇,黄荣贵."暴"亦有"道"?青年网暴实践的特征及价值基础[J].新闻记者,2023(09):3-18,96.

第三节　网络暴力案例介绍及评析

网络暴力不仅侵害了受害者的名誉权、隐私权等人格权利,更会给受害者的心理和生活带来极大的负面影响,甚至引发悲剧性事件,乃至影响整个社会的大局稳定。

一、"开盒挂人"网络暴力事件及评析

（一）"百度高管女儿开盒网友"事件介绍

2025年3月,关于"百度高管女儿开盒网友"的新型网络暴力事件,引发不少网友的热议及对个人信息安全的担忧。一名网友留言评论某韩国明星的行程,遭到该明星粉丝的谩骂、攻击,这名网友的个人隐私被"开盒",包括真实姓名、身份证号、家庭住址等,最终这名网友销号退网。值得注意的是,开盒该网友的这名未成年人系百度副总裁谢广军的女儿。3月17日,谢广军在微信朋友圈公开致歉,表示深感愧疚,已严肃批评女儿行为,并向所有受影响的朋友郑重道歉。一时间,舆论不但没有平息,反而"炸锅"——一些人通过此次开盒事件,了解到"饭圈"、未成年人与信息泄漏、网络暴力的关联,深刻体会到互联网"潘多拉魔盒"的破坏力。[①]

所谓的"开盒",是指通过非法手段进行网络搜索、挖掘,搜集个人隐私信息,包括姓名、身份证号、家庭住址、手机号码等,将这些内容在网络上公开发布。被"开盒"人往往会遭遇网民的侮辱谩骂、造谣诋毁,甚至在现实生活中遭到骚扰。

3月19日,百度就"谢广军女儿开盒"事件发布声明,称坚决谴责这种窃取和公开他人隐私的网络暴力行为。百度对于任何侵犯用户隐私的行为都是零容忍。实际上,百度内部实施了数据的匿名化、假名化处理;数据存储和管理实行严格隔离和权限分离,任何职级的员工及高管均无权限触碰用户数据。百度安全部门反复调取了相关日志,并查验当事人权限。结果表明,开盒信息并非源自百度。经过调查,开盒信息来自海外的社工库——一个通过非法手段收集个人隐私信息的数据库。网上流传的"当事人承认家长给她数据库"的截图内容为不实信息。此外,事件期间,社交媒体出现了大量文案高度雷同的造谣内容。针对相关网络谣言,百度已向公安机关报案。[②]

①　李果.采访多名开盒者,我所见的"开盒圈"疯狂互害与低龄化[N/OL].澎湃新闻,2025-03-21[2025-03-24].https://www.thepaper.cn/newsDetail_forward_30456438.

②　百度回应"开盒"事件:不是从百度泄漏的……多名网友注销百度网盘[N/OL].澎湃新闻,2025-03-19[2025-03-24].https://m.thepaper.cn/baijiahao_30436106.

（二）"开盒挂人"网络暴力事件评析

"开盒挂人"这种新型的网络暴力给被"开盒"人带来了难以愈合的伤害。网民暴力行为不仅在网络上,还会延续至现实生活中,给受害者造成更直接的伤害。有的"开盒"者,仅仅只是为了宣泄自己的情绪,把曝光别人隐私当成释放压力或者取乐的手段。有的"开盒"者则是为了吸引眼球、获取流量和更多粉丝。还有一些"开盒"者,把"开盒"变成了一门生意,为一些想"开盒"别人又不懂技术操作的人,提供专门的"开盒"服务,收取费用。[①]

"开盒挂人"行为严重侵犯了个人隐私权。隐私权是每个人的基本权利,未经允许公开他人的个人信息,如姓名、住址、联系方式等,不仅违背了法律,也违背了尊重他人隐私的伦理原则。这种行为可能导致受害者遭受现实生活中的骚扰和威胁,对其生活造成负面影响。有研究者指出,网络"开盒"是典型的侵犯公民个人信息的表现,严重的话构成了刑法中侵犯公民个人信息罪,同时这又是典型的网络暴力的表现。[②]面对网络"开盒"现象,网络平台有着重要的责任担当。我国《网络安全法》《个人信息保护法》等均对网络服务提供者在信息合法性的监管义务上作出了明确要求。

"开盒挂人"常常以正义为名,本质却是一种报复行为。这种所谓的正义通常带有明显的主观性,缺乏法律依据。个人无权代替法律进行惩罚,公开隐私并煽动攻击可能导致无辜者受害,甚至引发误伤。这种行为不仅无法真正解决问题,反而可能加剧社会矛盾。网络空间本应是一个促进理性交流和理解的平台,但这种行为助长了暴力和仇恨,导致网络环境恶化。从伦理角度看,每个人都有责任维护网络环境的和谐,避免传播暴力和仇恨,"开盒挂人"显然违背了这一责任。

二、因"高考百日誓师热血演讲"而被网络暴力的案例及评析

（一）因"高考百日誓师热血演讲"而被网络暴力的案例介绍

央视新闻《向网络暴力亮剑》系列微视频,剖析多起网络暴力典型事件,倡导共建清朗网络空间。其中,一期栏目为《高考前的风暴》,讲述曾经因"高考百日誓师热血演讲"而被网络暴力的女孩,已考入中国人民大学,她用实力反击伤人于无形的网络暴力之恶。

曾经全网热传的"高考百日誓师演讲"短视频的演讲人是符某某,当时她是湖南桑植一中的一名高三学生。视频上网后,引来了大量对她讽刺挖苦的评论,有的人用难听的话嘲笑她的表情,还有的上升到了对她精神、人格层面的攻击。

---

① "开盒"孕妇冲上热搜! 到底什么是"开盒"? 谁又在"开盒挂人"? [N/OL].北京日报,2025-03-17[2025-03-24].https://baijiahao.baidu.com/s?id=1826851921140290450&wfr=spider&for=pc.

② 遏制网络"开盒挂人""守门人"应有责任担当[N/OL].央视新闻,2025-03-20[2025-3-24].https://baijiahao.baidu.com/s?id=1827094745106231158&wfr=spider&for=pc.

当时符某某的演讲吸引了现场的一名记者肖某,他被符某某的演讲所鼓舞,于是将镜头转向了演讲台,网上后来流传的视频正是他拍摄的。肖某没想到,这条视频很快就火爆全网,但传播效果却偏离了他的初衷。不少自媒体转载时,截取符某某表情最夸张的瞬间,或者用引发争议的标题来吸引眼球;甚至还有的制作符某某的表情包,在视频里加入搞笑元素重新剪辑。一直关注着网络评论的肖某,亲眼见证了网络暴力发酵的过程。肖某表示,把符某某的视频发到网上后才引起这些争议,怕影响到她,感到非常内疚。[①]

(二)因"高考百日誓师热血演讲"而被网络暴力的案例评析

从伦理学视角看,"高考百日誓师热血演讲"被网络暴力的事件,首先暴露了网络暴力者对尊重与包容这一伦理原则的背离。演讲者的初衷是为了激励学生,表达对高考的重视和对未来的期望,尽管其语言可能有些情绪化或主观化,但这并不应成为被网络暴力的理由。一些人仅仅看了短短两分钟视频,就开始评判符某某,失真是必然的。其中更有一部分人,只是把符某某当成一个假想的符号,来宣泄自己的情绪。"网络暴力的施加者,不会在乎符某某是谁,他只会在乎这个符号是否能够满足他们的情绪表达,符某某只是在他们看来有点不走运被选中的那个人。"[②]网络暴力者未能尊重演讲者的情感表达,缺乏对他人努力的包容,违背了"尊重他人"的基本伦理原则。

这一事件凸显了网络暴力对个人尊严的严重侵害。演讲者因演讲内容被断章取义或过度解读,遭到嘲讽、辱骂甚至人身攻击,这种行为直接践踏了演讲者的尊严。对于未成年人,家庭和学校通常是关联最紧密的两个环境。符某某觉得,当时从这两个环境之中感受到的支持,对她是很重要的。身为网络暴力亲历者,符某某表示,要对网络暴力伤害给予重视。"经历网络暴力的人肯定是需要帮助的,它比生活中的压力还要特殊。一定要意识到,对网络暴力感到伤心甚至绝望并不是一件可耻的事情。"[③]

网络暴力者的行为反映了正义与责任的失衡。部分人可能认为自己的行为是在"批评"或"纠正"演讲中的问题,但实际上却演变为非理性的攻击。正义感不应成为网络暴力的借口,真正的正义应建立在理性和责任的基础上。网络暴力者忽视了自身行为的后果,缺乏对责任的认知,违背了伦理中对"正义"和"责任"的要求。

---

① 该事件来自:高考前被网暴的"百日誓师演讲"女孩,后来怎么样了[N/OL].央视网,2024-11-07[2025-03-24]. https://baijiahao.baidu.com/s?id=1815031469092397039&wfr=spider&for=pc.

② 向网络暴力亮剑 | 高考前的风暴[N/OL].央视新闻,2024-11-08[2025-03-24].https://www.yspapp.cn/2MIu.

③ 高考前被网暴的"百日誓师演讲"女孩,后来怎么样了[N/OL].央视网,2024-11-07[2025-03-24].https://baijiahao. baidu.com/s?id=1815031469092397039&wfr=spider&for=pc.

第四节　网络暴力治理的对策建议

网络暴力作为数字时代难以回避的社会现象,不仅侵害个人权益,而且破坏健康的网络生态。群体聚合作用下个体责任的模糊、大型网络平台"守门人"角色的缺位、表达自由与网络监管的平衡需要,使得网络暴力的治理面临诸多困难。网络暴力的防治需要全社会的共同努力。

一、健全网络暴力法律治理的框架体系

积极推进网络暴力治理的法治化转型及立法体系建构,是纾解我国网络暴力治理困局之关键。推动网络暴力治理的法治化转型,既要树立协同共治理念,实现多元治理主体的协同以及法律与技术的协同,也要确立系统性法治模式,构建起网络暴力治理领域的专门性立法体系。[①]

治理网络暴力,根源就在于治理网络"信息"。为治理网络暴力信息,营造良好网络生态,保护公民合法权益,维护社会公共利益,《网络暴力信息治理规定》进一步提高了治理网络暴力的针对性,形成全流程的动态治理体系,它的重要意义体现于:一是界定网络暴力信息,将"侮辱谩骂""造谣诽谤""侵犯隐私"以及"严重影响身心健康"作为判断标准;二是压实网络平台责任,抓住了网络平台作为网络暴力信息治理的重要源头;三是强调信息监测预警,及时发现预警网络暴力信息风险;四是细化处置措施,要求信息内容治理必须具备高度的敏捷性;五是明确多方主体责任,网络暴力信息治理需要政府、企业、社会与网民等多元主体的共同参与;六是强化保护机制,重视弥合数字鸿沟。在"多元干预、协同治理"的整体思路指导下,健全网络暴力法律治理的框架体系,重点完善网络服务提供者的数据合规体系,不断强化对网络暴力的刑事规制,最终实现对网络暴力的长效治理。[②]

二、重塑平台责任与"守门人"角色

在网络暴力治理的系统工程中,平台的治理是重要的环节。鉴于平台在网络暴力形成和发展过程中扮演了不可忽视的角色,应摒弃基于传统的网络中立和事后责任而赋予平台消极角色的思路,在合理范围内让平台承担某些事前积极作为义务。对于明显违法的网络信息,平台应主动采取屏蔽、删除等措施;在符合比例性原则的前提下对平台设置事前积极

---

① 刘艳红.网络暴力治理的法治化转型及立法体系建构[J].法学研究,2023(05):79-95.

② 敬力嘉,胡隽.网络暴力法律规制的完善路径[J].中国人民公安大学学报(社会科学版),2021(05):142-149.

预防等合理义务;强化平台的教育功能;对大型平台应设置某些应对网络暴力的特别义务。①

网络暴力信息治理义务的增设,标志着平台成为治理网络暴力的"超级责任体"。搭建优化内容质量、鼓励理性讨论、提供被害救济的媒介正义秩序,成为平台履行网络暴力信息治理义务的重要举措。平台应在事前预警环节设置与自身内容生态相适配的内容监测机制,实时感知网络暴力信息风险;在事中处置环节搭建健康引导网络舆情走向的议程框架,有效阻断网络暴力信息扩散;在被害保护环节配置具备及时响应能力的技术反制措施,防止被害人遭受网络暴力信息的舆论宰制。②

三、数字公民伦理作为网络暴力治理的新路径

网络暴力是数字时代"文明的倒退",它不仅严重侵犯了公民的人身财产权,扭曲了民主监督与民意表达,也危及了数字法治秩序。建议将公民伦理作为治理网络暴力的路径,强调通过提升公民的道德素养和社会责任感,构建一个理性、友善的网络环境。首先,公民伦理的核心在于培养公民的道德自觉与责任感。网络暴力往往源于匿名环境下的非理性情绪和道德缺失,因此,提升公民的道德素养至关重要。通过教育、宣传和社会倡导,帮助公民认识到网络暴力对他人和社会的危害,引导他们在网络空间中自觉遵守道德规范,尊重他人权利,理性表达观点,从而从源头上减少网络暴力的发生。其次,公民伦理强调公民参与与监督在治理网络暴力中的重要作用。每个公民不仅是网络空间的使用者,也是网络环境的维护者。通过鼓励公民积极举报网络暴力行为,参与网络社区的自我管理,形成对网络暴力的社会监督机制。例如,平台可以设立便捷的举报渠道,公民在发现暴力内容时能够及时反馈,从而形成全民共治的良好氛围。最后,公民伦理的落实需要社会共建与文化塑造。治理网络暴力不仅是政府和企业的责任,也需要全社会的共同努力。通过倡导健康的网络文化,推广正能量内容,表彰遵守公民伦理的典范,营造尊重、理性和友善的网络氛围。只有通过多方共同努力,才能真正实现网络环境的和谐与公正,让公民伦理成为治理网络暴力的有效路径。

结 语

网络暴力作为数字时代的新型社会问题,其本质是现实生活中的暴力行为在虚拟空间的延伸与异化。这种特殊的暴力形式借助互联网的匿名性、即时性和广泛连接性,将传统暴

① 石佳友.网络暴力治理中的平台责任[J].法律科学(西北政法大学学报),2023(06):14-23.
② 朱笑延.走向媒介正义:网络暴力信息治理的平台角色与法治实现[J].中南大学学报(社会科学版),2024(01):50-62.

力的表现形式转化为更具隐蔽性和扩散性的数字化手段,包括但不限于谩骂侮辱、造谣诽谤、侵犯隐私、网络恐吓等。从"百度高管女儿开盒网友"到"高考百日誓师热血演讲"等典型案例可以看出,网络暴力危害程度和社会影响远超传统暴力形式。

从伦理学的角度来看,网络暴力则涉及更为深层的基本价值观念问题,也是尊重、平等、自由等价值观念匮乏的集中表现。[①]首先,它反映了尊重这一基本伦理价值的缺失。当网民将他人简单化为攻击对象时,实际上是否定了对方作为人的尊严。其次,它显示出平等观念的匮乏。网络暴力往往伴随着对特定群体的歧视和偏见。最后,它扭曲了自由的本质,将自由表达异化为伤害他人的工具。这些价值观念的紊乱,构成了网络暴力的思想基础。

面对网络暴力治理的伦理困境,需要构建多层次的应对体系。在个体层面,要培养网民的数字公民意识,建立内在的道德自律机制。在社会层面,需要形成多元主体协同治理的格局,明确政府、平台、媒体和用户各自的权利义务边界。在技术层面,要开发智能化的监测和预警系统,实现精准识别和及时干预。在法律层面,则要完善相关法规制度,为网络行为划定清晰的红线。特别值得注意的是,网络暴力的治理不能简单依靠单一手段。过度依赖技术过滤可能导致对言论表达的损害,单纯强调法律规制又难以覆盖网络行为的复杂性,仅靠道德呼吁则缺乏约束力。因此,理想的治理模式应当是技术防范、法律规制和伦理引导的有机结合,形成刚柔相济的调节系统。

随着人工智能等新技术的发展,网络暴力的表现形式可能会更加复杂多变。这就要求我们的治理思路也要与时俱进,在坚持基本伦理原则的前提下,不断创新方法手段。一方面要继续完善法律法规,另一方面要深化数字伦理教育,同时还要推动技术向善发展。只有多管齐下,才能构建清朗的网络空间,让互联网真正成为促进社会进步的有益工具。治理网络暴力不仅是为了维护网络秩序,更是为了守护我们共同的价值信念。在一个健康的数字社会中,每个人都应当既能享受技术带来的便利,又能自觉遵守基本的道德规范。这需要政府、企业、社会组织和公民个人的共同努力,也是我们每个人义不容辞的责任。

🥧 思考题

1. 新媒体环境下网络暴力的特征有哪些?
2. 网络暴力产生的原因有哪些?
3. 网络暴力治理的建议有哪些?
4. 请叙述一个网络暴力现象,并进行评析。

---

① 徐亚州,谢桂山.数字世界的伦理困境透视与调适机制探究[J].云南大学学报(社会科学版),2024(06):78-85.

第六章

算法推荐与伦理反思

◆ 学习目标

1. 了解算法推荐技术的核心工作原理,掌握其通过个性化匹配提升信息分发效率的基本机制。

2. 系统认识算法推荐技术带来的主要伦理问题,理解这些问题产生的技术根源和社会影响。

3. 全面把握算法治理的多维度对策框架,认识各层面措施的协同作用机制。

◆ 本章概述

在当今信息社会,算法推荐技术已深入融入我们的日常生活,广泛应用于新闻推送、社交媒体、电子商务等领域。平台方通过分析用户行为和偏好,提供个性化的信息和服务,极大地提升了用户体验和信息获取效率。然而,随着算法推荐技术的普及,随之而来的伦理问题也日益凸显,如信息茧房效应、用户隐私挑战、数据滥用以及潜在的歧视与不平等等。本章将探讨算法推荐的定义与原理,分析其优点与潜在的伦理问题,并提出相应的治理对策。同时,通过案例分析,我们将深入了解算法推荐技术在实际应用中的表现及其对社会的影响。

第一节　算法推荐概述

随着信息技术和互联网的迅速发展,社会从信息匮乏的时代过渡到了信息过载时代。在这个信息海量的时代,信息消费者和信息生产者都面临着巨大的挑战。对于信息消费者来说,在海量的信息中筛选出自己感兴趣的内容变得异常困难;而对于信息生产者而言,要让自己的信息脱颖而出、吸引到广泛用户的关注也实属不易。推荐系统正是解决这一矛盾的重要工具。它通过将用户与信息有效连接,一方面帮助用户发现对其有价值的信息,另一方面确保信息能够展示给那些对其感兴趣的用户,从而实现信息消费者与信息生产者的双赢局面。算法推荐通过深度解析用户的行为和偏好,精准匹配内容,从而为用户打造高度个性化的信息环境。算法推荐不仅重塑了内容分发模式,也在电子商务和社交媒体领域创造了巨大商业价值。随着技术的不断演进,算法推荐展现出广阔的发展潜力与应用前景,但其局限性与挑战也不容忽视。

一、算法推荐的定义与原理

　　算法推荐是指网站平台通过算法模型将用户信息数据与内容信息数据进行匹配,从而实现内容的高效聚合与精准分发。这一技术已经广泛应用于移动新闻客户端、即时通信工具、论坛社区、音视频平台、直播等各类网站平台。尽管不同平台采用的算法模型存在差异,但它们通常通过多个维度,如热度、时间线、用户画像、用户社交关系、关联内容和地理位置等,进行数据拟合,以实现个性化推送。[①]

　　算法推荐的工作原理与流程是一个复杂且精细的过程,涉及多个关键步骤。其一,数据收集:首先,使用爬虫、API接口、第三方数据服务等方式收集用户的行为数据、偏好信息等,可以包括用户的点击记录、购买历史、评分、评论等。同时需要考虑数据的准确性、完整性、实时性、隐私性和合规性。其二,数据预处理:对收集到的数据进行清洗和处理,去除异常值,填充缺失值,并进行数据标准化或归一化处理,以便后续的分析和建模。其三,特征提取:采用统计方法、自然语言处理、图像识别等技术,从预处理后的数据中提取有意义的特征,用以描述用户和项目的属性。其四,相似度计算:根据提取的用户和物品特征,计算它们之间的相似度,以支持推荐的生成。不同的推荐算法使用不同的相似度计算方法,例如,基于内容的推荐通常采用余弦相似度,而协同过滤方法则可使用皮尔逊相关系数等。其五,推荐候选集生成:依据用户的历史行为和相似度计算结果,生成一组推荐候选集。此步骤旨在从庞大的数据集中筛选出与用户需求最匹配的项目,为后续推荐提供备选项。其六,排序和过滤:利用排序算法或机器学习模型,对推荐候选集进行排序和过滤,从而得到一个根据预测偏好程度排列的推荐列表,以进一步优化推荐的精准度和个性化程度。其七,推荐结果呈现:通过列表推荐、矩阵推荐、个性化界面等形式将推荐结果展示给用户。在此过程中,需要确保用户界面的友好性,并提高推荐结果的清晰度和可解释性,以提升用户体验。其八,反馈和更新:根据用户的反馈和行为,如点赞、评论、点击、购买等,分析用户的响应度,不断优化和更新算法推荐。[②]以上步骤相互关联且相辅相成,每一环节都对推荐系统的效果起着重要作用,因此需要综合考虑全流程,以实现算法的最优平衡。

　　社交媒体中的算法推荐最为常见,它指的是社交媒体根据用户的兴趣、行为和历史数据,通过算法筛选出最符合个人偏好的内容并进行推送。算法推荐在社交媒体平台中扮演着至关重要的角色,它不仅能够提升用户体验,帮助用户更高效地发现自身兴趣,还能促进内容的传播和互动。社交媒体中常见的个性化推荐方式主要有以下几种。其一,基于兴趣

---

　　①　方师师.算法如何重塑新闻业:现状、问题与规制[J].新闻与写作,2018(09):11-19.
　　②　吴玉萍.基于AIGC的高校图书馆精准服务研究[J].桂林航天工业学院学报,2024(06):927-934.

点推荐:通过分析用户的浏览、搜索和收藏行为,识别其兴趣点,并推荐相关的话题、文章、视频等内容。[①]其二,好友推荐:结合用户的社交网络和好友信息,向用户推荐可能感兴趣的朋友或关注对象。其三,热门话题推荐:推荐当前热门的社会话题、事件或讨论,帮助用户跟进热点新闻和了解他人的关注点。[②]其四,个性化广告推荐:基于用户的兴趣、行为和偏好,精准推送符合其需求的个性化广告内容。其五,位置推荐:结合用户的地理位置和相关位置信息,智能推送附近的景点、餐厅等。[③]其六,活动推荐:根据用户的兴趣和偏好,推荐其可能感兴趣的活动、聚会或社交场合。在实际应用中,社交媒体的算法推荐系统还会结合其他因素进行调整与优化,以提供更加精准和个性化的推荐结果。

二、算法推荐的优点

算法推荐在现代信息传播和技术应用中具有多方面的优点,主要包括以下几点。

其一,算法推荐为用户带来个性化体验。

算法推荐的核心优势在于其能够根据用户的历史行为、兴趣和偏好,提供高度定制化的内容或服务。例如,在视频平台上,算法会根据用户的观看记录推荐类似的视频;在电商平台上,它会根据用户的浏览和购买记录推荐相关商品。这种个性化体验不仅满足了用户的特定需求,还提高了用户的满意度。通过不断学习用户的行为模式,算法能够动态调整推荐内容,使用户感受到"量身定制"的服务,从而提升整体体验。

其二,算法技术提升了用户获取信息的效率。

在信息爆炸的时代,用户面对海量数据往往难以快速找到自己需要的内容。算法推荐通过自动化分析用户数据,能够快速筛选出用户可能感兴趣的信息,减少用户搜索和筛选的时间。例如,搜索引擎会根据用户的查询历史和点击行为优化搜索结果;新闻应用会根据用户的阅读习惯推送相关新闻。这种高效的信息匹配机制使用户能够更便捷地获取所需内容,提升了信息获取的效率。

其三,算法推荐帮助平台优化资源配置。

算法推荐能够帮助平台更精准地分配资源,提高资源利用效率。例如,在内容分发领域,算法可以将热门内容推送给更多用户,同时将小众内容推荐给特定兴趣群体,避免资源浪费。在电商领域,算法可以根据用户的购买力和偏好,将商品精准推送给潜在买家,提高商品的曝光率和转化率。这种优化资源配置的方式不仅提升了平台的运营效率,也为用户提供了更优质的服务。

---

① 丁梦晓,毕强,许鹏程,等.基于用户兴趣度量的知识发现服务精准推荐[J].图书情报工作,2019(03):21-29.

② 颜润生.基于协同过滤的社交网络热点信息个性化推荐研究[J].信息与电脑(理论版),2023(14):15-17.

③ 孟祥福,张霄雁,唐延欢,等.基于地理-社会关系的多样性与个性化兴趣点推荐[J].计算机学报,2019(11):2574-2590.

第二节　算法推荐带来的伦理问题

算法推荐技术作为信息分发的核心工具,正在深刻改变人们获取信息的方式。它通过分析用户行为数据,精准推送个性化内容,极大地提升了信息传播的效率与用户体验。然而,算法推荐在带来便利的同时,也引发了一系列伦理问题。从信息茧房效应到用户隐私挑战,从数据滥用到潜在的歧视与不平等,这些问题不仅影响个体的信息获取与决策,还可能加剧社会分化与不公。

一、算法推荐会强化信息茧房效应

算法推荐的核心逻辑是通过分析用户的历史行为数据(如浏览记录、点赞行为、购买习惯等)来预测其兴趣,并向其推送相关内容。这种机制虽然提高了信息获取的效率,但也带来了信息过滤的局限性。算法倾向于推荐用户已经感兴趣的内容,而忽略了与其偏好不一致的信息,导致用户逐渐局限于单一的信息视角。例如,如果一个用户经常浏览某一类型的新闻,算法会持续推送类似内容,而不会主动推荐其他领域的新闻。这使用户的信息世界变得越来越封闭,难以接触到多元化的观点。此外,当个性化推荐算法基于用户的社交圈子进行信息过滤时,用户更容易接收到与自己社交圈内人群相似的内容,进一步强化了信息的同质化。这使用户更难接触到外部的不同声音,导致认知范围受限。长期接触单一类型的信息会使用户的认知固化,甚至形成偏见。例如,用户可能因为长期接收某一政治立场的内容而忽视其他观点,从而加剧社会区隔和对立。因此,个性化推荐在提升用户体验的同时,也可能成为信息茧房效应的推手。

信息茧房不仅影响个体的认知发展,也可能对整个社会产生深远影响。首先,用户长期处于信息茧房中,容易形成认知偏差,甚至对某些群体或观点产生误解。例如,如果用户只接触某一极端立场的内容,可能会对其他立场产生错误的理解或敌意。其次,信息茧房可能加剧社会区隔与对立。当不同群体沉浸于各自的信息茧房中,彼此之间的沟通和理解会变得更加困难。例如,政治立场对立的群体可能因为长期接收不同的信息而无法达成共识,甚至产生冲突。这种社会分裂和对立不仅影响公共讨论的质量,还可能威胁社会的稳定。此外,信息茧房削弱了公共领域中的多元对话,使公共讨论趋于单一化和极端化。例如,社交媒体上的热门话题往往偏向娱乐化或情绪化,而缺乏对公共政策的深入讨论。这种趋势不仅影响公众的理性思考能力,还可能削弱社会的民主进程。因此,信息茧房的潜在风险不仅限于个人层面,还可能对整个社会产生深远的负面影响。

二、算法推荐对用户隐私带来了挑战

算法推荐高度依赖用户数据的广泛收集与深度分析,这不可避免地增加了隐私泄露的风险。首先,为了提供精准的推荐,算法需要收集用户的大量数据,包括浏览记录、搜索历史、地理位置、社交关系、消费习惯等。这些数据往往涉及用户的私密信息,例如健康状况、财务状况、政治倾向等。一旦这些数据被不当使用或泄露,用户的隐私将面临严重威胁。其次,用户数据通常存储在服务器或云端,这些存储系统可能成为黑客攻击的目标。近年来,多起大规模数据泄露事件表明,即使用户数据被加密存储,仍可能被非法获取。此外,数据在传输过程中也可能被截获或篡改,进一步增加了隐私泄露的风险。再次,算法通过分析用户数据生成详细的用户画像,甚至可以预测用户的行为和偏好。例如,健康应用可能通过用户的运动数据推测其健康状况;电商平台可能通过购买记录推测用户的经济状况。这种深度分析使算法能够"透视"用户的生活,进一步加剧了隐私风险。另外,算法推荐技术模糊了公共信息与私密信息的边界。例如,用户在社交媒体上的公开行为可能被算法用于推荐广告或内容,而这些行为背后可能隐藏着用户的私密信息。这种隐私边界的模糊化使用户难以控制自己的信息被如何使用。

三、算法推荐技术引发数据滥用问题

有些平台为了追求商业利益,可能过度收集和使用用户数据。例如,电商平台可能通过分析用户的购买记录向其推送高价商品;广告商可能通过分析用户的行为数据向其投放精准广告。这种商业化的数据使用不仅侵犯了用户的隐私,还可能导致用户被过度营销或操纵。另外,算法推荐可能基于用户的数据对其进行分类和标签化,从而导致歧视性待遇。例如,某些用户可能因为其消费能力较低而被排除在高价值商品的推荐范围之外;某些群体可能因为其种族、性别或年龄而被排除在某些服务之外。这种算法歧视不仅侵犯了用户的权益,还加剧了社会的不平等。此外,算法推荐技术有可能会带来数据垄断与权力集中。少数科技巨头通过算法推荐技术掌握了海量用户数据,形成了数据垄断。这种垄断不仅限制了市场竞争,还使这些巨头能够利用数据优势进一步巩固其市场地位。例如,某些平台可能通过算法推荐优先推广自己的产品或服务,而压制竞争对手的内容。这种权力集中不仅损害了用户的利益,还可能威胁社会的公平与民主。

四、算法推荐技术引发的歧视与不平等

算法歧视在道德维度上表现为一种不平等,指的是"在大数据、人工智能和自动化决策等技术语境下,机器所做出的决策对个体或群体产生不合理的区别对待"[①]。算法歧视是社

---

① 李志颖.算法歧视的两副面孔及其法律规制[J].交大法学,2024(01):148-161.

会歧视在数字化、智能化时代下的新体现,具体表现为以下三种形式。[①]其一,基于性别等因素的身份歧视。算法使得身份歧视更加隐蔽。例如,通过邮政编码、手机品牌等数据间接评判用户身份,进而产生歧视。典型的例子是性别就业歧视。《中华人民共和国妇女权益保障法》第四十三条规定,用人单位在招录过程中不得以性别为由拒绝录用妇女或提高录用标准。然而,算法可能因参数不全、训练数据偏差或决策者的不平等观念,导致有意识或无意识的性别歧视。例如,算法通过预测劳动者的性别特征,特别是针对女性劳动者的特殊身份进行筛选,从而形成就业性别歧视。[②]其二,用户画像技术催生的大数据"杀熟"。用户画像技术催生了大数据"杀熟"行为,这种现象常见于打车、订外卖、购票、订酒店等日常生活场景。算法通过不透明的定价策略,利用用户画像技术评估不同消费者的消费能力,进行差异化定价,在未告知消费者的情况下损害其正当权益,造成不公正对待。2024年11月12日,国家相关部门发布《关于开展"清朗·网络平台算法典型问题治理"专项行动的通知》,明确要求严禁利用算法实施大数据"杀熟"。因为这种行为不仅违背了市场公平交易原则,也违反了算法向善的伦理规范。其三,数据代表性不足导致的歧视后果。算法决策依赖于训练数据的质量,如果数据样本不足或存在偏差,可能导致部分群体的权利被忽视。例如,老年人、残障人士等数字弱势群体,由于缺乏数字接入工具和使用经验,其需求和利益往往未被算法充分反映,导致他们在算法决策中被排斥甚至忽视。这种数据代表性不足的问题,不仅加剧了数字鸿沟,还进一步扩大了社会不平等。

第三节　算法推荐问题的治理对策

如今算法治理已成为社会各界关注的焦点。下面从技术优化、数据保护、伦理规范和平台责任四个方面,探讨算法推荐问题的治理对策。通过优化算法设计、加强隐私保护、建构伦理规范以及提升内容质量,我们可以在技术发展与伦理约束之间找到平衡,推动算法推荐技术朝着更加公平、透明和负责任的方向发展。

一、优化算法设计,引入多样性推荐机制

首先,平台应在算法设计中引入多样性推荐机制,避免过度依赖用户历史数据。例如,可以在推荐系统中加入随机推荐模块,定期向用户推送与其偏好不完全一致的内容,以拓宽用户的信息视野。也可以通过限制某种类型内容的连续出现,提高不同类别、主题或风格的推荐比例。例如,在视频推荐中,可以限制连续推荐相同类型的视频,比如在推荐电影时,避

---

① 算法歧视的三种形式参考刘晗,张怡静.反算法歧视与平等观念的重构——群体主义平等观下反屈从原则的启示[J].东南学术,2024(06):149-161.

② 罗熠琛,周新衡.算法自动化决策中就业性别歧视的类型与规范路径[J].中国人力资源开发,2025(01):92-103.

免只推荐科幻片,而是适当插入喜剧、剧情片等。此外,算法应增加对公共价值内容(如科普知识、公共政策解读等)的推荐权重,确保用户能够接触到多元化的信息。其次,平台应建立动态的用户兴趣捕捉机制,避免算法固化用户的兴趣范围。通过构建用户-内容图,在计算相似性时考虑社交关系、内容标签等多个维度,确保推荐的内容更加多元。例如,在推荐电影时,除了考虑用户的观看历史,还可以分析社交网络中相似用户的行为,从而提供更具多样性的推荐。又如,当用户表现出对新领域的好奇时,算法应及时调整推荐策略,推送相关内容。同时,平台可以通过用户反馈机制,了解用户对推荐内容的满意度,并根据反馈优化推荐算法,确保推荐内容的多样性和质量。

二、加强数据保护,完善隐私保护技术

首先,平台应采用先进的数据保护技术,如数据加密、匿名化处理和差分隐私,以减少用户数据的泄露风险。例如,用户的敏感信息(如健康状况、财务状况等)应在存储和传输过程中进行加密处理,确保即使数据被非法获取,也无法直接识别用户身份。平台可以对个人信息进行去标识化与匿名化处理,即移除或替换能够直接识别个人身份的信息(如姓名、手机号、IP地址等),降低数据的敏感性。在生成用户日志和进行数据存储时,采用去标识化技术,如哈希处理、数据分片等,防止直接关联到个人身份。其次,平台可以赋予用户更大的数据控制权,使用户可以选择是否授权其数据用于推荐系统,并提供清晰的管理界面。平台可以鼓励透明数据使用,即推荐系统应提供用户可视化的“数据管理面板”,用户可以查看、修改或删除个人数据。平台可以提供“关闭个性化推荐”选项,允许用户自主选择是否参与算法推荐。平台应当允许用户设置数据的存储时长,超过一定时间后自动删除历史数据。再次,平台应建立严格的数据访问权限管理制度,限制内部人员对用户数据的访问。例如,只有经过授权的工作人员才能接触用户数据,并且所有数据访问行为都应记录在案,以便事后审计。此外,平台应定期进行数据安全审计,发现并修复潜在的安全漏洞,确保用户数据的安全性。

三、建构算法伦理规范,引导科技向善

平台在优化算法时,不能仅依靠企业自律,还需要与政府、监管机构和行业协会合作,制定伦理框架与规范。伦理框架与规范是确保生成式人工智能在新闻业中负责任应用的关键。通过建立真实性与准确性、公平性与偏见控制、透明性与可解释性、隐私保护、社会影响评估、文化多样性等方面的规范,可以有效降低算法推荐风险,确保其服务于公共利益。算法伦理中的公平性原则旨在确保算法在设计、开发和应用过程中,对所有个体和群体一视同仁,避免因种族、性别、年龄等属性导致的不公正或歧视性结果。算法伦理要重视算法透明性原则,即主张通过公开算法的设计逻辑、数据输入及决策过程,来降低“算法黑箱”带来的不确定性;算法伦理要重视算法可解释性,即强调以“人类可理解的方式”阐明算法决策的逻辑与结果,其目标并非仅仅公开代码,而是在技术逻辑与社会规范之间架设桥梁,使算法的运作过程具备可理解性、可追溯性和可问责性。

四、提升内容质量，强化平台责任

首先，平台应加强内容审核机制，优先推荐高质量、有公共价值的信息。例如，可以引入人工审核与算法审核相结合的方式，确保推荐内容符合社会主流价值观。可以通过算法优化，减少对广告和低质量内容的推荐，增加对具有公共价值的内容的曝光。平台应建立内容质量评估体系，对低俗、娱乐化内容进行降权处理。其次，算法推荐系统可能无意中放大社会偏见，导致某些群体受到不公平待遇。因此，平台在数据收集和模型训练过程中，应确保数据来源的多样性。例如，在求职推荐中，平台发现其算法对男性求职者推荐了更多高薪职位，而女性用户的推荐机会较少。为了解决这一问题，平台可以通过调整算法，使其在推荐过程中不受性别偏见的影响，从而提供更加公平的职位推荐。此外，AI模型可以在训练时采用公平性评估标准，确保不会因性别、种族、年龄等因素影响推荐结果，促进社会公平。再次，算法推荐如果过度依赖用户的情绪反馈，可能会促使平台推送高刺激性或令人沉迷的内容，进而操纵用户行为。为了避免这种现象，平台应当提供时间管理工具，例如推出"青少年模式"，当用户使用时间过长时，会自动弹出提醒，并限制内容推荐。通过优化算法和提供使用提醒，平台可以帮助用户更好地管理时间，减少信息成瘾现象，提升用户的自主决策能力。最后，平台应建立用户反馈机制，了解用户对推荐内容的满意度，并根据反馈优化推荐策略，确保推荐内容的质量和多样性。

第四节　算法推荐的案例介绍与评析

一、租户筛选案例介绍

2024年11月，美国地区法官Angel Kelley批准了一项针对人工智能租户筛选工具SafeRent的集体诉讼和解协议，要求该公司停止对使用住房券的低收入租户进行评分，并向马萨诸塞州受害者支付230万美元赔偿。这一案件源于2022年由租户Mary Louis和Monica Douglas等人提起的诉讼，指控SafeRent的算法系统基于信用记录、非租赁债务等与住房无关的数据生成"SafeRent分数"，导致黑人和西班牙裔申请人因使用政府住房券而被系统性歧视。

Mary Louis的遭遇是该案件的典型例证。尽管她拥有17年按时支付租金的记录和房东推荐信，且其儿子信用评分较高，但SafeRent算法仅给出324分（低于管理公司设定的443分门槛），导致其申请被自动拒绝。她并非个例。事实上，SafeRent的这一评分系统自2022年起就在马萨诸塞州引发了强烈反响，共有超过400名主要为黑人和西班牙裔的低收入租户因使用政府住房券而遭到类似歧视性评分。原告们一致认为,SafeRent的算法在设计时,将申请人的信用历史和非住房相关债务等指标作为主要负面因素,而未能充分考虑政府住房券所提供的租金支付保障,从而导致同等条件下的少数族裔租户获得远低于其他申请人的评分。[①]

2022年,Mary Louis与另一名原告Monica Douglas率先联手,代表受害租户群体对SafeRent提起了集体诉讼,控诉该系统违反美国《公平住房法》及马萨诸塞州相关法律,构成种族与收入歧视。诉状中详细列举了SafeRent在评分过程中如何不透明地使用信用记录、债务信息等数据,忽略了政府住房券为租金支付所提供的基本保障;并指出,算法结果不仅对黑人和西班牙裔申请人不利,而且缺乏让申请人能够核实或解释评分细节的机制。

诉讼经过多次庭审和证据展示,原告方律师指出,SafeRent的评分系统存在严重的"黑箱效应",即系统内部运行机制不为外界所知,导致租户无法针对具体评分结果提出质疑或申诉。律师Todd Kaplan强调:"管理公司和房东需要知道,他们现在已经注意到,他们认为可靠和好的这些系统将受到挑战。"[②]

经过近两年的法律斗争,2024年11月,美国马萨诸塞州地方法院的法官Angel Kelley批准了一项约230万美元的和解协议。根据协议,SafeRent同意支付赔偿金,并在未来五年内停止对使用政府住房券的申请人提供租户评分或建议,从而迫使房东必须依据申请人的完整记录进行评估。若未来开发新的评分系统,SafeRent还必须确保其经过第三方公平住房机构的独立验证,以防止再次出现歧视性偏差。[③]尽管SafeRent否认违法,但其发言人承认诉讼成本已影响公司核心业务,暗示行业面临合规压力。"虽然SafeRent仍然相信SRS(SafeRent Solutions,SafeRent解决方案)评分符合所有适用法律,但诉讼既耗时又昂贵,"SafeRent发言人Yazmin Lopez在给The Verge的一份声明中说:"越来越明显的是,在这种情况下捍卫SRS分数会转移SafeRent可以更好地利用的时间和资源,以实现其核心使命,即为住房提供者提供筛选申请人所需的工具。"[④]

---

①　BHUIYAN J.She didn't get an apartment because of an AI-generated score － and sued to help others avoid the same fate[EB/OL].(2024-12-14)[2025-03-20].https://www.theguardian.com/technology/2024/dec/14/saferent-ai-tenant-screening-lawsuit?utm_source＝chatgpt.com.

②　BEDAYN J.Class action lawsuit on AI-related discrimination reaches final settlement[EB/OL].(2024-11-21)[2025-03-20].https://apnews.com/article/artificial-intelligence-ai-lawsuit-discrimination-bias-1bc785c24a1b88bd425a8fa367ab2b23.

③　The Verge.AI landlord screening tool will stop scoring low-income tenants after discrimination suit[EB/OL].(2024-11-20)[2025-03-20].https://www.cohenmilstein.com/ai-landlord-screening-tool-will-stop-scoring-low-income-tenants-after-discrimination-suit/.

④　ROTH E.AI landlord screening tool will stop scoring low-income tenants after discrimination suit,screening system SafeRent will also pay around ＄2.3 million to Massachusetts residents with housing vouchers as part of a class action settlement[EB/OL].(2024-11-21)[2025-03-20].https://www.theverge.com/2024/11/20/24297692/ai-landlord-tool-saferent-low-income-tenants-discrimination-settlement.

该案件不仅使 Mary Louis 等受害者获得了一定的经济赔偿,更在全美范围内引发了对 AI算法在关键民生领域应用中公平性、透明度及问责机制的广泛关注。

二、租户筛选案例评析

AI房东筛选工具算法歧视案的核心争议在于"技术中立性"的伦理破产。尽管SRS反复强调其算法"仅依据客观数据预测租金支付能力",但案件证据表明,所谓的技术中立实为系统性歧视的遮羞布。值得注意的是,算法的输入数据本身即暗含结构性偏见:通过刻意剔除政府住房券使用者数据(占全美租户群体的12%),系统先天丧失了对该群体支付行为的认知能力,并在无意中延续了现有的社会偏见。这导致政府住房券持有者即使按时缴纳租金,仍被归入"高风险"类别。

该案揭示出算法歧视的深层机制:技术中立性神话掩盖了权力主体对歧视逻辑的主动选择。SafeRent管理层在明知包含政府住房券数据会提升模型误差率的情况下(内部邮件显示误差率将上升18%),仍以"客户流失风险"为由维持原有算法,暴露出企业利益凌驾于社会公平之上的现实。这种选择本质上是一种经济理性驱动下的歧视授权——当房东客户更倾向于排除少数族裔和低收入租户时,算法便通过"科学客观"的话术将其偏好合理化。由此产生的"自动化歧视"比传统歧视更具危害性:房东可将拒租责任推诿给算法建议,租户则因技术黑箱难以自证清白,形成责任消散与权利侵蚀的双重困境。

破除技术中立性神话,需构建算法公平的刚性约束体系。马萨诸塞州和解协议中"公开数据分布""接受第三方审计"等条款,标志着从技术透明走向算法问责的关键突破。但更深层的解决路径在于重构技术开发的价值坐标系:将公平性指标、群体公平性分析等策略纳入算法训练的核心参数,确保算法在不同人口统计特征群体间的表现一致,避免加剧因决策不公所引发的"马太效应"。[①]随着算法越来越多地融入日常生活的关键方面,主动监管措施对于防止系统性偏见的延续以及确保技术进步服务于更广泛的社会公平目标至关重要。只有当技术不再是歧视的"自动化流水线",而转变为检测和消除偏见的工具时,算法才能真正服务于社会正义。

总之,SafeRent案是将算法系统整合到对个人生活产生重大影响的决策过程中所面临的挑战和责任的关键例子。它强调了道德警惕的必要性、将公平原则纳入算法设计以及建立全面的监管框架,以确保技术作为进步的工具而不是强化现有差距的机制。

结语

算法推荐技术作为数字时代信息分发的核心技术,正在深刻重塑着人类的信息获取方

---

① 吴龙凯,程浩,黄敏御,等.技术伦理视角下人机协同教育评价的运行机制与实践策略[J].中国电化教育,2025(01):8-16.

式和认知模式。本章通过系统分析算法推荐的运行原理、伦理问题及治理对策,全面揭示了这一技术应用的双刃剑效应。在享受技术便利的同时,我们必须正视其带来的伦理挑战,构建负责任的算法推荐体系。

算法推荐通过个性化匹配极大地提升了信息分发效率,为用户带来了前所未有的便利体验。然而,其潜在的伦理风险同样不容忽视。信息茧房效应使用户陷入认知闭环,长期接受同质化内容可能导致思维窄化和观点极化;隐私安全问题威胁个人数据权利,用户画像和偏好分析往往建立在数据过度收集的基础上;算法歧视则可能加剧社会不平等,租户筛选案例生动展现了算法偏见如何在实际应用中产生系统性歧视。这些问题的存在迫切需要我们反思技术的伦理边界。

面对这些挑战,我们需要构建多维度的治理体系。在技术层面,应当优化算法设计,引入多样性推荐机制,打破"信息茧房"的桎梏。可以探索"反过滤气泡"算法,主动推送不同观点的内容,促进信息生态的多样性。在法律层面,需要完善数据保护制度。在伦理层面,则要建立算法伦理规范,将公平、透明、可解释性等原则嵌入算法设计全过程。平台企业应当设立伦理审查委员会,对算法模型进行伦理评估。

特别值得关注的是平台的主体责任问题。算法推荐不是价值中立的工具,其设计和应用都蕴含着特定的价值取向。平台方应当超越简单的流量思维,承担起信息"守门人"的社会责任。这包括建立内容质量评估体系,打击低质和虚假信息;设置人工编辑团队,对重要内容进行专业把关;完善用户反馈机制,及时调整推荐策略。同时,提升用户的算法素养也至关重要,通过透明化算法运行机制,帮助用户理解推荐逻辑,培养批判性思维能力。

随着生成式人工智能的兴起,个性化推荐可能进入全新阶段,但同时也可能放大现有的伦理风险。这就要求我们在技术创新中始终保持伦理敏感度,建立动态调整的治理框架。一方面要鼓励技术创新,充分发挥算法在信息匹配方面的优势;另一方面要完善监管机制,确保技术发展不偏离正确方向。

智能媒体时代,算法推荐技术的健康发展需要考虑技术创新与伦理约束的平衡。我们既要充分发挥技术优势,又要警惕其潜在风险,让算法真正服务于人的全面发展,而非让人成为算法的附庸。这需要技术开发者、平台企业、监管部门和用户群体的共同努力。只有构建技术、伦理与法律的多重约束体系,算法推荐才能真正成为促进信息多样性、维护社会公平的有益工具,为构建健康的信息生态做出积极贡献。

思考题

1. 社交媒体平台使用的算法推荐有哪些优点?

2. 算法推荐技术带来的伦理问题有哪些?

3. 对算法推荐的治理应该从哪些方面进行考虑?

下篇　媒体法规

第七章

媒体法概述

◆ 学习目标

1. 掌握法的基本概念与特征,理解法律规范与其他社会规范的本质区别。

2. 了解大陆法系与英美法系的主要特点,认识不同法律传统下媒体法规的差异。

3. 明确媒体法的概念内涵,把握其在调整媒体传播活动中的特殊作用。

◆ 本章概述

　　道德和法律是规范媒介行为、调整新闻传播活动的主要途径。道德是一种自律性约束,国家通过制定新闻职业道德准则、成立新闻自律组织、构建新闻职业道德体系规范新闻传播行为;法律是由国家制定或认可并通过国家强制力保证实施的外在他律约束。本书前几章内容为上篇媒体伦理部分,本章开始进入下篇媒体法规的学习,主要包括媒体法基本理论、媒体传播与淫秽色情信息、广告法、名誉权、隐私权、著作权等内容。本章聚焦媒体法基础理论,通过系统阐释法学基本知识与我国媒体法的相关内容,帮助读者构建媒体法认知的基础框架,进而形成对媒体法的整体性把握。

第一节　法学的基本知识

　　法是由国家制定或认可并以强制力保证实施的社会规范体系,旨在调整社会关系、维护公共秩序、保障公民权利及促进社会发展。

一、法的含义与特征

(一)法的含义

　　在汉语中,"法"字的古体是"灋",最早见于西周金文,由"氵(水)""廌(zhì)""去"三部分组成。东汉许慎撰著的《说文解字》认为："灋,刑也,平之如水,从水;廌,所以触不直者去之,从去。"①也就是说,"法"与"刑"在中国古代是同义的。"法"包含两重意思:一是从水,象征公平;二是从去,象征神明裁判,即一种判别正当与否的形式。"廌"是传说中的一种独角神兽,生性秉直,其功能是断狱。②《论衡》中说:"一角之羊也,性知有罪。皋陶治狱,其罪疑者,令羊触之,有罪则触,无罪则不触。故皋陶敬羊。"这表明"廌"有"神明裁判"的含义。③我们可以进一步引申,在汉语中的"法",包含公正的含义,但它并不是公正本身,而是通过某种程序所体现和保证的公平。

在西文中,"法"也有类似的含义。罗马法中的 Jus、德文 Recht、法文 Droit、俄文 право,都有公平、政党的含义。除此之外,这些词还包括权利的意思,也就是正当性。如果说中国古代法的标志是那头断狱的神兽,那么西方法的标志则是一手拿天平、一手持利剑并被蒙上眼睛的司法女神忒弥斯(Themis)。④

而与"法"相连的"律",则有整齐划一的含义,"律,均布也","律者,所以范天下之不一而归于一"⑤。律最早是与音乐相联系的,即音律,使各种不同的声音通过"均布"而成为和谐一致的声音,运用到"法"中,则可以解释为使千差万别的人的行为按照统一的尺度衡量。在西文中也有类似的词,如罗马法中的 Lex、德文 Gesetz、法文 Loi、俄文 закон,都包含着一般规则的含义。把"法"和"律"相结合反映了法的发展由个别到一般的过程。在法的产生的最早阶段,并没有形成一般的规则,判断是否公正的标准是个别的,因人而异,因案而异。后来随着同类案件反复出现,才形成了一般规则,凡是出现同类案件,都按照统一标准处理。⑥

由上述分析我们可以大体得出以下结论:法代表了某种公平观点,即由一定的程序所体现和保证的公平,但这种公平可以体现为个案的公平,即当事人的正当的权利,因人、因事而异;也可以体现为作为一般行为规则的公平,即凡是同类的人、同类的案件,都按照一般的规则处理;当法与一般的行为规则相联系时,法的表现形式成为法律。⑦

(二)法的基本特征

法的基本特征是法律本质的外部表现,即法所独有的、以此区别于其他上层建筑现象(政策、道德、宗教等)的重要属性。法的基本特征主要有以下几个方面。

1. 法是特殊的行为规范

法律作为特殊的社会规范,具有高度规范性、概括性和可预测性等特点。规范性是指法律规范规定了人们在一定情况下可以做什么、应当做什么、不能做什么,从而为人们确立了

---

① 许慎.说文解字[M].北京:中华书局,1963:202.

② 朱景文.法理学[M].4版.北京:中国人民大学出版社,2021:17.

③ 付子堂.法理学初阶[M].6版.北京:法律出版社,2021:88.

④ 朱景文.法理学[M].4版.北京:中国人民大学出版社,2021:17-18.

⑤ 段玉裁.说文解字注(2)[M].北京:国家图书馆出版社,2022:153.

⑥ 朱景文.法理学[M].4版.北京:中国人民大学出版社,2021:18.

⑦ 朱景文.法理学[M].4版.北京:中国人民大学出版社,2021:19.

明确的行为模式和标准。概括性是指法律规范提供的行为标准是从各种具体行为中概括出来的一般尺度,而不是针对某一特定场合或特定主体的个别性指令。可预测性是指法律规范的内容具有稳定性,可以反复适用,人们根据法律规范的规定,可以预先知晓自己和他人的行为的法律后果,从而对自己的行为做出合理的安排。[①]

这些特征表明,对有权制定法律规范的国家机关所发布的文件,要区分是规范性法律文件还是非规范性法律文件。规范性法律文件属于法的范围,它适用的对象不是特定的人,而是一般的人,它不是一次适用,而是在其生效期间内反复适用。非规范性法律文件不属于法的范围,而是适用一定法律规范的产物,如逮捕证、判决书等,它对特定人适用,且仅适用一次。[②]因此,法作为特殊的社会规范,适用于一般人,具有普遍约束力,并且在生效期内反复适用。

2. 法由国家制定或认可

社会规范只有经过国家的制定或认可,才有可能成为法律。制定法律或认可法律是国家创制法律的两种方式。所谓制定法律,是指有权制定法律的国家机关依照法定程序制定具有不同效力的法律文件。国家制定的法律是具有一定的文字表现形式的,即成文法。所谓认可法律,是指国家机关根据需要,对社会上早已存在的、符合本阶级根本利益的风俗习惯、社会道德、宗教伦理等行为规则加以确认,赋予它们以一定的法律效力。国家认可的法律通常被称为习惯法。[③]

法既然是由国家制定或认可的,它就必然具有国家意志的属性,因此具有高度的统一性、极大的权威性。这种统一性是从国家权力和国家意志的统一性中引申出来的。法的统一性首先是指各个法律规范之间在根本原则上的一致,其次是指一个国家原则上只能有一个总的法律体系,且该法律体系内各规范之间不能相互矛盾。[④]

3. 法规定了权利和义务

法律作为行为规范,其核心内容通过规定权利与义务来体现。法律权利是指主体可自主选择实施或放弃的合法行为,法律义务则是主体必须履行或禁止的特定行为。可以说,法律规范的本质就是对社会成员权利义务关系的系统安排。

在法律出现之前的人类社会,并不存在现代意义上的权利义务划分。这种制度性区分是伴随国家与法律体系的形成而产生的。值得注意的是,并非所有社会规范都采用权利义务机制。例如,道德规范主要诉诸"应当"与"不应当"的价值评判。有的社会规范(如党章、团章、工会章程等)虽然也规定其成员的某种权利义务,但在内容、范围和保证实施的方式等方面,与法律上的权利义务存在很大的区别。

法律权利义务的根本特征在于其国家属性——首先,这些权利义务由立法机关通过法

---

① 参见谷春德,杨晓青.法学概论[M].6版.北京:中国人民大学出版社,2021:7.

② 夏锦文.法学概论[M].5版.北京:中国人民大学出版社,2022:3-4.

③ 参见夏锦文.法学概论[M].5版.北京:中国人民大学出版社,2022:4.

④ 张文显.法理学[M].5版.北京:高等教育出版社,2018:73.

定程序确立；其次，其实施受到国家强制力的保障。当权利受到侵害时，权利人可通过诉讼等法定程序主张救济；当义务未依法履行时，有权机关可采取查封财产、限制人身自由等强制措施。这种从创设到实现的完整国家保障机制，使法律规范区别于依靠道德自律或组织纪律维系的其他社会规范。

4. 法以国家强制力保证实施

任何社会规范的实施都有赖于某种强制力，但除了法以外，没有一种社会规范是以国家强制力来保证其实施的。法律规范由国家强制力保证其实现，法律要想发挥其社会功能就必须以国家的强制力为后盾，由国家对违反法律甚至犯罪的行为实施限制或制裁。在德国法学家耶林看来，没有强制力的法律是不燃烧的火，不发亮的光。如果没有国家强制力作为其后盾，法律就会成为一叠废纸，就不可能在现实生活中发生作用，也就丧失了其独立存在的意义。[1]

必须指出的是，法由国家强制力保证实施，这是从终极意义即国家强制力是法的最后一道防线的意义上讲的，而非意味着法的每一个实施过程、每一个法律规范的实施都要借助国家的系统化暴力，也不等于国家强制力是保证法实施的唯一力量。如果一个国家的法仅仅依靠国家政权及其暴力系统来维护，这个国家的法就会成为纯粹的暴力。在法律实施过程中，国家暴力常常备而不用，"无所在，无所不在"。当人们的行为符合法律规范的要求时，法的强制力只是潜在的，不为人们所感知；只有当人们的行为触犯法律规范时，法的强制力才会显现出来。[2]

二、世界两大主要法系

法律规范在现实社会中呈现多样形态，其具体内容既各具特性又相互关联。通过归纳这些规范的共性与个性，可以形成法的分类体系。法的分类标准具有多元性，包括规范形式、历史传统等要素，其中法系分类在比较法研究中具有特殊意义。

法系划分主要基于法律体系的形式结构、历史渊源及法律适用技术等特征，同时考量特定法律文化的传承关系。具体而言，若多个国家或地区的法律制度在法律技术、规范体系及价值取向上具有同源性，即可归为同一法系。[3] 当代学界通常将世界主要法律体系划分为大陆法系、英美法系、伊斯兰法系等类型，其中大陆法系与英美法系的比较研究最为常见。

（一）大陆法系

大陆法系（Continental Law System，Continental Family），也称民法法系（Civil Law System）、罗马-日耳曼法系（Romano Germanic Family），是以罗马法为根基形成的世界性法系。其典型代表为 1804 年《法国民法典》和 1900 年《德国民法典》。该法系的形成与近代欧洲法

① 付子堂.法理学初阶[M].6版.北京:法律出版社,2021:93.
② 张文显.法理学[M].5版.北京:高等教育出版社,2018:75.
③ 参见谷春德,杨晓青.法学概论[M].6版.北京:中国人民大学出版社,2021:12.

治现代化进程密切相关:在罗马法复兴运动推动下,欧洲大陆国家普遍参照法国法典化模式构建本国成文法体系,并通过殖民扩张将这一模式推向海外。部分非殖民国家基于对法国立法技术的认可而主动效仿,最终促成该法系的全球传播。

大陆法系的历史渊源多元交织,涵盖罗马法、日耳曼法、教会法、地方习惯法体系以及中世纪商事规范等法律传统。其中,罗马法作为基石性法源占据核心地位。该法系在形成与演进过程中逐步扩展其辐射范围:以法国、德国、意大利等欧洲大陆国家为原生核心,通过法律移植扩展到日本、泰国等亚洲国家,最终发展成为与英美法系并立的世界性法律体系。其核心特征可概括为以下几个方面。

1. 有比较完整的成文法体系

大陆法系以成文典编纂为核心特征,各成员国普遍在各个法律领域构建完备的法典体系。这些法典构成比较完整的法律体系,这一体系以宪法为指导,以私法(民法、商法)为基础,包含了刑法、刑事诉讼法、民事诉讼法以及行政法等在内的六大法律领域的法律、法令。这种法典化传统是大陆法系的标志性特征,其规范体系不仅为法治建设提供制度框架,更塑造了体系化的法学教育模式,同时通过法典的明确性促进公众法律认知的形成。[①]

2. 划分公法与私法

公法和私法的划分,是大陆法系的又一重要特点。这种分类方法最早出现于古罗马法,在《查士丁尼民法大全》和《法学阶梯》中均有此说法。一般认为,公法指有关公共权力(职权)和义务(职责)的法律规定;私法指有关私人权利和义务的规定。前者如关于国家机关职权和职责的规定,涉及国家权力在社会生活中的地位、作用、运行程序等,包括宪法、行政法、刑法等;后者如关于公民、法人等非国家组织的权利和义务的规定,包括民法、商法等。诉讼法则是公法和私法的结合体。公法和私法的划分主要存在于大陆法系,是大陆法系划分部门法的基础。自第二次世界大战以来,随着公法私法化和私法公法化,二者区别日益变小。[②]

3. 坚持立法中心主义原则

大陆法系坚持立法中心主义原则,严格区分立法与司法的权能,强调立法权的主导地位和司法权的从属性质。以法国为代表的欧洲大陆国家深受启蒙运动理性主义思潮影响,率先开展大规模法典编纂运动,在重要法律部门制定法典,并辅以单行法规,由此构建起完整的成文法体系。法典体系以完整、清晰、逻辑严密为基本要求,且仅立法机关制定的文本具有法律效力,司法机关不得创制法律。成文法实施过程中,法官必须严格遵循法典规定,即便进行法律解释也须以探求立法原意为准绳,其自由裁量权受到严格限制。这种制度架构集中体现了大陆法系立法权优位、司法权受限的基本特征。

---

① 以上关于大陆法系的论述参见何勤华.大陆法系变迁考[J].现代法学,2013(01):3-17.

② 张文显.法理学[M].5版.北京:高等教育出版社,2018:92.

（二）英美法系

英美法系（Common Law System），亦称普通法系、海洋法系或判例法系，是以英国自11世纪形成的以普通法传统为基础发展而来的法律体系。其核心法源可追溯至日耳曼习惯法传统。该法系起源于英国，因美国在独立后继续沿用英国法律框架，故又称英美法系。其影响范围涵盖原英国殖民地（如印度、澳大利亚、马来西亚）及主动继受该体系的国家和地区。我国香港特别行政区的法律制度亦保留着英美法系特征。作为与大陆法系并立的两大主要法系，英美法系以遵循先例、注重司法判例和传统习惯为核心特征。

1. 判例法是英美法系的主要渊源

判例法是指高级法院通过判决确立的法律原则或规则。法官通过解释既往判例形成裁判先例，并据此裁决类似案件，因此判例法也被称为法官法（Judge-Made Law）。这类法律虽以判决文书为载体，但缺乏成文法的体系化规范形式，故相对于大陆法系的法典化体系被归为非成文法。

英美法系虽19世纪以来制定法数量显著增加，甚至产生了《美利坚合众国宪法》《统一商法典》等法典化成果，但其法律体系仍以判例法为主体。英美法系国家的制定法通常以单行法形式存在，且在适用时仍需接受判例解释，并受既有法律传统约束。

2. 分为普通法和衡平法

普通法（Common Law）和衡平法（Equity）是英美法系各国法律的基本分类。普通法起源于中世纪的英格兰，是基于法官历史判决的累积和先例的法律体系。它强调判例法的重要性，即先前的判决对后续案件具有约束力。普通法广泛适用于各种民事和刑事案件，是法律体系中的基础部分。衡平法也起源于英格兰，是为了弥补普通法的不足而发展起来的。它主要处理普通法无法公平解决的案件，着重于实现公平和正义。在调整对象上，普通法调整的对象是全方位的，几乎涉及法律的各个领域；而衡平法调整的对象是有限的，只涉及普通法不能调整的私法领域。在英美法系中，普通法与衡平法各自扮演着不同的角色。普通法作为法律体系的基础，提供了全面的法律规范；而衡平法则作为对普通法的补充和修正，旨在实现更全面的法律公正。两者相辅相成，共同构成了完整的法律体系。

英美法系中的普通法与衡平法划分，和大陆法系的公法私法分类有着本质区别。普通法与衡平法更多体现为历史形成的两种救济方式，二者虽然在管辖范围和程序规则上存在差异，但实质上是相互补充的法律体系。它们不像大陆法系的公法（调整国家与个人关系）和私法（调整平等主体关系）那样，作为基础性分类贯穿整个法律框架，也不存在严格的部门法界限。这种差异本质上源于判例法体系与法典化体系的不同传统。①

3. 坚持司法中心主义原则

英美法系不同于大陆法系，其坚持司法中心主义原则。在立法与司法的相互关系中，司法居于绝对的中心地位，法官在英美法系国家中拥有很高的权力。法官不仅享有较高权威

---

① 参见沈宗灵.论普通法和衡平法的历史发展和现状[J].北京大学学报（哲学社会科学版），1986(03)：45-53.

性,更可通过个案裁判确立法律原则、解释法律规范。所形成的判例依据"遵循先例"原则,既构成法律渊源的重要组成部分,又对后续类似案件产生实质约束力。近代以来,尽管英美法系国家的立法机关制定了大量成文法,但须经法官的解释方可适用。法官在适用法律时可以不拘泥于立法原意,而依据案情探究其应有之义,这赋予司法实践更大的灵活空间。

大陆法系与英美法系既存在显著差异,又呈现融合态势。大陆法系强调法律体系的系统化、逻辑性与完整性,注重规范分类的明确性;英美法系则更注重实用性,相对弱化法律分类与体系构建,呈现出经验主义的鲜明特征。随着社会发展,两大法系的演进轨迹出现交汇:大陆法系国家逐步重视判例的补充作用,而英美法系国家的成文法数量持续增长,这种双向趋同现象在现代法治发展中日益凸显。

第二节　媒体法概述

一、媒体法的含义

媒体法(Media Law)又称传媒法、大众传播法(Mass Communication Law)、新闻传播法(the Law of Journalism and Mass Communication)。本书使用媒体法概念,虽然相对宽泛,但可以更好地涵盖与媒体传播活动相关的各类法律内容。媒体法是调整新闻及其他大众传播、向公众传播活动领域各种社会关系,保障这个领域中国家利益、社会公共利益和公民、法人的合法权益的法律规范的总称。[①]我国没有专门的媒体法,与媒体相关的法律规范散见于各部门法中。世界范围内,媒体法亦非单一法律形态,而是由宪法规范、民事规则、刑事条款及行政监管制度等共同构成的法律集群。

二、媒体法中的法律关系

媒体法是调整新闻及其他大众传播、向公众传播活动领域各种社会关系的法律规范的总称,主要调整人们在媒体传播活动中形成的权利义务关系。媒体传播法律关系的构成要素包括媒体传播法律关系的主体、媒体传播法律关系的客体和媒体传播法律关系的内容。

(一)媒体传播法律关系的主体

法律关系主体,又称为权利主体,即法律关系的参加者,是法律关系中权利的享有者和义务的承担者。享有权利的一方称为权利人,承担义务的一方称为义务人。在媒体传播法

---

① 魏永征,周丽娜.新闻传播法教程[M].7版.北京:中国人民大学出版社,2022:1.

律关系中,法律主体或曰权利主体是指在传播活动中享有权利和承担义务的机构、组织和个人。在我国,媒体传播法律关系中的主体主要有主管(领导)机关、传播者、受众和传播组织之外的法人等。其中,主管(领导)机关有中国共产党中央委员会宣传部(简称中宣部)、中华人民共和国国家互联网信息办公室(简称中央网信办)两个领导机关和国家广播电视总局、中华人民共和国文化和旅游部两个主管部门。传播者包括传播组织和传播者个人,这也是媒体法调整关系最基本的承载者。其中,传播组织主要有通讯社、报刊社、广播电台、电视台、网站等机构。我国对传播组织实行特许准入制,传播组织需经行政主管部门的审批才得以设立。而传播者个人,是指"传播活动中发挥传播功能或参与传播工作的自然人",他们是传播行为的发起者①,如记者、编辑、摄影师、发行人、自由撰稿人等。受众是指"信息的接受者和反馈者,是传播者的作用对象"②。在互联网传播生态中,传播者与受众的角色具有动态交互性。根据《民法典》的规定,法人是"具有民事权利能力和民事行为能力,依法独立享有民事权利和承担民事义务的组织"。在传播活动中,法人的角色呈现双重面向:既可作为被报道的客体存在,也可作为广告投放、内容赞助等传播行为的实施主体。这种法律地位的独立性使其既能享有传播活动产生的权益,也需独立承担相应的法律义务。

(二)媒体传播法律关系的客体

法律关系的客体,又称权利客体,是权利主体的权利和义务所指向的对象。在法学上,法律关系的客体一般具有客观性,是独立于人的意识之外并能为人的意识所感知和为人的行为所支配的客观世界中各种各样的对象。在媒体传播法律关系中,权利客体主要是指传播活动中权利和义务所指向的对象,包括与媒体传播相关的物、传播行为和智力成果。

(1)物,即"与新闻传播活动相关的物品与物质财富。物是新闻传播活动的基础。一切思想的、意识的行为都必须借助物化的形式来表现,以达到广为传播的目的"③。媒体传播需要资金、技术设备和其他工具,比如采集信息需要话筒、录音机、摄影摄像设备等;传播信息需要纸张、广播电视发射台、微波站、卫星上行站、电脑、路由器等。《广播电视管理条例》(2024年修订)第二十七条规定:"禁止任何单位和个人侵占、哄抢或者以其他方式破坏广播电视传输覆盖网的设施。"

(2)传播行为,是指在传播活动中人们所进行的信息采集、编辑、出版、发行等行为,既包括传播组织实施的传播行为,也包括个人通过互联网平台所进行的采集、编辑和发布信息的行为。在传播活动中,与我国相关法律要求相一致的行为为合法行为,反之为违法行为,比如危害国家安全、传播淫秽色情等内容扰乱社会秩序、侵犯他人人格权或著作权的传播行为等。

(3)智力成果,也称精神产品,是传播者在传播活动中通过智力活动所创造的精神财富,如新闻作品、影视节目、学术著作、文艺作品、专利、商标、发明创造等。传播者享有自己

---

①　王军.传媒法规与伦理[M].2版.北京:中国传媒大学出版社,2019:22.

②　王军.传媒法规与伦理[M].2版.北京:中国传媒大学出版社,2019:22.

③　黄瑚.新闻传播法规与职业道德教程[M].3版.上海:复旦大学出版社,2017:17.

智力成果的知识产权。《中华人民共和国著作权法》（2020年修正）等法律文件对智力成果的创作、许可与转让的相关规定，亦可适用于媒体法传播法律关系中。

（三）媒体传播法律关系的内容

法律关系是权利与义务的一种连接，法律关系本质上是权利和义务的关系。因此媒体传播法律关系的内容就是媒体传播法律关系主体所享有的权利和应承担的义务，具体而言包括传播者和主管（领导）机关之间、传播者与受众或法人之间的权利和义务关系。以传播者的权利义务为例：在权利层面，其依法享有宪法保障的言论出版自由，具体涵盖新闻采访、舆论监督、公共事务建议等专业权利；在义务层面，则需恪守维护宪法权威、保障国家安全、促进民族团结、遵循社会公德等法定责任，特别是在未成年人保护、公民人格尊严等特殊领域承担加重注意义务。这种权利义务的辩证统一，构成传播行为合法性的规范基础。

第三节　媒体法的渊源

法律作为行为规范，必须经国家特定机关以法定形式制定并公布，方能为公众知晓和遵守，从而产生法律效力。在法学理论中，"法的渊源"特指法律规范的表现形式。这种渊源具有多样性与历史复杂性，但基于法律演进规律，可划分为两大基本类型：其一为成文法（制定法），即立法机关制定的宪法、法律、行政法规等规范性文件；其二为不成文法（习惯法），即经国家认可的非文字规范。

我国媒体法的渊源包括宪法、法律、行政法规、地方性法规、民族自治条例、行政规章，以及我国同外国缔结或参加的国际条约中涉及传播活动的规范性法律文件。

一、宪法

宪法是国家根本法，是国家制定各种制度和法律法规的总依据，具有最高的法律地位、法律权威和法律效力。我国现行宪法是1982年颁布实施，并经过1988年、1993年、1999年、2004年和2018年五次修正的宪法文本。宪法是我国媒体法的基础法源，宪法确立的社会制度、政治制度及公民的基本权利义务等规范，在根本层面上指导和约束着媒体传播活动。无论是传播内容还是传播方式，都必须以宪法规范为最高准则。

我国宪法通过具体条款构建了媒体传播活动的规范框架，形成权利保障与义务约束的有机统一。例如，《中华人民共和国宪法》第二十二条确立国家发展新闻出版等文化事业的方针，明确媒体服务人民与社会主义的根本定位[①]；第三十五条保障公民言论、出版等六项基

---

① 《中华人民共和国宪法》第二十二条规定："国家发展为人民服务、为社会主义服务的文学艺术事业、新闻广播电视事业、出版发行事业、图书馆博物馆文化馆和其他文化事业，开展群众性的文化活动。"

本自由①,第四十条严格保护通信自由与秘密②,第四十一条赋予公民对国家机关的监督权③,第四十七条保障科研文艺创作自由④,共同构成传播权利体系。与此同时,第三十八条禁止侮辱诽谤行为⑤,第五十一条设定权利行使不得损害公共利益的边界⑥,第五十三条确立遵守宪法法律的基本义务⑦,第五十四条强化国家安全责任⑧,形成传播行为的约束机制。这些条款通过内在关联实现平衡:如第三十五条的言论自由受第五十一条公共利益原则制约,第四十一条监督权附随不得诬告陷害的义务,体现权利与义务相统一的宪法精神。所有规范均以《中华人民共和国宪法》正式文本为基准,共同塑造媒体传播活动的根本准则。

二、法律

在我国法律体系中,效力仅次于宪法的是全国人大及其常委会制定的法律,可分为基本法律与一般法律。基本法律由全国人民代表大会制定和修改,典型如《中华人民共和国民法典》《中华人民共和国刑法》等。2021年施行的《民法典》中,总则编、人格权编与侵权责任编中的部分内容规范着媒体传播活动:总则编确立基本原则:①新闻传播须弘扬社会主义核心价值观;②遵循公序良俗原则;③保护民事主体合法权益;④保障意思表示自由。人格权编系统规定姓名权、肖像权、名誉权、隐私权等与传播活动密切相关的权利保护,这些领域正是媒体侵权的高发区。侵权责任编注重规范新闻传播领域的网络侵权责任。此外,《刑法》通过危害国家安全罪、扰乱社会秩序罪、侵犯公民人身权利罪等罪名体系,对传播活动中的严重违法行为设定刑事规制。

一般法律由全国人民代表大会常务委员会制定和修改,其中涉及媒体传播活动的主要

---

① 《中华人民共和国宪法》第三十五条规定:"中华人民共和国公民有言论、出版、集会、结社、游行、示威的自由。"

② 《中华人民共和国宪法》第四十条规定:"中华人民共和国公民的通信自由和通信秘密受法律的保护。除因国家安全或者追查刑事犯罪的需要,由公安机关或者检察机关依照法律规定的程序对通信进行检查外,任何组织或者个人不得以任何理由侵犯公民的通信自由和通信秘密。"

③ 《中华人民共和国宪法》第四十一条规定:"中华人民共和国公民对于任何国家机关和国家工作人员,有提出批评和建议的权利;对于任何国家机关和国家工作人员的违法失职行为,有向有关国家机关提出申诉、控告或者检举的权利,但是不得捏造或者歪曲事实进行诬告陷害。"

④ 《中华人民共和国宪法》第四十七条规定:"中华人民共和国公民有进行科学研究、文学艺术创作和其他文化活动的自由。国家对于从事教育、科学、技术、文学、艺术和其他文化事业的公民的有益于人民的创造性工作,给以鼓励和帮助。"

⑤ 《中华人民共和国宪法》第三十八条规定:"中华人民共和国公民的人格尊严不受侵犯。禁止用任何方法对公民进行侮辱、诽谤和诬告陷害。"

⑥ 《中华人民共和国宪法》第五十一条规定:"中华人民共和国公民在行使自由和权利的时候,不得损害国家的、社会的、集体的利益和其他公民的合法的自由和权利。"

⑦ 《中华人民共和国宪法》第五十三条规定:"中华人民共和国公民必须遵守宪法和法律,保守国家秘密,爱护公共财产,遵守劳动纪律,遵守公共秩序,尊重社会公德。"

⑧ 《中华人民共和国宪法》第五十四条规定:"中华人民共和国公民有维护祖国的安全、荣誉和利益的义务,不得有危害祖国的安全、荣誉和利益的行为。"

包括《著作权法》(2020年修正)、《广告法》(2021年修正)、《电影产业促进法》(2016年颁布)、《网络安全法》(2016年颁布)以及《数据安全法》(2021年颁布)和《个人信息保护法》(2021年颁布)等。

三、行政法规

行政法规在我国的法律体系中的效力仅次于宪法和法律,高于地方性法规和政府规章,其制定主体为国务院。作为媒体法的重要渊源,与媒体传播活动相关的行政法规主要涵盖以下三类:其一,基础性规范如《政府信息公开条例》(2019年修订),这是我国首部系统保障公民知情权的行政法规;其二,行业管理规范包括《广告管理条例》(1987年颁布)、《电影管理条例》(2001年颁布)、《出版管理条例》(2024年修订)以及《广播电视管理条例》(2024年修订)等,分别规范特定传播领域;其三,网络治理规范如《计算机信息系统安全保护条例》(2011年修订)、《信息网络传播权保护条例》(2013年修订)、《互联网信息服务管理办法》(2024年修订)等。

行政法规一般以条例、办法、实施细则、规定等形式组成。其中对某一方面的行政工作作比较全面、系统的规定的,称"条例",如《广播电视管理条例》对广播电视事业方向、广播电视台设立、传输覆盖网、节目设置及违反本条例的处罚都作了系统全面的规定。对某一方面的行政工作作部分规定的,称"规定",如《外商投资电信企业管理规定》(2022年修订)针对外商投资电信企业作出相应规定;对某一项行政工作作比较具体的规定的,称"办法",如《互联网信息服务管理办法》(2024年修订),针对在中华人民共和国境内从事互联网信息服务的活动作了详细而具体的规定。

四、地方性法规、民族自治条例

地方性法规属法律规范的一种。《中华人民共和国立法法》第八十条规定:"省、自治区、直辖市的人民代表大会及其常务委员会根据本行政区域的具体情况和实际需要,在不同宪法、法律、行政法规相抵触的前提下,可以制定地方性法规。"同时《宪法》规定民族自治地方的人民代表大会有权依照当地民族的政治、经济和文化的特点,制定自治条例和单行条例,报请全国人民代表大会常务委员会批准后施行。地方性法规和民族自治条例皆有法律效力,但不得和宪法、法律及行政法规相违背。

地方性法规和民族自治条例对媒体传播活动同样具有约束力,如2022年北京市第十五届人民代表大会常务委员会通过的《北京市公共文化服务保障条例》要求:"广播电视、新闻出版、电影、文物等部门按照国家和本市规定,履行相关公共文化服务和管理职责。"

五、行政规章

行政规章是行政机关制定的关于行政管理的规范性法律文件的总称。虽然行政规章与行政法规同为行政立法的范畴,但二者在规范层级与调整范围上存在本质区别。行政规章的调整对象限于行政管理领域中的特定事项。行政规章按制定主体可分为两类:其一为国务院组成部门制定的部门规章,其二为省级政府及设区的市政府制定的地方政府规章。尽管行政规章不是法律,但其作为下位规范性文件仍具有法律约束力。

目前制定媒体类行政规章的主要机构是国家广播电视总局和国务院新闻办公室。国家广播电视总局制定的部门规章,系在宪法、法律和行政法规的框架下细化实施细则,同时对于相关法律尚未涉及的媒体传播活动进行补充规定。近年来,国家广播电视总局通过系列行政规章持续完善行业规范体系,相继出台了《广播电视行业统计管理规定》(2020年公布)、《广播电视设备器材入网认定管理办法》(2021年修订)、《广播电视行政处罚程序规定》(2021年公布)、《广播电视节目传送业务管理办法》(2022年公布)、《广播电视无线传输覆盖网管理办法》(2022年公布)等部门规章。针对未成年人节目监管这一立法空白领域,国家广播电视总局依托《未成年人保护法》与《广播电视管理条例》确立的法治框架,专项出台了《未成年人节目管理规定》(2019年颁布,2021年修订),有效填补了未成年人媒介保护领域的制度缺位。

六、其他

我国媒体法的法律渊源除国内立法外,还包括经法定程序转化的国际条约中涉及媒体传播的规范。根据《宪法》和《缔结条约程序法》,我国批准或加入的国际条约经全国人大常委会决定后,即成为国内法体系的组成部分,对媒体传播活动具有直接约束力。例如我国1997年签署、2001年批准加入的《经济、社会及文化权利国际公约》第十五条明确规定:"本盟约缔约国承认人人有权:(子)参加文化生活……(寅)对其本人之任何科学、文学或艺术作品所获得之精神与物质利益,享受保护之惠。"

结语

我国媒体法律体系是一个与时俱进、不断完善的动态规范系统。这个由新闻出版、广播电视、网络信息等多个领域法律规范共同构成的体系,既具备法的一般特征,又呈现出媒体行业的特殊属性。作为国家治理体系的重要组成部分,媒体法由国家创制并确立各方主体的权利义务关系,依靠国家强制力保障实施,为媒体行业的健康发展提供了坚实的制度基础。

从法律渊源来看,我国媒体法呈现出鲜明的多元层级特征。《宪法》作为根本大法,确立了公民言论出版自由等基本权利,为整个媒体法律体系奠定了价值基础。在法律层面,《民法典》《个人信息保护法》等构成了规范媒体活动的基本框架。行政法规如《互联网信息服务管理办法》等则提供了更具操作性的实施细则。此外,地方性法规、部门规章以及其他规范性文件共同编织起一张疏而不漏的法治之网。这种多元化的法律渊源既体现了立法技术的成熟,也反映了媒体治理的复杂性。

　　当前新技术发展迅猛,媒体形态和传播方式正在发生深刻变革。为适应这一趋势,我国媒体立法工作呈现出两个显著特点:一方面,对现有法律法规进行持续修订完善;另一方面,针对新兴领域加快立法步伐,如人工智能治理、算法推荐管理等专项立法正在积极推进。这种开放性的法律架构既维护了法治的权威性和稳定性,又为技术创新预留了必要的制度空间,体现了立法智慧。

　　从行业发展角度看,健全的媒体法律体系具有多重价值。首先,它明确了各类主体的行为边界,为媒体创新提供了清晰的规则指引;其次,它平衡了发展与规范的关系,既防范风险又鼓励创新;再次,它协调了各方利益诉求,在保障言论自由的同时维护社会公共利益。特别是在全球化背景下,完善的媒体法还有助于提升我国在国际传播秩序中的话语权。

　　对媒体从业者而言,深入理解并自觉遵守媒体法律法规具有特殊重要性。这不仅是规避法律风险的需要,更是职业素养的体现。具体而言,采编人员应当熟悉报道规范,避免侵犯他人合法权益;平台运营者需要完善内容审核机制,履行主体责任;技术研发人员则应将法律要求内化为算法伦理。同时,作为信息接收者的广大受众,也应当增强法治意识,既要学会运用法律武器维护自身权利,又要自觉抵制违法违规信息传播。

　　将媒体内容生产与传播活动全面纳入法治轨道,是建设清朗网络空间的必由之路。这需要立法者、监管者、从业者和受众的共同努力,在法治框架下寻求创新发展与规范管理的最大公约数,最终实现保障公民权利、促进行业发展、维护公共利益的多赢局面。

思考题

1.法的基本特征有哪些?
2.世界上的两大法系是什么,各有什么特点?
3.我国媒体法的渊源有哪些?

第八章

媒体传播与淫秽色情信息

◆ 学习目标

1. 掌握淫秽色情信息的法律定义与认定标准,理解我国禁止传播淫秽色情信息的相关法律规定。

2. 认识新媒体环境下淫秽色情信息传播的新特点。

3. 了解治理淫秽色情信息的策略。

◆ 本章概述

淫秽色情信息的传播不仅对社会道德风尚构成威胁,还对未成年人保护、性别平等以及社会秩序产生深远影响。随着新媒体技术的快速发展,淫秽色情信息的传播方式更加隐蔽、路径更加多样,给法律法规的制定与执行带来了新的挑战。本章从淫秽色情的定义与相关法律法规出发,分析禁止其传播的社会原因,并通过"快播案"等典型案例,探讨法律在实践中的适用性与争议点。同时,本章还将结合新媒体环境下淫秽色情信息传播的特点,提出治理对策,为构建清朗的网络空间提供理论支持与实践路径。

第一节 涉及淫秽色情的法律法规概述

一、淫秽色情的界定与相关法律法规

对于淫秽色情的界定,需要回答三个关键性问题:一是何谓淫秽色情物品;二是谁有权判断什么是淫秽色情物品;三是淫秽色情物品是否真的有害。对这些问题的答案涉及广泛的社会维度,包括不同的社会形态、意识形态、国家发展阶段、历史传统、风俗习惯和宗教信仰,甚至在同一国家内,不同地区、不同历史时期对于淫秽色情物品的认识和判断也可能存在差异。

（一）淫秽色情的定义与内涵

与淫秽色情概念对应的英文术语包括"obscene""obscenity""pornographic"和"pornography"等，"Pornography"源自希腊语"pornographia"，结合了希腊词"porne"（卖淫或妓女）与"grapho"（写、描述），指的是对足以挑逗性欲的卖淫行为的描述。基于此，"淫秽"存在两种主要定义：一种观点将淫秽定义为旨在通过文字、画面、图像、音像等手段描绘性行为和性欲现象，以刺激性欲、提供性快感或盈利为目的的作品；另一种定义则广泛地将任何可能激发性欲的文字、图画或其他表现形式的材料视为淫秽。[①]这两种定义虽然在核心上相似，但前者更强调了淫秽物品的功能性角色。淫秽物品可以归纳出以下特点。

其一，淫秽物品具有相对性。淫秽物品的界定并非绝对，它依赖于展示性题材的目的、接触者的心理状态、时代背景、社会环境以及文化背景中对性欲及其表达方式的接受程度。这表明，并非所有涉及性的描述都自动归类为淫秽物品。

其二，淫秽物品有别于表现人体美的艺术品及性教育的教材。淫秽物品往往将肉欲置于至高无上的地位，从而剥夺了性行为中人的尊严，将人类降低为单纯追求感官快感的存在。这种表现手法剥离了性行为中的社会和道德维度，仅仅强调人的生物本能。这与那些旨在展现人体之美、传递深层情感和文化价值的艺术品形成了明显的对照。

其三，淫秽这一术语带有显著的负面色彩，普遍被认为是低俗且非法的。淫秽物品被标记为不当的性刺激材料，其定义并非绝对，而是取决于社会和文化背景。同一材料在不同的社会和文化环境中，可能会有不同的评价。然而，一旦被贴上"淫秽"的标签，它通常就会被公众视为不良之物，这种标签本身就蕴含了价值判断。由于阅读淫秽作品并不被视为值得骄傲的行为，淫秽物品的传播和展示往往都是在"地下"进行的。

对"色情"定义一向是一个相当困难的问题。"淫秽"与"色情"这两个术语的区别往往仅在于程度上，这使得两者之间的界限变得模糊。在英美法律体系中，出于执法和司法实践的便利，这些概念经常被交替使用，而且似乎没有必要或不愿意去刻意区分它们；甚至有些法官或者官方机构认为，对其进行准确界定要么是"不可能的"[②]、要么是"徒劳的"[③]，要么是"相当困难的"[④]。

（二）淫秽色情的法律认定与判断

即便在社会共识的基础上，对于淫秽与色情内容的界定依旧呈现出多元且复杂的视角。

---

① 杰克·D.道格拉斯，弗兰西斯·C.瓦克斯勒：越轨社会学概论[M].张宁，朱欣民，译.石家庄：河北人民出版社，1987：211.

② 美国最高法院法官斯图尔特在1964年Jacobellis v.Ohio案中认为，露骨的淫秽描写是不可能定义的，只是"在我看到时我就知道"而已。

③ Special Committee on Pornography and Prostitution，Fraser P.Pornography and prostitution in Canada：report of the Special Committee on Pornography and Prostitution[R].Ottawa：Department of Justice Canada，1985.

④ US Dept of Justice.Attorney General's Commission on pornography，final report[R].Washington：US Dept of Justice，1986.

一方面,有观点主张,任何含有淫秽元素的作品均应被归类为淫秽物品;另一方面,亦有论者认为,若作品具备科学或艺术价值,则不应被视为淫秽。这两种立场均显示出其固有的局限性。在理论探讨中,出现了比较衡量说与相对淫秽物品说两种主要观点。比较衡量说主张,通过对作品的科学艺术价值与其所可能带来的淫秽性侵害法益进行权衡,若前者的价值更为显著,则该作品不应被定性为淫秽物品;反之,则应被视为淫秽。然而,这种方法可能最终仅依赖于淫秽内容的比例来判断,从而陷入片面。相对淫秽物品说则提出,除了对作品内容的淫秽性进行评估外,还需考虑作品的特征、广告与销售手段、传播对象等因素。这一观点已被德国、日本、美国等国家的司法实践所采纳。尽管如此,它仍然可能仅基于行为方式来界定淫秽性,仍落入片面性的窠臼。

法律试图为淫秽色情物品提供一个精确的定义,尽管对这两个概念的界定存在困难,但这并不妨碍法律和判例对淫秽色情出版物的认定标准进行明确化。

1. 英美法律与司法判例对淫秽色情之内涵与认定

英国于1857年颁布的《淫秽出版物法》是全球反淫秽出版物立法中颇具影响力的一部成文法。[①]《淫秽出版物法》首次将出版与销售淫秽资料的行为明确界定为成文法上的违法行为。然而,该法并未对"淫秽"一词给出明确定义,而是留给法官在具体案件中进行裁量。1868年,首席法官科伯恩(Alexander Cockburn)在 Regina v. Hicklin 一案上诉审中提出了著名的"希克林准则"(Hicklin test):读者阅读后会产生不纯洁的思想;作品容易对未成年人、意志薄弱者、下层人民等易受引诱者造成不良影响;只要部分内容有淫秽描写,整部作品就会被认定为淫秽。然而,这一标准因其严苛性和主观性,在随后的几十年中引发了广泛的争议。

自19世纪末起,美国在司法实践中对淫秽色情内容的界定经历了两个显著时期:首先是"希克林准则"时期(1873—1957年),其次是"罗思-梅莫瑞斯准则"时期(1957—1973年)。在一系列司法判例中,美国最高法院确立了淫秽内容的认定标准。美国最高法院最先在罗思案(Roth v. United States)中以微弱的优势通过了布伦南法官起草的判决,提出了淫秽的定义:"根据当代社区的标准,该资料的整体主题旨在激发普通人的性欲,且作品完全缺乏社会重要性。"然而,由于各法院对"社区标准"的全国性理解存在争议,这一标准随后经历了修订过程。

在1973年,美国最高法院在米勒诉加利福尼亚州案(Miller v. California)中确立了一个至今仍被广泛采用的淫秽定义。这一定义,即米勒案标准,明确了具有以下三个条件可以合宪地判定材料为淫秽:①一个普通人,根据当下的社区标准,能发现某作品从总体上看迎合人们的淫欲(prurient interest);②作品对性行为的描写具有明显的冒犯性(patent offensiveness),违反了所在州相关法律的特别规定;③作品整体上缺乏严肃的文学、艺术、政治或科学价值。为削弱该三项标准的模糊性,该案判决进一步提出了所谓"赤裸裸描写性行为的淫秽"(hardcore pornography)概念,并列举了两种应被认定为淫秽的非法行为:①以明显令

---

① 王清.中外淫秽色情出版物类型与认定标准的比较[J].出版发行研究,2008(02):49-53.

人生厌的方式呈现或描写完整的性行为（ultimate sexual acts），不论该性行为是正常的还是反常的，是实际发生的还是假想的；②以明显令人生厌的方式呈现或描写手淫、排泄功能和淫猥地展示生殖器。在米勒案之后，美国最高法院在一系列判决中对上述标准进行了进一步的阐释：陪审团可以依据其所在地区的标准来判定淫秽，即所谓的"社区标准"。各州既可以规定没有进一步说明的社区标准，也可以以精确的地理范围来确定社区标准；"引发淫欲"意为引发"可耻的或者病态的性欲"而非所引发的"正常的性欲"；强调普通人"但不包括未成年人"；衡量"严肃的文学、艺术、政治或科学价值"应使用全国标准，这一标准是判断作品是否属于淫秽的必要条件之一，但即使作品被认为具有这些价值，也并不意味着它就自动免于淫秽的指控。米勒案明确了应当禁止的言论类型，但并未具体规定应采取的干预措施。这一责任被赋予了各个州和地方政府，它们需要根据米勒案的标准来制定和执行自己的淫秽相关的法规。这些法规对言论自由的限制必须在米勒案所界定的范围内，以确保法律的公正性和适用性。

基于以上英美法律与判例的概述，我们可以在如下几个方面得出结论。

（1）主观故意。作品的作者、出版者或其他提供者应当具有使受众道德沦丧的主观恶意。这种主观恶意的存在可通过对作品的内容、创作风格以及预期的受众反应等客观因素进行综合评估而确定。

（2）损害对象。在英国法律中，所指的"易受不道德影响的个体"应被理解为未成年人。而美国法律则区分了成年人和未成年人的界限。对于未成年人，美国于1988年特别颁布了《保护儿童免受淫秽物品危害法》（Child Protection and Obscenity Enforcement Act）。与美国相似，大多数国家对未成年人实施额外的严格保护措施，明确禁止向未成年人销售淫秽出版物。

（3）认定标准及认定主体。认定是否淫秽的标准基于价值判断，尤其是基于当前公众的社会评价中心的道德判断。法官或陪审团作为社会评价的代表和发言人，负责间接推断或直接表明阅读效果是否"引起淫欲"、描述方式是否"令人厌恶"。

（4）认定方法。判断出版物是否为淫秽必须从作品的整体来考虑。如果作品虽包含淫秽内容，但同时具有严肃的文学、科学或其他能促进社会公共利益的价值，那么这些公共利益将优先于受害者应受到法律保护的利益。淫秽与否的判定并不仅限于实际发生的危害。无论是英国法律中的"腐化堕落"，还是美国法律中的"引发淫欲"，都是不以实际危害为前提的预先判断。此外，还应考虑提供者的主观故意以及读者在阅读后的性反应状态。

2. 我国淫秽色情物品的认定标准

早在20世纪50年代，我国关于淫秽物品的类型、内容及其处理办法就有明确的法律定义和指令。①进入80年代后，国务院及相关部门通过法规和司法解释进一步明确了淫秽色情物品的定义。1985年，国务院《关于严禁淫秽物品的规定》标志着中国在立法层面上首次

---

① 1955年7月国务院做出《关于处理反动的、淫秽的、荒诞的书刊图画的指示》规定："凡内容极端反动的书刊和描写性行为的淫书淫画，一概予以查禁。"

尝试定义淫秽,将其解释为"具体描绘性行为或露骨宣扬色情淫荡形象"的材料,并明确列出了淫秽物品的范围。[①]为了防止查禁范围过于扩大,该规定第三条将"夹杂淫秽内容的有艺术价值的文艺作品""表现人体美的美术作品""有关人体的生理、医学知识和其他自然科学作品"等三类作品排除在淫秽物品范畴之外。全国人大常委会1990年12月28日公布的《关于惩治走私、制作、贩卖、传播淫秽物品的犯罪分子的决定》(以下简称《决定》)第八条基本上采用了上述两条的规定[②],区别仅在于对"露骨宣扬色情"增加了"诲淫性"之目的限制。现行《刑法》完全吸收了《决定》的规定,第三百六十三条规定有"制作、复制、出版、贩卖、传播淫秽物品牟利罪",第三百六十四条规定有"传播淫秽物品罪"和"组织播放淫秽音像制品罪"。在概念界定上,《刑法》第三百六十七条对于何为"淫秽物品"进行了规定,明确指出包括具体描绘性行为或者露骨宣扬色情的诲淫性的书刊、影片、录像带、录音带、图片及其他淫秽物品,同时,有关人体生理、医学知识的科学著作不是淫秽物品,包含有色情内容的有艺术价值的文学、艺术作品不视为淫秽物品。

1988年12月27日,新闻出版署颁布了《关于认定淫秽及色情出版物的暂行规定》,该规定对淫秽及色情出版物进行了全面而系统的界定,确立了明确的鉴定标准。根据该规定,淫秽出版物被定义为那些在整体上宣扬淫秽行为的出版物,它们具有下列内容之一,旨在挑动人们的性欲,足以使普通人腐化堕落,且缺乏艺术或科学价值:①淫亵性地具体描写性行为、性交及其心理感受;②公然宣扬色情淫荡形象;③淫亵性地描述或者传授性技巧;④具体描写乱伦、强奸或者其他性犯罪的手段、过程或者细节,足以诱发犯罪的;⑤具体描写少年儿童的性行为;⑥淫亵性地具体描写同性恋的性行为或者其他性变态行为,或者具体描写与性变态有关的暴力、虐待、侮辱行为;⑦其他令普通人不能容忍的对性行为淫亵性描写。

色情出版物是指整体上不是淫秽的,但是其中一部分有前述七方面内容的,这些内容可能对普通人尤其是未成年人的身心健康造成负面影响,且这些出版物通常缺乏艺术价值或科学价值。该规定明确区分了淫秽物品与色情物品,强调淫秽物品是以宣扬淫秽行为为整体特征,而色情物品则仅在部分内容中包含淫秽元素。

从法律视角来看,淫秽信息本质上也被归类为"淫秽物品"。最高人民法院和最高人民检察院联合发布的《关于办理利用互联网、移动通讯终端、声讯台制作、复制、出版、贩卖、传播淫秽电子信息刑事案件具体应用法律若干问题的解释》将具体描绘性行为或者露骨宣扬色情的诲淫性的视频文件、音频文件、电子刊物、图片、文章、短信息等互联网、移动通讯终端电子信息和声讯台语音信息纳入《刑法》中所规定的淫秽物品类犯罪中的"其他淫秽物品"的范畴,即规定淫秽信息属于淫秽物品。

---

① 《关于严禁淫秽物品的规定》第二条规定:"查禁淫秽物品的范围是:具体描写性行为或露骨宣扬色情淫荡形象的录像带、录音带、影片、电视片、幻灯片、照片、图画、书籍、报刊、抄本,印有这类图照的玩具、用品,以及淫药、淫具。"

② 1990年全国人大常委会在《关于惩治走私、制作、贩卖、传播淫秽物品的犯罪分子的决定》第八条规定:"本决定所称淫秽物品,是指具体描绘性行为或者露骨宣扬色情的诲淫性的书刊、影片、录像带、录音带、图片及其他淫秽物品。有关人体生理、医学知识的科学著作不是淫秽物品。包含有色情内容的有艺术价值的文学、艺术作品不视为淫秽物品。淫秽物品的种类和目录,由国务院有关主管部门规定。"

新修订的《中华人民共和国未成年人保护法》自2021年6月1日起施行,针对与未成年人相关的淫秽色情类犯罪问题,首先,其第五十二条对制作、复制、发布、传播或持有涉及未成年人的淫秽色情物品和网络信息做出了明确禁止,进一步细化了对未成年人淫秽色情物品的识别标准。与以往相比,该法首次单独界定了针对未成年人的淫秽色情物品概念,突出了对未成年人特殊的保护措施,旨在维护未成年人的身心健康,预防对未成年人的侵害行为,保障他们的合法权益。其次,明确将"持有"相关未成年人淫秽色情物品和网络信息纳入规制范围,扩大了监管范围,有助于在网络空间保护未成年人的合法权益,同时,这一规定也与国际法律规范有效对接。再次,该规定还将有关未成年人淫秽色情物品的内容置于网络保护的章节之下,并和网络信息并列,符合网络传播时代的特点。《〈儿童权利公约〉关于买卖儿童、儿童卖淫和儿童色情制品问题的任择议定书》中将"儿童色情制品"定义为"以任何手段显示儿童进行真实或模拟的露骨性活动或主要为诲淫而显示儿童性器官的制品";而我国法律对于淫秽物品的定义中有关未成年人的淫秽色情物品之前的表述为,在电影、照片或书刊等中以不满十八周岁自然人作为性的客体,以便唤起观众或读者性欲的内容载体。

我国对传播淫秽、色情物品实行全面规制,构建了一个包含文化行政处罚、治安管理处罚和刑事处罚的多层次处罚体系。这一体系对淫秽物品的传播对象不设限制,无论传播对象是成年人还是儿童,无论接受者是主动自愿还是无意之中接触到这些内容,传播行为均被禁止。在立法上,对于传播儿童色情内容和向未成年人传播色情内容的处罚,与传播成人色情内容和向成人传播色情内容的处罚,并未明确区分。我国《刑法》《治安管理处罚法》等法律对制作、运输、复制、出售、出租以及传播淫秽物品如何处罚进行了规定。《互联网出版管理暂行规定》《互联网信息服务管理办法》等行政法规,以及"两高"司法解释,对通过网络制作、复制、出版、贩卖、传播淫秽物品如何进行处罚作出了具体的规定和解释。在《刑法》的第六章第九节中,共有五项罪名与淫秽色情信息的传播行为相关。这些罪名涵盖了一系列行为方式,包括制作、复制、出版、贩卖、传播、提供书号、组织播放、组织表演等。在传播群体上,不仅向未成年人传播淫秽色情信息可能会构成犯罪,成年人之间的自愿传播行为同样面临刑事风险。在传播方式上,既包括公开传播,也包括私密传播。在罪名设置上,除"为他人提供书号出版淫秽书刊罪"为过失犯罪外,其他均为故意犯罪。在刑罚配置上,该类犯罪的法定最高刑为无期徒刑。《刑法》第三百六十三条第一款针对制作、复制、出版、贩卖、传播淫秽物品以牟利为目的的行为设定了刑事责任,对于情节特别严重的犯罪分子,法律规定了无期徒刑的刑罚。这些法律法规和司法解释共同构成了中国打击网络淫秽色情信息传播的法律框架。

二、禁止淫秽色情信息传播的原因

禁止淫秽色情信息的传播不仅是法律的要求,更是维护社会道德秩序、保护未成年人健康成长以及促进性别平等的重要举措。世界各地要禁止淫秽色情信息传播的原因主要有以下几个方面。

（一）保护未成年人免受伤害

限制淫秽色情信息传播的核心目标是保护未成年人免受其潜在伤害。国际社会普遍认同，通过刑法手段确保未成年人不受淫秽色情信息影响是至关重要的。未成年人作为社会中的特殊群体，正处于身心发展的关键阶段，其认知能力、价值观念和行为模式尚未完全成熟，容易受到外界信息的深刻影响。淫秽色情信息往往包含大量露骨、扭曲的性内容，过早接触此类信息可能导致未成年人产生错误的性观念。过度接触此类信息可能导致未成年人沉迷于虚拟的性幻想中，忽视现实生活中的学习和社交活动，进而影响其学业成绩和人际交往能力，使其对人际关系和社会规范产生错误认知。将"色情"行为纳入刑事责任，反映了对未成年人身心发展特性的深刻洞察。禁止未成年人接触淫秽和诲淫物品，被视为对民族未来的基础性保护措施。实施严格的法律措施，对向未成年人传播淫秽色情的行为进行刑事打击，是维护社会道德底线和保障未成年人权益的必要手段。这种法律干预不仅是对个体的保护，也是社会整体健康和稳定的重要保障。

（二）淫秽色情物品弱化了人们的道德观念

淫秽色情物品对社会风俗的破坏不容忽视，它们不仅损害了社会风气，还可能侵蚀国家和民族的道德体系。这些物品的传播反映了社会的混乱，并可能加剧这种状态。在当今社会，淫秽色情物品加深了对性的偏见，对家庭、社区和个人发展产生了负面影响。它们贬低了人的精神世界，扭曲了人的价值观，使人在性行为中追求快感而非爱的意义。这些作品颠覆了社会的基本道德规范，将放纵视为自由，将堕落视为进步，严重破坏了社会文明和道德。极端性行为的描述挑战了道德底线，导致人性退化。受其影响的人可能精神颓废、道德败坏，甚至家庭破裂，走向犯罪。

（三）淫秽色情物品破坏社会的性别平等观念

淫秽色情物品常常将女性描绘成满足男性性欲的对象，这类作品中女性角色往往被塑造为刺激男性欲望的工具。许多淫秽色情内容将女性描绘为顺从、被动的一方，而男性则被描绘为支配者。这种描绘实质上强化了性别歧视，宣扬了不平等的性别角色。淫秽色情物品通过传播不平等的性别权力关系，进一步加剧了社会中的性别不平等。这种不平等的权力关系不仅影响了人们对性别角色的认知，还可能在实际生活中助长性别歧视和压迫。这种扭曲的性别角色不仅限制了女性的社会地位和发展空间，也对男性的心理健康造成压力，迫使他们遵循不符合现实的社会期待。淫秽色情物品中常常包含暴力、强迫和非自愿的性行为，这些内容可能误导观众，尤其是那些描绘对儿童和女性施暴的场景，可能激发针对儿童和女性的犯罪行为，对社会安全构成严重威胁。虽然色情描写只是众多导致犯罪的因素之一，但它对犯罪行为的诱发作用不容忽视。[①]这种错误内容的呈现不仅增加了性别暴力的

---

① 汉斯·约阿希姆·施奈德.犯罪学[M].吴鑫涛，马君玉，译.北京：中国人民公安大学出版社，1990：863.

风险,还可能导致受害者被污名化和社会边缘化。为了构建一个更加平等和包容的社会,必须采取措施限制此类物品的传播,并通过教育和社会倡导促进健康的性别观念。

第二节 与传播淫秽色情信息有关的案例介绍与评析

在网络空间中,淫秽色情内容传播更具复杂性,对此类行为的界定和制裁不仅考验着法律的适应性和执行力度,也反映了社会对于网络空间道德规范的期待和要求。下面通过两个案例,探讨这一现象背后的法律争议和道德责任。

快播案是一起标志性的网络传播淫秽物品案件。深圳市快播科技有限公司提供的流媒体播放技术,被大量用于传播淫秽视频,引发了关于技术提供者责任的激烈辩论。快播公司及其主管人员被指控在明知其技术被用于非法传播淫秽内容的情况下,未能采取有效措施,从而助长了淫秽视频的广泛传播。这一案例凸显了网络技术在促进信息自由流通的同时,也可能成为淫秽内容传播的温床。

阮某某、张某案则聚焦于微信群这一新媒体平台。群主张某未能有效监管群内信息,导致淫秽视频在群内自由传播,而阮某某则成为主要的传播者。这一案例突出了个体在网络社群中的行为对公共道德的影响,以及群管理员在维护网络环境清洁中应承担的责任。

一、快播案介绍

被告单位深圳市快播科技有限公司(以下简称快播公司)及被告人王某等传播淫秽物品牟利案,被评为"2016年推动法治进程十大案件"。该案涉及的法律适用问题新颖、复杂,是"互联网+"时代背景下对司法工作的新考验。因控辩双方在定罪和量刑问题上争议较大,文书用较大篇幅从主体、主客观等方面阐述了本案的定性问题,驳斥了"技术无罪"说,又从正反两个方面分析了本案的量刑情节认定和法律适用,使得裁判结果依据充分、论证清晰、说服力强。该案的依法裁判,对促进中国互联网行业的法制化和规范化进程具有里程碑意义。

2013年11月18日,北京市海淀区文化委员会从北京网联光通技术有限公司查获快播公司托管的服务器4台,后北京市公安局从上述4台服务器里提取了29841个视频文件进行鉴定,认定其中属于淫秽视频的文件为21251个。北京市海淀区人民检察院指控被告单位深圳市快播科技有限公司和被告人王某、吴某、张某某、牛某某犯传播淫秽物品牟利罪。快播公司及各被告人以牟利为目的,在明知快播流媒体服务器安装程序及快播播放器被网络用户用于发布、搜索、下载、播放淫秽视频的情况下,仍予以放任,导致大量淫秽视频在国际互联网上传播。

控辩双方围绕本案定性等焦点问题在两次庭审辩论过程中均发表了意见。被告单位、被告人王某、张某某、牛某某对指控事实和罪名均表示无异议,其辩护人主要围绕量刑情节做了罪轻辩护,希望对被告单位和各被告人从宽处罚。公诉机关发表公诉意见,认为起诉书指控事实清楚,证据确实、充分,已证明被告单位及各被告人的行为构成传播淫秽物品牟利罪,具有严重的社会危害性,应当依法追究刑事责任。

快播公司负有网络视频信息服务提供者应当承担的网络安全管理义务,但其在明知快播网络系统内大量存在淫秽视频并介入了淫秽视频传播活动的情况下,放任其网络服务系统大量传播淫秽视频,属于间接故意,且具备承担网络安全管理义务的现实可能却拒不履行。快播公司及各被告人的行为具有非法牟利目的,不符合"技术中立"的责任豁免和"中立的帮助行为"的构成要件,构成传播淫秽物品牟利罪的单位犯罪。

法院认为,快播公司的行为不属于司法解释规定的传播淫秽物品牟利罪"情节特别严重"的情形,但放任淫秽视频大量传播并获取巨额非法利益应当认定为"情节严重"。最终,法院根据被告单位和各被告人的法定情节和酌定情节确定刑罚,对快播公司判处罚金人民币一千万元,对王某、张某某、吴某、牛某某分别判处有期徒刑三年六个月至三年不等,并处罚金人民币一百万元至二十万元不等。[①]

二、快播案评析

快播案是中国互联网史上的一起传播淫秽信息案件。该案件的主要焦点在于:其一,快播公司是否负有网络视频信息服务提供者应当承担的网络安全管理义务?其二,主观明知的认定,即快播公司及各被告人是否均明知快播网络系统内大量存在淫秽视频并介入了淫秽视频传播活动?其三,传播行为的认定,即快播公司通过缓存服务器等技术手段介入淫秽视频传播是否构成传播行为?其四,快播公司是否具备承担网络安全管理义务的现实可能但拒不履行网络安全管理义务?其五,非法牟利的认定,即快播公司及各被告人的行为是否具有非法牟利目的?其六,本案是否适用"技术中立"的责任豁免或是"中立的帮助行为"?[②]

(一)网络安全管理义务的认定

快播公司负有网络视频信息服务提供者应当承担的网络安全管理义务。作为网络视频信息服务提供者,快播公司依法负有网络安全管理义务。相关法律法规要求互联网信息服务提供者不得传播淫秽、色情等违法信息,并应采取措施防止此类信息的传播。快播公司有责任对其网络平台上的内容进行监管,及时发现并处理违法或不良信息。本案中查扣的4台缓存服务器存储了大量淫秽视频,这些服务器由光通公司所有,但由快播公司远程控制和维护。快播公司与光通公司的合同约定,光通公司提供硬件设备,快播公司提供内容数据源

---

① 百万人"围观"快播案庭审直播[N/OL].新京报,2016-01-10[2024-02-24].http://epaper.bjnews.com.cn/html/2016-01/10/content_617629.htm.

② 该案例简介及评析的内容选自:北京市海淀区人民法院刑事判决书(2015)海刑初字第512号,北京市第一中级人民法院刑事裁判文书(2016)京01刑终592号。

和技术支持。证据显示,快播公司负责这些服务器的软件安装和日常维护,并通过调度服务器控制视频文件的存储和传播。尽管合同规定光通公司有删除违法内容的义务,但实际上光通公司无法审查缓存服务器内的内容合法性,快播公司作为远程控制者和维护者,应对服务器内容负责。

快播公司具备承担网络安全管理义务的现实可能但拒不履行。快播公司通过调度服务器控制视频传播的关键环节,包括站长的发布、用户的搜索、用户点对点的文件传输以及快播缓存与加速服务。用户搜索与点播的频次构成快播公司提供缓存服务的条件,调度服务器记录的信息使快播公司能够根据主观意愿设定缓存规则,并在点播、缓存环节采取限制措施,这是其承担网络安全管理义务的基本路径。然而,快播公司并未采取这些措施,既未通过专用程序自动审核,也未通过专门人员人工审查,未付出必需的经营成本。尽管网络视频服务企业难以做到屏蔽所有非法视频,但快播公司连行业内普遍能够实施的关键词屏蔽、截图审查等基本措施都没有认真落实。快播公司在2012年被深圳网监处罚后,虽然设置了信息安全组,但一年后南山广电局执法人员仍能从快播官网轻易获取淫秽视频。这表明快播公司的"110"不良信息管理平台在网监验收合格后基本被搁置,信息安全组名存实亡。快播公司控制着每一台缓存服务器,能够轻易调取存储的视频进行审查和清除,但其未进行后台审查工作,放任大量淫秽视频在缓存服务器中用于加速下载。

综上,快播公司具备承担网络安全管理义务的能力,但其在本案中表现出的行为属于拒不履行网络安全管理义务,既体现出对法律法规规定义务的漠视,也反映出逃避社会责任的主观态度。

(二)主观明知的认定

快播公司及各被告人均明知快播网络系统内大量存在淫秽视频并介入了淫秽视频传播活动。《刑法》中的"明知"可以从两个角度证明:一是直接证据证明行为人知道或因他人告知而知道;二是基于行为人的特定身份、职业、经验等特点推定其知道。在单位犯罪中,直接责任人员只需对单位传播淫秽物品的行为具有明知,而不要求对具体方法、技术完全知晓。具体到本案,各被告人只需对快播公司传播淫秽视频这一基本事实具有明知即可。

根据快播公司员工的证言、被告人的供述等证据,可以证明王某、吴某、张某某、牛某某不仅知道快播网络服务系统传播淫秽视频,而且知道其行为导致淫秽视频在互联网上大量传播。证据显示,王某、张某某、牛某某对缓存服务器介入淫秽视频传播均已知晓,且王某、张某某对传播技术原理有深入研究。快播公司作为视频服务提供商,应当知道其网络用户搜索和点击的视频内容的统计特征,而扣押的缓存服务器内70%以上为淫秽视频,这表明公司对淫秽视频的传播是明知的。

进一步的证据包括执法部门的监管活动。2012年8月,深圳网监因快播公司未建立信息安全保护管理制度、未落实安全保护技术措施,给予行政处罚警告,快播公司接受整改的主要内容是审核和过滤淫秽视频。2013年8月5日,南山广电局执法人员现场执法检查,确认快播公司网站上的淫秽视频内容,并作出行政处罚决定。王某作为法定代表人授权牛某某代理此事的授权委托书上,明确写了"涉嫌提供的视听节目含有渲染色情活动的内容",证明王某知道快播公司网络传播淫秽视频的事实。快播公司在两次接受处罚并整改后，仍然坚称不知情，显然难以置信。上述证据表明，各被告人在主观上完全符合单位犯罪所要求的传播淫秽物品牟利罪的"明知"要件，应予认定。

（三）传播行为的认定

快播公司通过缓存服务器等技术手段介入淫秽视频传播构成传播行为。传播淫秽物品牟利罪的传播行为，包括通过播放、陈列、建立淫秽网站、网页等方式使淫秽物品被不特定人感知，以及通过出借、赠送等方式散布淫秽物品。根据快播技术开发人员和服务器维护人员的证言，涉案的4台缓存服务器内的淫秽视频文件均是快播用户请求点播达到一定次数以上后被缓存服务器下载存储的。尽管没有直接证据显示这些视频被用户浏览或下载的频次，但快播公司放任其缓存服务器存储淫秽视频，并使公众可以观看和随时获得加速服务，这种行为属于通过互联网陈列等方式提供淫秽物品的传播行为。

快播公司在主观上并未对视频内容进行选择，而是根据视频热度提供加速服务。缓存服务器介入传播何种内容的视频，不是快播公司主观意志选择的结果，而是对他人传播行为的放任，对他人利用其技术服务传播淫秽视频的放任，对自己的缓存服务器介入淫秽视频传播行为之中的放任，对自己的行为造成淫秽视频在网络上大量传播的放任。

面对深圳网监的行政处罚，快播公司应付检查后，信息安全组的工作几乎停止，没有开展实质性的管理、阻止工作，还采取碎片化存储的方式企图规避法律风险。王某对于快播网络传播淫秽视频的事实不但明知，而且还着手采取逃避检查的技术措施，消极对待其监管责任，放任大量淫秽视频经由其网络系统，特别是经由其缓存服务器任意传播。王某的这种意志实际上就是快播公司的意志，而快播公司事业部的管理者吴某、张某某、牛某某就是这一意志的执行者和执行监督者。根据我国刑法，犯罪的故意是指明知自己的行为会发生危害社会的结果，并且希望或者放任这种结果发生的心理态度。快播公司及各被告人的行为足以表明其"放任"的间接故意，足以表明其放任的是正在发生或可能正在发生的危害后果。

（四）非法牟利的认定

快播公司及各被告人的行为具有非法牟利目的。传播淫秽物品牟利罪要求"以牟利为目的"，即行为人主观上具有牟取非法利益的目的。这里的利益，既包括直接利益，也包括间接利益。司法实践中认定"以牟利为目的"，既包括通过制作、复制、出版、贩卖、传播淫秽物品直接获取对价的目的，也包括通过广告、流量、用户数量等获得间接收入的目的。快播公司的盈利主要来源于网络营销服务，特别是资讯快播和第三方软件捆绑。2008年至2013年，快播公司营业收入逐年增长，2013年快播事业部收入达1.4亿元人民币，其中资讯快播和第三方软件捆绑分别占49.25%和27.59%。虽然快播公司自身未上传淫秽视频，但其网络平台允许用户使用快播资源服务器程序发布淫秽视频。快播公司不仅不加以监管，反而通过技术手段为这些视频的存储和传播提供支持，导致淫秽视频大量传播。快播播放器软件因此得到推广，公司也因此获利。快播公司利用其技术手段加密视频，确保只能通过快播播放器播放，从而在第三方软件捆绑和广告资讯等方面获得独占性盈利，公司通过提供缓存技术支持等方法改善用户体验,增加用户数量和市场占有率,进一步提升盈利能力。尽管明知其网络平台被用于传播淫秽视频,快播公司仍放任缓存服务器加速传播,这一行为不仅加速了淫秽视频的传播,还使公司非法获利增加。快播公司明知淫秽视频传播与其盈收增长之间的因果关系,仍继续放任其网络系统被用于传播淫秽视频,具有明显的非法牟利目的。

(五)技术中立的认定

本案不适用"技术中立"的责任豁免,也不是"中立的帮助行为"。在司法实践中,技术中立原则旨在鼓励技术创新与发展,但技术的使用方式及其对社会的影响是判断技术提供者和使用者法律责任的关键。快播公司不仅提供技术,还通过其缓存服务器和调度服务器直接参与视频传播,成为技术的使用者和网络视频信息服务的提供者。尽管快播公司在提供P2P视频技术服务和缓存技术服务时没有对视频内容进行选择,但当其明知这些技术被用于传播淫秽视频,且自身有能力阻止却不采取行动时,快播公司无法再依据技术中立原则获得责任豁免。快播公司出于牟利目的,不履行安全管理义务,放任淫秽视频通过其网络大量传播,并利用缓存服务器加速传播,这种行为存在恶意,应当承担法律责任。

基于技术中立原则,在信息网络传播权保护领域,技术提供者需尽到合理注意义务,即"避风港"规则。该规则规定,网络服务提供者在接到被侵权人通知后,若未采取必要措施停止侵权行为,则需承担责任;若及时采取措施,则可免责。然而,淫秽视频属于依法禁止提供的内容,不在"避风港"规则保护范围内。因此,快播公司不能以"避风港"规则为由免除责任。此外,快播公司的缓存服务器存储的视频是根据点击量自动存储的,只要在设定周期内点击量达标,视频就会被长期存储并可供用户使用。这种缓存方式并非"断电即被清除的临时存储",不属于"避风港"规则免责的缓存类型。

关于快播公司的行为是否属于"中立的帮助行为",该行为通常指外表上合法但客观上促进他人犯罪的行为。快播公司的缓存服务器直接参与淫秽视频的下载、存储和传播,且具有非法牟利目的的,属于传播淫秽视频的实行行为,不适用于中立的帮助行为理论。

三、微信群传播淫秽物品案介绍

2014年11月至2015年1月,被告人张某担任某一微信群(群成员有57人)的群主,负责该群的日常管理工作。在此期间,被告人张某未对群成员,包括阮某某在内的人发布的淫秽视频进行限制或管理,导致群内共发布淫秽视频451个,其中阮某某个人发布了76个。2015年1月22日、27日,被告人阮某某、张某先后到公安机关投案,并协助公安机关抓获犯罪嫌疑人各一名。

浙江省瑞安市人民法院经审理认为,被告人阮某某、张某传播淫秽物品,情节严重,其行为已触犯刑律,构成传播淫秽物品罪。鉴于两被告人能够主动自首,并有立功的表现,法院决定依法对他们从轻处罚,遂根据《刑法》和最高人民法院、最高人民检察院《关于办理利用互联网、移动通讯终端、声讯台制作、复制、出版、贩卖、传播淫秽电子信息刑事案件具体应用法律若干问题的解释(二)》之规定判决:以传播淫秽物品罪,判处阮某某、张某拘役一个月十五日。在宣判后的法定上诉期限内,阮某某和张某均未提出上诉,公诉机关也未提出抗诉,因此一审判决具有法律效力。[①]

四、微信群传播淫秽物品案评析

对于微信群内发布淫秽视频行为及其法律定性的探讨,涉及新媒体环境下公共空间的管理与个体行为的法律责任。本案核心争议焦点集中于微信群内发布淫秽视频的行为定性及其对主要传播者与群管理员共犯关系的界定。

(一)在微信群里发布淫秽视频行为情节严重的,构成传播淫秽物品罪

首先,被告人阮某某在微信群中发布了76个淫秽视频,发布的数量达到了刑法意义上的传播数量,触发了刑事责任。其主要法律依据为《关于办理利用互联网、移动通讯终端、声讯台制作、复制、出版、贩卖、传播淫秽电子信息刑事案件具体应用法律若干问题的解释(二)》第一条规定:"具有下列情形之一的,依照刑法第三百六十三条第一款的规定,以制作、复制、出版、贩卖、传播淫秽物品牟利罪定罪处罚:(一)制作、复制、出版、贩卖、传播淫秽电影、表演、动画等视频文件十个以上的",第二条规定:"具有下列情形之一的,依照刑法第三百六十四条第一款的规定,以传播淫秽物品罪定罪处罚:(一)数量达到第一条第二款第(一)项至第(五)项规定标准二倍以上的"。其次,微信群作为虚拟公众场所,信息在网络上的广泛扩散进一步加剧了该行为的社会危害性。尽管微信群多用于熟人社交,具有一定私密性,但并非单纯的自我展示之地,其公众参与的本质使其成为信息传播的有效渠道。微信的开发与应用反映出虚拟公众场所的特性,包括公众服务性、开放性及平等性,这使其成为信息交流与社会互动的平台。因此,微信群内的信息传播活动,尤其是涉及淫秽内容的行为,不仅影响群体氛围,还可能对更广泛的社会环境产生影响。此外,被告人阮某某的传播行为构成情节严重。根据解释(二)第三条的规定,群组成员达到30人以上,就有可能造成淫秽电子信息在成员和群组间的大规模传播,具有较大的社会危害性。而本案中微信群的成员达57人,为淫秽内容的广泛传播提供了条件,即使有部分微信群成员因未开启微信而暂时没有看到淫秽视频,但这些群成员均是视频的潜在受众。

(二)群管理员放任他人发布淫秽视频的,以传播淫秽物品罪处罚

群主作为群的管理者,在微信群内的角色定位是监督和管理群内信息的传播,以确保内容的合法性和适宜性。群主应切实履行监管职责,及时审查微信群内容,防止淫秽视频的发布,必要时通过剔除相关成员或解散群组来维护群内环境。《关于办理利用互联网、移动通讯终端、声讯台制作、复制、出版、贩卖、传播淫秽电子信息刑事案件具体应用法律若干问题的解释(二)》第三条规定:"利用互联网建立主要用于传播淫秽电子信息的群组,成员达三十人

---

① 李秋霞.微信群里发布淫秽视频的定罪分析[N].人民法院报,2015-11-05(6).

以上或者造成严重后果的,对建立者、管理者和主要传播者,依照刑法第三百六十四条第一款的规定,以传播淫秽物品罪定罪处罚。"因此被告人张某未履行群主义务、放任群成员传播淫秽视频的行为构成传播淫秽物品罪。

(三)主要传播者和群管理员不属于共同犯罪

关于主要传播者和群管理员是否构成共犯,需要分析二者之间是否存在共同的犯罪意图和行为协同。被告人阮某某在群里发布淫秽视频前并不需要征得群主张某的同意,双方在事先亦没有共同预谋的故意。张某作为群管理员的放任态度,虽然为淫秽视频的传播提供了条件,但两被告人之间不存在共同犯罪的主客观要素,因此阮某某和张某的行为应视为独立的犯罪行为,而非共同犯罪。

第三节　新媒体环境下淫秽色情传播的特点及治理

当前,网络犯罪,尤其是传播淫秽物品的犯罪行为,呈现出持续增长的趋势。有害信息的传播方式已经从传统的点对点模式转变为面向更广泛受众的点对面传播,且从单一个体的行为发展为涉及多方的共同犯罪和非法产业链。网络空间中的不良信息还可能逆流回现实世界,通过现实与虚拟社会的互动,其社会危害性可能会被进一步放大。在互联网这一复杂且不断演变的虚拟空间中,淫秽色情信息的治理确实是网络空间管理的一个重大挑战。

一、新媒体环境下淫秽色情信息的传播特点

互联网技术的普及和发展确实对色情信息的传播模式产生了深远影响。它将传统的单向传播模式转变为更为动态和互动的双向模式。这种转变不仅促进了新型色情传播方式的出现,如社交媒体、即时通信、直播服务等,而且由于网络的全球性、共享性和交互性,色情信息的传播范围和影响力得到了前所未有的扩大。此外,网络技术的复杂性和匿名性也使得色情信息的传播更加隐蔽,这对于监管机构来说是一个巨大的挑战。

(一)传播行为更具互动性

网络空间中的淫秽色情信息传播具有类似病毒的裂变特性,一旦信息发布,便能迅速且广泛地传播。与传统的单向传播不同,网络技术的进展和传播工具的创新让用户能够在网络中自由地读取、传递资料、发表意见、发送和接收电子邮件,甚至进行实时交流。这种双向互动的特性促进了淫秽色情内容与受众之间的互动,用户可以轻松地成为"自媒体",参与并推动这类信息的传播,与发布者共同构建一个淫秽色情内容的网络传播环境。

公安部与美国警方曾联合摧毁全球最大的中文淫秽色情网站联盟"阳光娱乐联盟",涉

及48家中文淫秽色情网站,拥有数千个板块,传播的淫秽色情帖子数量高达上亿条。[①]在这类案件中,会员为了浏览更刺激的内容,需要通过付费或累积积分来提升浏览权限。积分的获取通常依赖于上传更多的淫秽色情图片,且要求内容必须是原创,这无疑刺激了会员发起或参与更多的性犯罪行为。色情论坛通过会员制度,鼓励会员发布原创内容,如色情小说、影音视频等,以奖励积分和网站金币,从而提升浏览权限。此外,一些软件通过设计分享下载获取积分的机制,激励用户上传淫秽色情信息以吸引下载,从而赚取积分。这些行为不仅加剧了淫秽色情信息的传播,也给执法部门的监管带来了新的挑战。

(二)传播路径更加快速便捷

网络淫秽色情信息的传播得益于计算机网络技术的不断进步,其传播途径更加迅速和便捷。除传统的淫秽色情网站和论坛之外,微博、QQ群等社交平台也成为新的传播渠道。微博的流行特性,如信息量大、更新迅速、传播范围广,以及发布内容无须审核,使得淫秽色情信息即使被举报,也往往已经广泛传播。当前,多媒体载体的兴起,如视频在线播放软件、文件共享平台等,以其技术先进、操作简便快捷的特点,成为淫秽色情内容传播的新渠道。一些软件的分享激励机制鼓励用户共享淫秽色情文件,以换取更好的下载服务,这进一步加剧了问题的复杂性。

(三)传播技术更具隐蔽性

信息技术使淫秽色情信息的传播具有更强的隐蔽性。网盘等云存储服务在提供私密存储的同时,也增强了分享功能,使得淫秽色情内容能够在社交媒体上隐蔽传播,难以彻底清除。如不法分子利用网络存储空间存储淫秽内容,并设置密码以提取和下载,有效规避了监管。云端网盘、微博、微信的导流功能,以及服务器设在境外等技术手段,显著提升了互联网违法犯罪行为的隐蔽性。云存储技术的普及使得网络云盘成为淫秽色情内容的新传播渠道,用户通过注册和贩卖账户及密码,为这些内容的存储和传播提供了便利。而网络云盘的封闭性和私密性又让淫秽内容的传播更加隐蔽,用户通过微信群、QQ群等私密社交网络进行推销和引流,这种点对点的传播方式和渠道的密封性,大大增加了监管和查处的难度。此外,服务器设在境外或租用境外服务器,进一步隐匿了非法信息的来源,增加了追查和追究法律责任的难度。即使犯罪主体被查明,国际协作的障碍也使得他们能够轻易逃避法律制裁。在一些国家,色情信息的传播并未受到法律禁止,甚至对非极端性淫秽内容的传播持宽容态度。这导致大量涉及淫秽物品传播的犯罪分子选择在境外设立服务器,从而规避我国法律的打击。

---

① 中华人民共和国公安部网.公安部与美国警方联合摧毁全球最大中文淫秽色情网站联盟[EB/OL].(2011-08-25)[2025-3-10].https://www.mps.gov.cn/n2253534/n2253535/c4139458/content.html.

二、新媒体环境下淫秽色情信息传播的治理

随着互联网,尤其是移动互联网的快速发展,传播淫秽物品罪等信息传播类犯罪的主要渠道已经从线下转移到了线上。互联网的跨时空性、普遍性、高效性和匿名性等特点,使得网络传播淫秽物品的行为在数量上呈现高发态势,这不仅严重危害了网络生态,破坏了社会风气,还对未成年人的健康成长构成了威胁。新媒体环境下淫秽色情信息传播的治理可以采取以下措施。

(一)运用技术监管手段遏制淫秽色情信息传播

在新媒体环境下,为有效治理淫秽色情信息,强化技术监管措施至关重要。首先,应开发并应用先进的内容过滤技术,如人工智能和机器学习算法,自动识别并屏蔽淫秽色情内容。其次,建立实时监控系统,对网络平台上的有害信息进行持续不间断的监督,及时发现淫秽色情信息并处理。此外,鼓励平台之间共享黑名单和过滤规则,形成联合防控机制,提高治理效率。最后,完善用户举报机制,利用公众力量协助发现和清理淫秽色情信息。通过以上技术手段的综合运用,能够有效遏制淫秽色情信息的传播,净化网络环境。

(二)在网络空间治理中发挥国际组织的力量

当网络淫秽色情信息波及未成年人时,各国可以在保护未成年人免受网络淫秽色情信息侵害的问题上形成统一战线,通过多边安全对话与合作,开展深入的交流与讨论。联合国等国际组织在这一过程中扮演着关键角色,有助于各国形成统一的策略,制定保护未成年人的国际标准,并推动各国建立相应的法律规范,共同应对网络淫秽色情信息对未成年人的威胁。

在成年人领域的网络淫秽色情信息问题上,由于各国文化和立法的差异,可以基于"网络空间命运共同体"的理念,通过对话与协商来解决分歧,寻求合作共赢的途径。在网络空间的治理中,各国应尊重彼此的差异,寻求共同的利益,以促进网络空间的秩序维护,满足各方的发展需求。国际组织在协调各国立场、共享情报资源、联合打击网络违法犯罪活动方面发挥着不可或缺的作用。[①]如东南亚国家在东盟的框架下,就网络色情和网络卖淫问题召开了专题会议,制定了行为准则和机构间协调机制。国际组织可以通过举办专题研讨会等方式,促进各国在网络淫秽色情信息治理方面的合作,探索网络空间治理的共同利益,建立全球通用的互联网伦理体系。这样的国际合作不仅有助于提升网络空间的整体安全,也为全球网络治理提供了新的视角和解决方案。

---

① 范玉吉,郭琪.网络空间治理视阈下淫秽色情信息的网络传播规制研究[J].山西大同大学学报(社会科学版),2020(04):30-37.

（三）推动域外管辖权与法律互助方面的合作

在打击网络传播淫秽色情信息的过程中,我国面临着诸多挑战,其中包括服务器的跨境部署以及各国对淫秽色情信息态度的不一致等问题。这些因素给司法机关在境外取证和引渡犯罪嫌疑人带来了显著难题。由于国家主权原则的限制,刑罚的执行受到地域界限的约束,获取境外证据需要得到相关国家的许可,否则在境外进行刑事侦查活动将受限。为了有效收集证据,国际社会的合作与支持至关重要。各国应加强在域外管辖权和法律互助方面的合作,共同构建一个多层次、结构化的跨境取证制度框架,以实现国际社会的多元化互助与合作,有效应对网络空间的犯罪挑战。

◗ 结 语

传播淫秽物品罪作为破坏社会道德风尚的典型违法行为,其危害性不容小觑。这类犯罪行为通过散布淫秽色情信息,不仅直接触犯了社会的基本道德准则,更深层次地颠覆了正常的价值观念,对公众的心理健康产生了严重的负面影响。特别是对未成年群体而言,这类信息的传播构成了直接或潜在的多重风险:可能扭曲其性观念的形成过程,干扰健康人格的塑造,甚至诱发违法犯罪行为。本章通过对相关法律法规的系统梳理、典型案例的深入剖析以及新媒体环境下传播特点的全面探讨,揭示了治理淫秽色情信息的必要性与紧迫性。

从法律规范层面来看,我国已经构建起较为完善的禁止淫秽色情信息传播的法律体系。《刑法》《网络安全法》《未成年人保护法》等多部法律从不同角度对淫秽色情信息的制作、传播等行为作出了明确的禁止性规定。快播案等典型案例的司法裁判,进一步明确了网络服务提供者的安全管理义务,为同类案件的处理提供了重要参考。这些法律规范的确立和实施,为打击淫秽色情信息传播提供了有力的制度保障。

新媒体技术的迅猛发展使淫秽色情信息的传播呈现出新的特点,并带来新的挑战。一方面,其传播方式更加隐蔽多样,从传统的网站传播转向即时通信、短视频平台等新型传播渠道;另一方面,传播技术更加智能复杂,利用加密技术等手段逃避监管的情况日益突出。同时,跨境传播问题也日益凸显,给单一国家的治理工作带来困难。这些新特点使得传统的治理模式面临严峻挑战。

面对这些挑战,未来的治理工作需要构建多元协同的综合治理体系:在法律层面,要持续完善相关立法,特别是要针对新型传播方式和技术特点,及时填补法律空白;在技术层面,要研发更先进的智能识别和过滤系统,提升对加密内容、暗网传播等新型传播方式的监管能力;在国际合作层面,要推动建立跨境执法协作机制,加强信息共享和联合行动。特别需要重视的是未成年人保护机制的建设,要建立专门的防护系统,为未成年人营造安全的网络环境。

只有通过法律、技术与国际合作的协同努力,构建起全方位、多层次的治理体系,才能有效遏制淫秽色情信息的传播,切实保护未成年人健康成长,维护社会道德秩序,最终实现构建健康和谐网络环境的目标。这不仅是法治建设的需要,更是保护青少年健康成长、促进社会文明进步的重要举措。

🔘 思考题

1. 我国淫秽色情的法律认定标准有哪些?
2. 禁止淫秽色情信息传播的原因有哪些?
3. 新媒体环境下淫秽色情信息的传播特点有哪些?
4. 新媒体环境下如何对淫秽色情信息传播进行治理?

第九章

广告传播与法律规制

◆ 学习目标

1. 了解我国广告法律体系的基本框架,理解《广告法》与相关配套法规的内容。

2. 掌握广告主体的权利义务及广告内容的基本准则,特别是对特殊商品广告的规范要求。

3. 认识互联网广告的新形态及其带来的法律挑战。

◆ 本章概述

本章首先对我国广告法律法规体系进行了介绍,涵盖法律、行政法规及部门规章等多层次规范性文件。随后重点解析《广告法》的核心内容,包括广告主体资格、广告发布的基本准则、广告内容的合法性与真实性要求,凸显了广告传播必须遵循的底线与原则。在此基础上,本章进一步延伸至互联网广告的新兴问题,围绕网络弹窗、搜索引擎与信息流广告、网络直播带货以及生成式人工智能广告营销的风险进行专门论述,探讨了数字环境下广告监管面临的新挑战与规制路径。

第一节　广告法律法规体系

20世纪80年代以来,我国广告业快速发展,成为市场经济不可或缺的一环,深刻影响着公众的消费观念和生活方式,与此同时也暴露出许多不容回避的问题。虚假宣传、低俗内容、侵犯隐私等不良广告现象屡见不鲜,不仅损害了消费者的合法权益,也扰乱了市场秩序,破坏了社会公序良俗。广告行业的发展,助推我国广告法制建设,如《广告管理暂行条例》《广告管理条例》和《中华人民共和国广告法》(以下简称《广告法》)相继发布。《广告法》对广告主体、广告基本准则、广告内容准则、广告行为规范等方面进行了全面的规范。除了《广告法》对广告活动进行法律规范以外,我国形成了以《广告法》为核心,相关法律、规范性文件和广告行业自律规范为补充的广告法律法规体系建设。

广告法律法规体系指广告治理所依据的与广告相关的法律法规的总称,主要包括三个部分:一是广告行业基本法《广告法》,二是与广告具有一定关联的其他法律,三是法律以外的相关规范性文件。以下先介绍相关法律及规范性文件,《广告法》在下一节集中介绍。

一、相关法律

为了规范广告活动,促进广告业的健康发展,保护消费者的合法权益,维护社会经济秩序,发挥广告在社会主义市场经济中的积极作用,1994年10月27日,第八届全国人民代表大会常务委员会第十次会议通过《广告法》,于1995年2月1日正式施行。至此,中国广告法治化进程进入新阶段。随着我国广告业的迅速发展,广告发布的媒介和形式发生了较大变化,广告业的经营环境发生了很大变化,我国《广告法》先后经历了2015年的重新修订、2018年和2021年的局部修正,本章以2021年最新修订的《广告法》作为内容依据。2021年最新修订的《广告法》共六章,七十四条内容。[1]

除了《广告法》,我国还有很多与广告行业、广告活动相关的其他法律文件。本章具体介绍《中华人民共和国反不正当竞争法》(以下简称《反不正当竞争法》)、《中华人民共和国消费者权益保护法》(以下简称《消费者权益保护法》)、《中华人民共和国食品安全法》(以下简称《食品安全法》)、《中华人民共和国商标法》(以下简称《商标法》)、《中华人民共和国电子商务法》(以下简称《电子商务法》)、《中华人民共和国个人信息保护法》(以下简称《个人信息保护法》),以及这些法律与广告营销有关的规定。

为了促进社会主义市场经济健康发展,鼓励和保护公平竞争,制止不正当竞争行为,保护经营者和消费者的合法权益,1993年9月2日第八届全国人民代表大会常务委员会第三次会议通过《反不正当竞争法》,1993年12月1日起执行,后经2017年第一次修订、2019年修正、2025年第二次修订。《反不正当竞争法》中第九条规定:"经营者不得对其商品的性能、功能、质量、销售状况、用户评价、曾获荣誉等作虚假或者引人误解的商业宣传,欺骗、误导消费者和其他经营者。经营者不得通过组织虚假交易、虚假评价等方式,帮助其他经营者进行虚假或者引人误解的商业宣传";第十二条规定:"经营者不得编造、传播或指使他人编造、传播虚假信息或者误导性信息,损害其他经营者的商业信誉、商品声誉。"[2]

1993年10月31日第八届全国人民代表大会常务委员会第四次会议通过《消费者权益保护法》,1994年1月1日起施行,后经2009年和2013年两次修正。《消费者权益保护法》第四十五条规定:"消费者因经营者利用虚假广告或者其他虚假宣传方式提供商品或者服务,其合法权益受到损害的,可以向经营者要求赔偿。广告经营者、发布者发布虚假广告的,消费者

① 国家法律法规数据库.中华人民共和国广告法[DB/OL].(2021-04-29)[2025-03-15].https://flk.npc.gov.cn/detail2.html?ZmY4MDgxODE3YWIyMzFlYjAxN2FiZDZiZDg2MDA1MmQ.

② 中国人大网.中华人民共和国反不正当竞争法[EB/OL].(2025-06-27)[2025-07-29].http://www.npc.gov.cn/npc/c2/c30834/202506/t20250627_446247.html.

可以请求行政主管部门予以惩处。广告经营者、发布者不能提供经营者的真实名称、地址和有效联系方式的,应当承担赔偿责任。广告经营者、发布者设计、制作、发布关系消费者生命健康商品或者服务的虚假广告,造成消费者损害的,应当与提供该商品或者服务的经营者承担连带责任。社会团体或者其他组织、个人在关系消费者生命健康商品或者服务的虚假广告或者其他虚假宣传中向消费者推荐商品或者服务,造成消费者损害的,应当与提供该商品或者服务的经营者承担连带责任。"①

《食品安全法》的制定是为了保证食品安全、保障公众身体健康和生命安全。2009年2月28日第十一届全国人民代表大会常务委员会第七次会议通过,2009年6月1日起施行。至今经历2015年、2018年、2021年三次修订或修正。《食品安全法》第七十三条第一款规定:"食品广告的内容应当真实合法,不得含有虚假内容,不得涉及疾病预防、治疗功能。食品生产经营者对食品广告内容的真实性、合法性负责。"第七十九条规定:"保健食品广告除应当符合本法第七十三条第一款的规定外,还应当声明'本品不能代替药物';其内容应当经生产企业所在地省、自治区、直辖市人民政府食品安全监督管理部门审查批准,取得保健食品广告批准文件。省、自治区、直辖市人民政府食品安全监督管理部门应当公布并及时更新已经批准的保健食品广告目录以及批准的广告内容。"②

《商标法》的制定是为了加强商标管理,保护商标专用权,促使生产经营者保证商品和服务质量,维护商标信誉,以保障消费者和生产、经营者的利益,促进社会主义市场经济的发展。《商标法》于1982年8月23日在第五届全国人大常委会第二十四次会议通过,1983年3月1日起施行。至今经历1993年、2001年、2013年、2019年四次修正。《商标法》第十四条第五款规定:"生产、经营者不得将'驰名商标'字样用于商品、商品包装或者容器上,或者用于广告宣传、展览以及其他商业活动中。"第四十八条规定:"本法所称商标的使用,是指将商标用于商品、商品包装或者容器以及商品交易文书上,或者将商标用于广告宣传、展览以及其他商业活动中,用于识别商品来源的行为。"③

《电子商务法》的制定是为了保障电子商务各方主体的合法权益,规范电子商务行为,维护市场秩序,促进电子商务持续健康发展。《电子商务法》于2018年8月31日经第十三届全国人大常委会第五次会议表决通过,2019年1月1日起施行。《电子商务法》第四十条规定:"电子商务平台经营者应当根据商品或者服务的价格、销量、信用等以多种方式向消费者显示商品或者服务的搜索结果;对于竞价排名的商品或者服务,应当显著标明'广告'"。④

《个人信息保护法》的制定是为了保护个人信息权益,规范个人信息处理活动,促进个人

① 中国政府网.中华人民共和国消费者权益保护法[EB/OL].(2013-10-25)[2025-01-26].https://www.gov.cn/jrzg/2013-10/25/content_2515601.htm.

② 国家法律法规数据库.中华人民共和国食品安全法[DB/OL].(2021-04-29)[2025-03-15].https://flk.npc.gov.cn/detail2.html?ZmY4MDgxODE3YWIyMmUwYzAxN2FiZDhkODVhMjA1ZjE.

③ 中国政府网.中华人民共和国商标法[EB/OL].(2020-12-24)[2025-03-15].https://www.gov.cn/guoqing/2020-12/24/content_5572941.htm.

④ 中国人大网.中华人民共和国电子商务法[EB/OL].(2018-08-31)[2025-03-15].http://www.npc.gov.cn/zgrdw/npc/xinwen/2018-08/31/content_2060172.htm.

信息的合理利用。《个人信息保护法》于2021年8月20日经第十三届全国人大常委会第三十次会议表决通过，2021年11月1日起施行。《个人信息保护法》要求进一步落实"告知-同意"规则，不过度收集消费者个人信息，严格限制对敏感个人信息的处理，禁止大数据杀熟，互联网平台要保护好用户个人信息等。如第五条规定："处理个人信息应当遵循合法、正当、必要和诚信原则，不得通过误导、欺诈、胁迫等方式处理个人信息"。第二十四条第一款规定："个人信息处理者利用个人信息进行自动化决策，应当保证决策的透明度和结果公平、公正，不得对个人在交易价格等交易条件上实行不合理的差别待遇"，这条规定意味着禁止大数据杀熟。第二十八条对敏感个人信息进行了详细界定："敏感个人信息是一旦泄露或者非法使用，容易导致自然人的人格尊严受到侵害或者人身、财产安全受到危害的个人信息，包括生物识别、宗教信仰、特定身份、医疗健康、金融账户、行踪轨迹等信息，以及不满十四周岁未成年人的个人信息。只有在具有特定的目的和充分的必要性，并采取严格保护措施的情形下，个人信息处理者方可处理敏感个人信息。"[①]

二、规范性文件

规范性文件即法律以外的其他具有约束力的文件，指行政机关或法律、法规授权的具有管理公共事务职能的组织，在法定职权范围内，依照法定程序制定并公开发布的，针对特定事项，涉及或者影响公民、法人或者其他组织权利义务，在一定时间内相对稳定、具有普遍约束力的行政规范文件的总称，包括条例、规定、办法等。[②]本章将规范性文件分为早期广告规范性文件、特殊商品广告规范性文件和互联网广告规范性文件。以下仅介绍特殊商品广告规范性文件和互联网广告规范性文件。

（一）特殊商品广告规范性文件

除了《广告法》第十五到二十七条的内容对特殊商品广告进行了详细规范以外，我国还有专门针对特殊商品广告的规范性文件。如《医疗广告管理办法》《药品、医疗器械、保健食品、特殊医学用途配方食品广告审查管理暂行办法》《农药广告审查发布规定》《兽药广告审查发布规定》《房地产广告发布规定》《公益广告促进和管理暂行办法》《医疗美容广告执法指南》等，具体内容如下。

其一，为加强医疗广告管理，保障人民身体健康，制定《医疗广告管理办法》。本办法共23条，对医疗广告的发布程序、审核要求、内容规范等做了全面规范。其二，为加强药品、医疗器械、保健食品和特殊医学用途配方食品广告监督管理，规范广告审查工作，维护广告市场秩序，保护消费者合法权益，制定《药品、医疗器械、保健食品、特殊医学用途配方食品广告审查管理暂行办法》。本办法共34条，对药品、医疗器械、保健食品和特殊医学用途配方食

① 中国政府网.中华人民共和国信息保护法[EB/OL].(2021-08-20)[2025-03-15].https://www.gov.cn/xinwen/2021-08/20/content_5632486.htm.

② 常燕民.广告法规与治理[M].北京:社会科学文献出版社,2023:43.

品广告的审查机关、审查程序、审查内容等作了全面规范。其三,为了保证农药和兽药广告的真实、合法、科学,制定《农药广告审查发布规定》和《兽药广告审查发布规定》。前者共14条,对农药广告的内容和发布作了全面规范;后者共13条,对兽药广告的内容和发布做了全面规范。其四,为了保证房地产广告的真实性与合法性,维护房地产领域消费者的合法权益,制定了《房地产广告发布规定》。本规定共22条,对房地产广告的发布原则、发布内容、发布形式等作了全面规范。其五,为了促进公益广告事业发展,规范公益广告管理,发挥公益广告在社会主义经济建设、政治建设、文化建设、社会建设、生态文明建设中的积极作用,制定《公益广告促进和管理暂行办法》。本办法共16条,对促进公益广告事业发展,规范公益广告管理起了积极作用。其六,为规范和加强医疗美容广告监管,有效维护医疗美容广告市场秩序,保护消费者合法权益,制定《医疗美容广告执法指南》。指南共10条,涉及重点打击的有9种医疗美容广告乱象,并禁止利用患者、医生形象作推荐证明。

(二)互联网广告规范性文件

随着中国互联网三次发展大潮及相关新媒体产品的出现,《互联网信息搜索服务管理规定》《网络直播营销管理办法(试行)》《互联网弹窗信息推送服务管理规定》《互联网广告管理办法》等广告规范性文件相继发布。

1.《互联网信息搜索服务管理规定》

由国家互联网信息办公室发布的《互联网信息搜索服务管理规定》,自2016年8月1日起施行,包括13条内容。首先,《互联网信息搜索服务管理规定》明确互联网信息搜索服务的定义,是指运用计算机技术从互联网上搜集、处理各类信息供用户检索的服务。此外,《互联网信息搜索服务管理规定》强调互联网信息搜索服务提供者应当落实主体责任,建立健全信息审核、公共信息实时巡查等信息安全管理制度。[①]

2.《网络直播营销管理办法(试行)》

由国家互联网信息办公室、公安部、商务部、文化和旅游部、国家税务总局、国家市场监督管理总局、国家广播电视总局等七部门联合发布的《网络直播营销管理办法(试行)》自2021年5月25日起施行。《网络直播营销管理办法(试行)》包括五章30条内容,分别对直播营销平台、直播间运营者和直播营销人员等进行了规范。如针对直播间运营者和直播营销人员,分别就年龄限制、行为规范、广告责任、场所限制、互动管理、肖像权等方面进行了规定。[②]

3.《互联网弹窗信息推送服务管理规定》

由国家互联网信息办公室发布的《互联网弹窗信息推送服务管理规定》自2022年9月30日起施行,是旨在规范弹窗服务,保护用户权益,促进健康发展的部门规章文件,共10条内

① 中国网信网.互联网信息搜索服务管理规定[EB/OL].(2016-06-25)[2025-02-05].https://www.cac.gov.cn/2016-06/25/c_1119109085.htm.

② 中国政府网.网络直播营销管理办法(试行)[EB/OL].(2021-04-23)[2025-03-15].https://www.gov.cn/zhengce/zhengceku/2021-04/23/content_5601682.htm.

容。首先,明确互联网弹窗信息推送服务定义,即通过操作系统、应用软件、网站等,以弹出消息窗口形式向互联网用户提供的信息推送服务。互联网弹窗信息推送服务提供者是指提供互联网弹窗信息推送服务的组织或个人。此外,《互联网弹窗信息推送服务管理规定》的核心内容是提出9条规范推送行为,涉及内容生态、资质管理、新闻推送、信息多样性、审核流程、用户权益、算法设置、广告推送和杜绝引流。最后,强调强化社会监督、鼓励行业自律、建立监管机制和明确法律责任。①

4.《互联网广告管理办法》

2023年2月25日,《互联网广告管理办法》由国家市场监督管理总局令第72号公布,并于5月1日起施行。随着互联网技术发展和广告模式创新,2016年原工商行政管理总局制定的《互联网广告管理暂行办法》已难以适应互联网广告监管执法和行业发展实际,在法律依据、监管思路和方式、主体责任明确等方面都需要作出调整和完善。《互联网广告管理办法》明确了广告主、广告发布者、广告经营者及互联网平台经营者四方的主体责任。如第十三条规定:"广告主应当对互联网广告内容的真实性负责",包括"主体资格、行政许可、引证内容等应当符合法律法规的要求","广告主自行发布互联网广告的,广告发布行为应当符合法律法规的要求,建立广告档案并及时更新。相关档案保存时间自广告发布行为终了之日起不少于三年。广告主委托发布互联网广告,修改广告内容时应当以书面形式或者其他可以被确认的方式,及时通知为其提供服务的广告经营者、广告发布者"。第十四条规定:"广告经营者、广告发布者应当按照……规定,建立、健全和实施互联网广告业务的承接登记、审核、档案管理制度"。第十六条规定:"互联网平台经营者在提供互联网信息服务过程中应当采取措施防范、制止违法广告,并遵守……规定。"②

第二节　《广告法》的相关规定

本节聚焦《广告法》中有关广告主体、广告基本准则、广告内容准则方面的规定。

一、广告主体

广告主体包括广告主、广告经营者、广告发布者、广告代言人和互联网信息服务提供者五类。《广告法》第二条规定:"广告主,是指为推销商品或者服务,自行或者委托他人设计、制

① 中国政府网.互联网弹窗信息推送服务管理规定.(2022-09-09)[2025-03-15].https://www.gov.cn/zhengce/zhengceku/2022-09/09/content_5709179.htm.
② 国家市场监督管理总局.互联网广告管理办法.(2023-02-25)[2025-01-26].https://www.samr.gov.cn/zw/zfxxgk/fdzdgknr/fgs/art/2023/art_d93a579afd45413e8576e4623fab348f.html.

作、发布广告的自然人、法人或者其他组织;广告经营者,是指接受委托提供广告设计、制作、代理服务的自然人、法人或者其他组织;广告发布者,是指为广告主或者广告主委托的广告经营者发布广告的自然人、法人或者其他组织……广告代言人,是指广告主以外的,在广告中以自己的名义或者形象对商品、服务作推荐、证明的自然人、法人或者其他组织。"此外,《广告法》第四十五条将互联网信息服务提供者纳入广告主体的范围①,"公共场所的管理者或者电信业务经营者、互联网信息服务提供者对其明知或者应知的利用其场所或者信息传输、发布平台发送、发布违法广告的,应当予以制止"。

二、广告基本准则

广告基本原则有真实原则、公平原则和思想性原则。其中真实原则体现在《广告法》第四条规定中,即"广告不得含有虚假或者引人误解的内容,不得欺骗、误导消费者。广告主应当对广告内容的真实性负责"。本条是关于广告主对广告内容真实性负责以及禁止虚假广告的规定。公平原则体现在第五条规定"广告主、广告经营者、广告发布者从事广告活动,应当遵守法律、法规,诚实信用,公平竞争"上。思想性原则体现在第三条规定"以健康的表现形式表达广告内容,符合社会主义精神文明建设和弘扬中华民族优秀传统文化的要求"上。"广告不仅仅是一种市场营销传播经济信息的手段,从根本上说,它也是一种商业文化,属于社会意识形态的范畴。广告宣传所表现出来的思想性,对消费者的道德、观念、价值取向起着潜移默化的作用。"②

三、广告内容准则

《广告法》的广告内容准则部分涉及广告内容的一般准则;广告中不得出现的内容列举;药品、医疗器械、保健食品、兽药、饲料、饲料添加剂、烟草、酒类、教育、培训、房地产、种养殖等特殊商品广告及虚假广告的规定。

(一) 广告内容的一般准则

1. 广告表述要求

广告活动应遵守真实性原则,广告内容表述应准确、清晰、明白。《广告法》第八条规定:"广告中对商品的性能、功能、产地、用途、质量、成分、价格、生产者、有效期限、允诺等或者对服务的内容、提供者、形式、质量、价格、允诺等有表示的,应当准确、清楚、明白。广告中表明推销的商品或者服务附带赠送的,应当明示所附带赠送商品或者服务的品种、规格、数量、期限和方式。法律、行政法规规定广告中应当明示的内容,应当显著、清晰表示。"

① 姚志伟.平台之治:论网络时代的广告法[J].浙江大学学报(人文社会科学版),2017(06):121-133.
② 张龙德,姜智彬,王琴琴.中外广告法规研究[M].上海:上海交通大学出版社,2008:64.

2. 广告中使用数据的要求

广告的内容可能涉及多种学科的知识和资料,且广告中使用数据、统计资料、调查结果、文摘、引用语等在一定程度上能增强广告的说服力,扩大商品或服务的影响力。但是引证内容不真实或使用时不表明出处,很容易造成消费者误解。[①]为了规范广告引用中有关数据的问题,《广告法》第十一条规定:"广告内容涉及的事项需要取得行政许可的,应当与许可的内容相符合。广告使用数据、统计资料、调查结果、文摘、引用语等引证内容的,应当真实、准确,并表明出处。引证内容有适用范围和有效期限的,应当明确表示。"再如《广告法》第十二条规定:"广告中涉及专利产品或者专利方法的,应当标明专利号和专利种类。未取得专利权的,不得在广告中谎称取得专利权。禁止使用未授予专利权的专利申请和已经终止、撤销、无效的专利作广告。"

3. 广告标记要求

实践中,有的大众传播媒体以新闻报道形式发布广告,混淆了广告和新闻的界限,如以通讯、评论、消息、人物专访、专家访谈、纪实报道、报告文学、专家咨询、科普宣传等形式发布广告;或者是不标明"广告"标记,而使用"专版""专题""企业形象"等非广告标记;或者是在新闻报道中标明企业的详细地址、邮编、电话、电子邮箱等联系方式,变相为企业进行商业宣传。这种做法滥用了社会公众对新闻的信任,容易误导社会公众,损害消费者的利益。[②]随着互联网的发展,搜索引擎广告、信息流广告及自媒体软文广告都需要有明确的广告标记,以免误导消费者。

《广告法》第十四条规定:"广告应当具有可识别性,能够使消费者辨明其为广告。大众传播媒介不得以新闻报道形式变相发布广告。通过大众传播媒介发布的广告应当显著标明'广告',与其他非广告信息相区别,不得使消费者产生误解。广播电台、电视台发布广告,应当遵守国务院有关部门关于时长、方式的规定,并应当对广告时长作出明显提示。"此外,随着互联网的发展,《广告法》专门对互联网广告标记也作出了要求。如第四十四条规定:"利用互联网发布、发送广告,不得影响用户正常使用网络。在互联网页面以弹出等形式发布的广告,应当显著标明关闭标志,确保一键关闭。"

(二)广告中不得出现的内容列举

根据我国的《国旗法》《国徽法》《保密法》《宪法》等相关法律规定,《广告法》第九条详细规定了广告内容不得出现的11种情形:①使用或者变相使用中华人民共和国的国旗、国歌、国徽,军旗、军歌、军徽;②使用或者变相使用国家机关、国家机关工作人员的名义或者形象;③使用"国家级""最高级""最佳"等用语;④损害国家的尊严或者利益,泄露国家秘密;⑤妨碍社会安定,损害社会公共利益;⑥危害人身、财产安全,泄露个人隐私;⑦妨碍社会公共秩序或者违背社会良好风尚;⑧含有淫秽、色情、赌博、迷信、恐怖、暴力的内容;⑨含有民族、种

---

① 刘双舟,杨乐.互联网广告法律问题研究[M].北京:中国政法大学出版社,2018:71.

② 中华人民共和国广告法:案例注释版[M].北京:中国法制出版社,2024:16.

族、宗教、性别歧视的内容;⑩妨碍环境、自然资源或者文化遗产保护;(11)法律、行政法规规定禁止的其他情形。

（三）特殊商品广告规定

这部分涉及内容比较多,重点介绍"医疗、药品、医疗器械广告""保健食品广告""烟草广告""酒类广告""教育培训广告"和"房地产广告"6个类别。

1. 医疗、药品、医疗器械广告

2024年4月24日,北京交个朋友数码科技有限公司因违反《广告法》规定,发布医疗、药品、医疗器械广告,被上海市市场监督管理局没收广告费用292926.1元,并处广告费用一倍罚款,罚没款共计58万余元。[①]《广告法》第十六条规定:"医疗、药品、医疗器械广告不得含有下列内容:(一)表示功效、安全性的断言或者保证;(二)说明治愈率或者有效率;(三)与其他药品、医疗器械的功效和安全性或者其他医疗机构比较;(四)利用广告代言人作推荐、证明;(五)法律、行政法规规定禁止的其他内容。"药品广告的内容不得与国务院药品监督管理部门批准的说明书不一致,并应当显著标明禁忌、不良反应。处方药广告应当显著标明"本广告仅供医学药学专业人士阅读",非处方药广告应当显著标明"请按药品说明书或者在药师指导下购买和使用"。推荐给个人自用的医疗器械的广告,应当显著标明"请仔细阅读产品说明书或者在医务人员的指导下购买和使用"。医疗器械产品注册证明文件中有禁忌内容、注意事项的,广告中应当显著标明"禁忌内容或者注意事项详见说明书"。

2. 保健食品广告

保健食品是指具有特定保健功能,适宜于特定人群,具有调节机体功能,不以治疗疾病为目的的食品。保健食品与人的身体健康密切相关,世界各国都将其列入特殊商品和服务,并制定严格的广告发布标准,以确保广告的真实、可靠,不对消费者进行误导。[②]《广告法》第十八条规定:"保健食品广告不得含有下列内容:(一)表示功效、安全性的断言或者保证;(二)涉及疾病预防、治疗功能;(三)声称或者暗示广告商品为保障健康所必需;(四)与药品、其他保健食品进行比较;(五)利用广告代言人作推荐、证明;(六)法律、行政法规规定禁止的其他内容。"此外,保健食品广告应当显著标明"本品不能代替药物"。

3. 烟草广告

烟草广告指烟草制品生产者或者经销者发布的,含有烟草企业名称标识,烟草制品名称、商标、包装、装潢等内容的广告。《广告法》第二十二条规定:"禁止在大众传播媒介或者公共场所、公共交通工具、户外发布烟草广告。禁止向未成年人发送任何形式的烟草广告。禁止利用其他商品或者服务的广告、公益广告,宣传烟草制品名称、商标、包装、装潢以及类似内容。烟草制品生产者或者销售者发布的迁址、更名、招聘等启事中,不得含有烟草制品名

① 罗永浩团队直播翻车! 交个朋友违法发布医疗广告被罚没超58万元[EB/OL].(2024-05-08)[2025-03-15]. https://baijiahao.baidu.com/s?id=1798387540500676325&wfr=spider&for=pc.

② 刘双舟,杨乐.互联网广告法律问题研究[M].北京:中国政法大学出版社,2018:74.

称、商标、包装、装潢以及类似内容。"总之,广泛禁止烟草广告。这与全球性的烟草控制有关,2003年,世界卫生组织通过了《烟草控制框架公约》,要求成员国"全面禁止烟草广告、促销和赞助"。我国于2005年正式批准了《烟草控制框架公约》,按要求,我国最迟应2011年1月起,履行这一国际公约规定的义务。因此,在2015年《广告法》修订之前,就已经出台了有关烟草广告的禁止性规定、命令性规定和行政许可等规定。①

4. 酒类广告

酒是一种特殊的食品,在一定条件下会损害人的身体健康。酒类广告指含有酒类商品名称、商标、包装、制酒企业名称等内容的广告。《广告法》同样对酒类广告作出了严格限制。《广告法》第二十三条规定:"酒类广告不得含有下列内容:(一)诱导、怂恿饮酒或者宣传无节制饮酒;(二)出现饮酒的动作;(三)表现驾驶车、船、飞机等活动;(四)明示或者暗示饮酒有消除紧张和焦虑、增加体力等功效。"

5. 教育培训广告

教育培训广告中禁止出现保证性承诺,因为教育培训的效果受到考核难度变化,教育、培训师资差异,接受培训方的基础、学习态度差异等多方面的因素影响,一般不可能达到所承诺的效果。此外,很多主管机构都明确规定,考试机构及工作人员、考试命题人员不得参与该考试相关的教育、培训活动。最后,在广告中利用科研单位学术机构、教育机构、行业协会、专业人士、受益者的名义或者形象作推荐、证明,容易使消费者产生盲目相信的心理,并可能造成误导。②《广告法》第二十四条规定:"教育、培训广告不得含有下列内容:(一)对升学、通过考试、获得学位学历或者合格证书,或者对教育、培训的效果作出明示或者暗示的保证性承诺;(二)明示或者暗示有相关考试机构或者其工作人员、考试命题人员参与教育、培训;(三)利用科研单位、学术机构、教育机构、行业协会、专业人士、受益者的名义或者形象作推荐、证明。"

6. 房地产广告

房地产广告,是指房地产开发企业、房地产权利人、房地产中介服务机构发布的房地产项目预售、预租、出售、出租、项目转让以及其他房地产项目介绍的广告。《广告法》第二十六条规定:"房地产广告,房源信息应当真实,面积应当表明为建筑面积或者套内建筑面积,并不得含有下列内容:(一)升值或者投资回报的承诺;(二)以项目到达某一具体参照物的所需时间表示项目位置;(三)违反国家有关价格管理的规定;(四)对规划或者建设中的交通、商业、文化教育设施以及其他市政条件作误导宣传。"

(四)虚假广告规定

广告以虚假或者引人误解的内容欺骗、误导消费者的,构成虚假广告。《广告法》第二十

---

① 刘双舟.《广告法》修订后的十大变化[J].青年记者,2015(16):17-20.
② 中华人民共和国广告法:案例注释版[M].北京:中国法制出版社,2024:36-37.

八条列举了虚假广告的5种典型情形：①商品或者服务不存在的；②商品的性能、功能、产地、用途、质量、规格、成分、价格、生产者、有效期限、销售状况、曾获荣誉等信息，或者服务的内容、提供者、形式、质量、价格、销售状况、曾获荣誉等信息，以及与商品或者服务有关的允诺等信息与实际情况不符，对购买行为有实质性影响的；③使用虚构、伪造或者无法验证的科研成果、统计资料、调查结果、文摘、引用语等信息作证明材料的；④虚构使用商品或者接受服务的效果的；⑤以虚假或者引人误解的内容欺骗、误导消费者的其他情形。此外，在《广告法》的法律责任部分，第五十五条、第五十六条中明确了虚假广告行为的行政责任、刑事责任和民事责任。《广告法》极大地完善了虚假广告的治理制度，增强了执法的可操作性，有利于对虚假广告的查处和打击。

虚假广告是《广告法》重点规制的违法广告类型。既有研究对45起典型违法广告进行分析发现，虚假广告占比60%，稳居第一位，并认为虚假广告之所以占据这么大的比例，主要有两方面的原因。一是立法技术的提升，《广告法》细化了"虚假广告"的5种类型，执法机构在认定虚假广告时变得容易了。二是立法宗旨的落地。之所以要投入这么大人力、物力和财力制定以及修订《广告法》，最主要的原因就是要遏制虚假广告，《广告法》第三条和第四条给出了原则性规定，后面的条款中又配合了一系列具体认定和处罚规定，进一步增强了法律的可操作性。[①]

第三节　互联网广告规范

互联网广告快速发展的同时，互联网广告乱象的蔓延趋势也在加剧，亟需《广告法》、相关法律、规范性文件及广告行业自律规范的共同制约。本节重点关注网络弹窗广告、搜索引擎与信息流广告、网络直播带货的规范及生成式人工智能的广告营销风险。

一、网络弹窗广告

网络弹窗广告最早诞生于20世纪90年代，是由麻省理工学院公民媒体中心主任、麻省理工学院媒体实验室学者伊凡·佐克曼（Ethan Zuckerman）发明。佐克曼的最初设想是通过对网络用户的个人主页进行分析，相对应地发送有针对性的广告，而且每个广告都以独立的网络页面形式呈现，这就是网络弹窗式广告的初衷。弹窗式广告相比于其他网络广告形式，比如嵌入式广告，更加容易吸引受众的注意力，但是传播效果不一定是最好的。弹窗式广告

---

① 窦锋昌.新《广告法》的规制效果与规制模式转型研究——基于45起典型违法广告的分析[J].新闻大学,2018(05):109-116,151-152.

从产生之初就受到社会各界的广泛诟病,一是这种"不请自来"的弹出形式影响了网络用户的上网体验;二是弹窗广告的生存和发展依赖于对网络用户网页浏览信息和其他个人基本信息的监控,这在一定程度上对网络用户的个人隐私造成了侵犯。[1]三是弹窗广告在内容和形式上向多样化、低俗化、色情化、欺骗性方向发展,出现在各种网页、软件、邮件、视频、游戏中的弹窗广告,发展成为搭载软件安装、色情传播、木马诈骗等多种功能的界面。

当前,我国的《广告法》《互联网弹窗信息推送服务管理规定》及《互联网广告管理办法》均对网络弹窗广告作出了规范。如《广告法》第四十四条规定:"利用互联网发布、发送广告,不得影响用户正常使用网络。在互联网页面以弹出等形式发布的广告,应当显著标明关闭标志,确保一键关闭。"《互联网弹窗信息推送服务管理规定》第五条第八款规定:"弹窗推送广告信息的,应当具有可识别性,显著标明'广告'和关闭标志,确保弹窗广告一键关闭。"其第九款还规定:"不得以弹窗信息推送方式呈现恶意引流跳转的第三方链接、二维码等信息,不得通过弹窗信息推送服务诱导用户点击,实施流量造假、流量劫持。"[2]

《互联网广告管理办法》中也有关于网络弹窗广告的规范内容。如第十条规定:"以弹出等形式发布互联网广告,广告主、广告发布者应当显著标明关闭标志,确保一键关闭,不得有下列情形:(一)没有关闭标志或者计时结束才能关闭广告;(二)关闭标志虚假、不可清晰辨识或者难以定位等,为关闭广告设置障碍;(三)关闭广告须经两次以上点击;(四)在浏览同一页面、同一文档过程中,关闭后继续弹出广告,影响用户正常使用网络;(五)其他影响一键关闭的行为";并且规定"启动互联网应用程序时展示、发布的开屏广告适用前款规定"。且第二十六条规定"违反本办法第十条规定,以弹出等形式发布互联网广告,未显著标明关闭标志,确保一键关闭的,依照广告法第六十二条第二款规定予以处罚。"[3]

二、搜索引擎与信息流广告

由于搜索引擎广告和信息流广告面临相似的广告规范问题,即广告内容的隐匿性,因此将两者放在一起讨论其标识性问题。

搜索引擎广告具有搜索的主动性、形式的多样性、受众的精准性等特征,已发展成为一种重要的网络广告形式。[4]较之传统媒体和网络广告的其他形式,搜索引擎广告的成本非常低廉。比如竞价排名广告是按点击次数付费,点击之前的广告浏览不计费,而且每次点击的费用和每天最高限额是自主设定的,并可以随时改变设置、暂停或取消广告活动,这种低成

① 景凯洋.网络弹窗广告的伦理与规范问题研究[J].法制与社会,2018(23):154-155.
② 中国政府网.互联网弹窗信息推送服务管理规定[EB/OL].(2022-09-09)[2025-03-15].https://www.gov.cn/zhengce/zhengceku/2022-09/09/content_5709179.htm.
③ 国家市场监督管理总局.互联网广告管理办法[EB/OL].(2023-02-25)[2025-01-26].https://www.samr.gov.cn/zw/zfxxgk/fdzdgknr/fgs/art/2023/art_d93a579afd45413e8576e4623fab348f.html.
④ 徐丹.网络搜索引擎广告的创新传播策略[J].青年记者,2018(05):109-110.

本的广告运作特别适合经济实力有限的中小企业。①然而,搜索引擎广告诞生以来也面临很多问题,最突出的问题是竞价排名广告信息与正常信息界限混淆,信息搜索结果无法以一种公平的方式呈现在用户面前,通常首先排列的是广告信息,而不是正常信息。②如2016年的"魏则西事件",将百度竞价排名广告推上风口浪尖。

　　信息流广告是针对不同用户群体属性对用户喜好和特点进行智能推广的广告形式,其最为直观的展现形式是镶嵌在社交媒体的信息流之中。③信息流广告在形式上包括视频信息流广告和图文信息流广告两种主要的类型。信息流广告也叫原生广告,之所以成为一种趋势,是因为它的运作模式可以很好地融入用户的产品使用过程,不会像弹窗广告那样带来骚扰。社交媒体信息流广告最早于2006年出现在Facebook上,随后Twitter、Instagram以及国内的QQ空间、微博、微信、今日头条及抖音、快手等平台也相继推出信息流广告。例如,2015年1月,微信团队开始在朋友圈测试广告,首发的是宝马汽车、vivo智能手机、可口可乐的信息流广告。这类广告以类似朋友圈原创内容的形式出现,形态比较原生,不会对用户的社交活动造成影响。该广告同样有头像和名称,可以进行点赞、评论、转发等互动操作,赋予了用户极大的参与权利,也可作为数据积累加强微信对用户的了解,只是在右上角会标明"广告"二字。用户可以选择主动屏蔽,当点击"我不感兴趣"按钮时,该条广告将不会再出现在朋友圈,避免广告对用户造成骚扰。④

　　目前,我国的《互联网信息搜索服务管理规定》及《互联网广告管理办法》均对搜索引擎广告和信息流广告做出了相关规定。《互联网信息搜索服务管理规定》第十一条涉及搜索引擎广告的部分强调"互联网信息搜索服务提供者提供付费搜索信息服务,应当依法查验客户有关资质,明确付费搜索信息页面比例上限,醒目区分自然搜索结果与付费搜索信息,对付费搜索信息逐条加注显著标识。互联网信息搜索服务提供者提供商业广告信息服务,应当遵守相关法律法规"⑤。

　　《互联网广告管理办法》中也有关于搜索引擎广告和信息流广告的规范内容。如第九条规定:"互联网广告应当具有可识别性,能够使消费者辨明其为广告。对于竞价排名的商品或服务,广告发布者应当显著标明'广告',与自然搜索结果明显区分。除法律、行政法规禁止发布或者变相发布广告的情形外,通过知识介绍、体验分享、消费测评等形式推销商品或者服务,并附加购物链接等购买方式的,广告发布者应当显著标明'广告'";第十七条规定

---

　①　张芃.搜索引擎广告效果影响因素研究[D].济南:山东大学,2010.

　②　徐敬宏,吴敏.论搜索引擎竞价排名的广告属性及其法律规制[J].学习与实践,2015(08):70-75.

　③　李彪.信息流广告:发展缘起、基本模式及未来趋势[J].新闻与写作,2019(10):54-58.

　④　刘双舟,杨乐.互联网广告法律问题研究[M].北京:中国政法大学出版社,2018:137-138.

　⑤　中国网信网.互联网信息搜索服务管理规定[EB/OL].(2016-06-25)[2025-02-05].https://www.cac.gov.cn/2016-06/25/c_1119109085.htm.

"利用互联网发布、发送广告,不得影响用户正常使用网络,不得在搜索政务服务网站、网页、互联网应用程序、公众号等的结果中插入竞价排名广告"[①]。

三、网络直播带货

网络直播带货是主播在平台直播,向观看者推荐特定的商品或服务,促成消费者购买的行为,其有三个特征:一是以现场直播为方式;二是以商业推广为目的;三是指向商品或服务,并以销售为最终结果。[②]现有观点普遍认为将网络直播带货作为广告活动,主播作为广告主体具有合理性。网络直播营销主体具有多样性,其一,直播间运营者可以分为专营型、自营型和代营型。专营型是指专门从事直播营销服务的个人或企业,以主播或直播团队的名义开设直播间,为多个商家提供直播营销服务;自营型与代营型都以商家的名义开设直播间,但前者由商家自己运营,后者由直播营销服务机构代理商家运营。其二,主播可以分为达人主播、素人主播和虚拟数字人。达人主播或成名于线下(如具有一定社会知名度的演员、歌手、主持人与企业家等),或成名于线上(如李佳琦、董宇辉等);素人主播指缺乏知名度与影响力的普通主播;虚拟数字人是人工智能技术背景下的机器人主播。综上,主播在不同情境下分别担任广告主、广告经营者、广告发布者和广告代言人的角色,主播属于广告主体。

网络直播带货为社会提供全新商业模式的同时,也给现行网络治理机制带来了新的冲击。[③]一是商品或服务销售过程中发生的产品质量、发货、退换货问题。《直播带货消费维权舆情分析报告(2023)》显示,疯狂小杨哥、李佳琦、刘畊宏、罗永浩和辛巴5名主播的消费舆情占样本九成以上。[④]这些数据不仅反映出消费者对主播承担责任具有主观倾向性,也说明现实中直播带货维权非常困难。二是直播带货过程中出现的虚假宣传、价格误导、不文明带货、销售违禁产品、诱导场外交易等方面的问题。例如,虚假宣传方面,三只羊公司受广州市美诚食品有限公司委托,直播推介"香港美诚月饼"时称"香港美诚是一家专门做高端月饼的大品牌,已经做了将近20年",强调"美诚的、香港的、高端的月饼"等卖点,构成虚假、引人误解的商业宣传行为。依据《行政处罚法》《反不正当竞争法》等相关规定,对三只羊公司没收违法所得、罚款共计6894.91万元。针对三只羊公司直播带货中存在的相关问题,有关部门

---

① 国家市场监督管理总局.互联网广告管理办法[EB/OL].(2023-02-25)[2025-02-05].https://www.samr.gov.cn/zw/zfxxgk/fdzdgknr/fgs/art/2023/art_d93a579afd45413e8576e4623fab348f.html.

② 江苏省南京市玄武区人民检察院课题组.网络直播带货中主播的法律地位和责任承担问题研究——以广告法为视角[J].山西省政法管理干部学院学报,2025(01):12-16.

③ 梅傲,侯之帅."直播+"时代电商直播的规范治理[J].电子政务,2021(03):28-37.

④ 北京阳光消费大数据研究院.报告发布直播带货消费维权舆情分析报告(2023)[EB/OL].(2024-03-14)[2025-03-15].https://mp.weixin.qq.com/s/aXQ25r0uQ0cs3d6Iusp9Fg.

责令其暂停经营限期整改,承担相关法律责任。①

当前,我国的《网络直播营销管理办法(试行)》《网络直播营销行为规范》及《互联网管理办法》均对网络直播带货作出了相关规定。如《网络直播营销管理办法(试行)》第十九条规定:"直播间运营者、直播营销人员发布的直播内容构成商业广告的,应当履行广告发布者、广告经营者或者广告代言人的责任和义务。"②此外,中国广告协会还针对网络直播发布了《网络直播营销行为规范》,自2020年7月1日起施行,包括6章44条内容,涉及商家、主播、网络直播营销平台及其他参与者(如网络直播营销主播服务机构等)。该规范要求主播应坚持信息真实、形象合规、场所合规、言行规范和营销规范等。如第二十四条规定:"主播发布的商品、服务内容与商品、服务链接应当保持一致,且实时有效。法律、法规规定需要明示的直接关系消费者生命安全的重要消费信息,应当对用户进行必要、清晰的消费提示。"第二十五条规定:"主播在直播活动中,应当保证信息真实、合法,不得对商品和服务进行虚假宣传、欺骗、误导消费者。"③

《互联网广告管理办法》中也有关于网络直播带货的规范内容。如第十九条规定:"商品销售者或者服务提供者通过互联网直播方式推销商品或者服务,构成商业广告的,应当依法承担广告主的责任和义务。直播间运营者接受委托提供广告设计、制作、代理、发布服务的,应当依法承担广告经营者、广告发布者的责任和义务。直播营销人员接受委托提供广告设计、制作、代理、发布服务的,应当依法承担广告经营者、广告发布者的责任和义务。直播营销人员以自己的名义或者形象对商品、服务作推荐、证明,构成广告代言的,应当依法承担广告代言人的责任和义务。"④

虽然当前相关规范性文件已经对网络直播带货作出一些规定,但虚拟数字人直播带货问题还存在法律真空。随着人工智能技术的发展,虚拟数字人逐渐活跃在大众的视线中并开始参加商业代言活动。虚拟数字人大概有两种类型,一是非真人型虚拟数字人。一般先由运营商开发运营虚拟数字人,打造独立IP,之后再进行广告代言或直播带货。如中国首款虚拟偶像洛天依早在2014年就代言长安汽车"新奔奔"系列,2017年代言百雀羚面膜产品,2018年代言维他柠檬茶等。⑤二是真人型虚拟数字人,以现实世界中真实存在的自然人为原型创作,以名人、明星为主。如2024年4月16日,刘强东AI数字人亮相京东家电家居、京

① 合肥通报"三只羊"直播带货调查情况[N/OL].央视新闻,2024-09-26[2025-03-15].https://mp.weixin.qq.com/s/GIgq0xFEl6cJA1-ABZ3jxg.

② 中国政府网.网络直播营销管理办法(试行)[EB/OL].(2021-04-23)[2025-03-15].https://www.gov.cn/zhengce/zhengceku/2021-04/23/content_5601682.htm.

③ 中国广告协会.中国广告协会《网络直播营销行为规范》[EB/OL].[2025-02-05]. https://www.china-caa.org/cnaa/newsdetail/369.

④ 国家市场监督管理总局.互联网广告管理办法[EB/OL].(2023-02-25)[2025-02-05].https://www.samr.gov.cn/zw/zfxxgk/fdzdgknr/fgs/art/2023/art_d93a579afd45413e8576e4623fab348f.html.

⑤ 倪琳.虚拟偶像广告代言的法律冲突与解释适用[J].中国广告,2024(09):78-81.

东超市采销直播间,40分钟内订单量破10万,直播间观看人数超过1300万。[①]有研究者认为,真人应为其虚拟数字人代言广告负责,非真人型虚拟数字人不能成为《广告法》意义上的代言人,非真人型虚拟数字人运营商应为违法广告担责。[②]然而,当前《广告法》及相关规范性文件并没有对虚拟数字人的责任进行规范,相关法律及规范性文件有待进一步完善。

四、生成式人工智能的广告营销风险

当前,生成式人工智能产品处于生命周期的引入期和成长期,用户使用生成式人工智能产品主要用于回答问题、生成会议纪要、制作PPT、休闲娱乐、生成和处理文本、生成图片和视频、作为生活助手等。[③]它的盈利模式还比较单一,部分产品通过付费使用的方式提供某些版本服务,某些产品还处于免费使用阶段。随着生成式人工智能产品盈利模式的成熟,可通过以下方式应用于广告营销。一是广告内容生成,如通过ChatGPT、文心一言、DeepSeek等文本问答类产品进行广告文案生成,通过Midjourney等图片生成类产品生成广告海报,通过Sora等视频生成类产品进行视频广告内容生成等。二是品牌产品搜索引擎,如通过提示文本挖掘消费需求、直接推送产品链接、品牌广告宣传及排名。三是个性化广告营销,由于生成式人工智能产品的拟人性,用户使用过程中,后台会记录分析与用户的对话内容,生成个性化的广告营销内容。[④]

由于生成式人工智能的拟人性、生成内容的丰富性与创造性、新型搜索引擎特性、算法黑箱特性等特点,它存在多方面的广告营销风险。其一,生成式人工智能生成的广告内容,需要明确标注,避免侵犯著作权。为了促进人工智能健康发展,规范人工智能生成合成内容标识,保护公民、法人和其他组织合法权益,维护社会公共利益,2025年3月14日,国家互联网信息办公室发布《关于印发〈人工智能生成合成内容标识办法〉的通知》,自2025年9月1日起施行。《人工智能生成合成内容标识办法》对人工智能生成合成内容进行了界定,并将内容标识分为显式标识和隐式标识,要求在文本、音频、图片、视频、虚拟场景及其他生成合成服务场景的起始、过程及结尾添加显著的提示标识。[⑤]其二,品牌搜索引擎广告风险在于其广告推送的可识别性方面,需要避免用户将生成式人工智能按照算法客观推送的信息与广告推送信息混淆,这有待相关部门进一步研究出台相关的规范性文件及法律文件。其三,个

---

① "刘强东"直播带货! 首秀30分钟观看超千万,网友:怀疑是真的[N/OL].南方日报,2024-04-17[2025-03-15].https://mp.weixin.qq.com/s/jckbtFymwh2QFv8UKVDVGQ.

② 单爱萍.虚拟数字人广告代言法律责任研究[J].中国律师,2024(08):73-75.

③ 中国互联网络信息中心.生成式人工智能应用发展报告(2024)[EB/OL].(2024-12-02)[2025-03-15].https://www.cnnic.net.cn/NMediaFile/2024/1216/MAIN1734335943312M6I8EAUXYM.pdf.

④ 李子杰.生成式人工智能的广告营销应用风险及其规制[D].广州:广州大学,2024.

⑤ 中国网信网.关于印发《人工智能生成合成内容标识办法》的通知[EB/OL].(2025-03-14)[2025-03-15].https://www.cac.gov.cn/2025-03/14/c_1743654684782215.htm.

性化广告营销方面的风险在于如何有效保护用户隐私,避免隐私泄露。综上,当前生成式人工智能的广告营销风险主要在于著作权、广告标识及隐私权方面的问题。

第四节　虚假广告案例介绍及评析

一、宣传根治近视的虚假广告案例的介绍与评析

(一)案件介绍

2019年7月26日,上海市徐汇区市场监督管理局(以下简称徐汇市场局)对某公司进行现场检查,发现该公司门口、接待室等处有宣传旗帜、海报,内容包括"摆脱近视,恢复健康""不手术,不吃药,持续稳定提升""某视康——逆转近视"等。7月31日,徐汇市场局调查发现某公司在其官方网站首页发布"逆转真性近视,一次逆转,彻底康复"等内容,并以表格形式发布"某视康逆转效果PK其他矫正机构方法对比表"宣传某视康的优势。该公司负责人王某在接受徐汇市场局询问时称,该公司通过线上、线下方式进行宣传,线上有微信公众号、小程序、网站,线下主要与广告公司合作制作道闸广告。线上宣传内容包括"某视康近视全息逆转,彻底逆转""全国首家可逆转真性近视的机构"等。线下宣传主要通过与广告公司合作投放道闸广告、地铁伞桩冠名,广告内容包括"真性近视有救啦、真性近视逆转、签约恢复、不手术、不吃药"等内容。2018年6月至2019年12月期间,该公司还通过其官方网站发布"某视康:去根,一生无忧……不是矫正,是逐渐彻底恢复……一次逆转,彻底康复……"等内容的广告,通过微信公众号发布"某视康优点:去根,彻底逆转……"等内容的广告。该公司不从事医疗服务,不具有医疗服务资质。

2019年8月14日,徐汇市场局对该公司涉嫌发布违法广告进行立案审批。11月29日,徐汇市场局发出责令整改通知书,要求该公司停止发布涉及疾病治疗功能以及易与医疗用语混淆的广告。2022年3月23日,该公司向徐汇区政府申请行政复议,要求撤销被诉处罚决定、赔偿损失,并希望能够通过听证调查该公司是否实施了发布虚假广告的违法行为。2023年1月13日,徐汇区政府召开听证会,该公司参加并认为近视不属于疾病,可以恢复,其发布的广告系宣传其产品可以逐步彻底恢复视力,不构成发布虚假广告。1月19日,徐汇区政府形成听证意见,认为该公司发布的广告与其服务效果不符,构成发布虚假广告,拟维持被诉处罚决定。2月16日,徐汇区政府恢复复议审理,并于同日作出被诉复议决定,根据《中华人民共和国行政复议法》第二十八条第一款第(一)项规定,维持徐汇市场局作出的被诉处罚决定并送达。某公司仍不服,诉至原审法院,2024年2月6日,法院判决如下:驳回上诉,维持原判。根据《广告法》第四条、第二十八条第二款第(四)项、第五十五条第一款规定,对该公司

在小区道闸和地铁伞桩等线下地点发布虚假广告的行为,处广告费用三倍罚款,计1327500元;对该公司在官方网站和微信公众号等线上平台发布虚假广告的行为,罚款200000元。罚款合计1527500元。[①]

(二)案件评析

本案件的主要焦点在于:其一,徐汇市场局认定某公司通过线上、线下方式发布含有"真性近视逆转"等内容的行为构成发布虚假广告,认定事实是否清楚、证据是否确凿;其二,徐汇市场局对某公司作出的被诉处罚决定适用法律是否正确、裁量是否适当。从法院对该案件的审理中,可以看到以上两个问题的答案。

其一,徐汇市场局认定该公司通过线上、线下方式发布含有"真性近视逆转"等内容的行为构成发布虚假广告,认定事实清楚、证据确凿。根据《广告法》第二条第一款规定,在中华人民共和国境内,商品经营者或者服务提供者通过一定媒介和形式直接或者间接地介绍自己所推销的商品或者服务的商业广告活动,适用本法。某公司认可其线下在小区车杆道闸、地铁伞桩等地点发布"真性近视逆转"等内容的行为属于广告行为,但认为其线上发布的"逆转真性近视……彻底康复……"等内容属于学术交流,非广告行为。然而,某公司在微信公众号、官方网站上的宣传内容包括"某视康近视全息逆转,彻底逆转""逆转真性近视,一次逆转,彻底康复",并以表格形式发布"某视康逆转效果PK其他矫正机构方法对比表"宣传了"某视康近视全息逆转法"等内容,上述内容详细、直观地罗列了"某视康逆转效果"与其他矫正方法的对比和优势等,是某公司业务推广的重要手段,符合《广告法》中规定的"通过一定媒介和形式直接或者间接地介绍自己所提供的服务"的商业广告形式,因此某公司在线上发布的"逆转真性近视"等内容属于网络广告的一部分。

同时,根据《关于进一步规范儿童青少年近视矫正工作切实加强监管的通知》、权威医学教材《眼科学》以及国家标准《疾病分类与代码》中对近视的描述或著录,现代医学及临床共识明确认为近视属于疾病,需通过验光区分真性和假性近视,真性近视不可逆转。该公司发布的广告内容主要有"真性近视逆转""去根,一生无忧""彻底康复",其主张近视不是疾病,视力提升就是近视逆转,实际案例已经证明达到广告宣传效果。徐汇市场局提供的证据显示,某公司不具有医疗机构资质,相关人员亦欠缺眼科诊疗资质,其通过物理手段进行视力矫正,服务完成后也未经医疗机构检查确认矫正效果,且多位接受服务的客户表示视力未达到逆转效果。因此,某公司通过发布"真性近视逆转"等广告虚构近视可以康复,误导消费者,但并没有达到真性近视逆转的效果,构成发布虚假广告。

其二,徐汇市场局对某公司作出的被诉处罚决定适用法律正确、裁量适当。根据《广告法》第五十五条第一款规定,违反本法规定,发布虚假广告的,由市场监督管理部门责令停止发布广告,责令广告主在相应范围内消除影响,处广告费用三倍以上五倍以下的罚款,广告费用无法计算或者明显偏低的,处二十万元以上一百万元以下的罚款。徐汇市场局根据该

---

①　参见上海市第三中级人民法院行政判决决书(2023)沪03行终747号。

公司询问笔录、9家广告公司的询问笔录、该公司与该9家广告公司签订的合同、发票等证据,认定该公司线下投放广告金额(即广告费用)为442500元。因在调查中该公司未能提供线上广告投放费用的有效证据,徐汇市场局无法认定该公司的线上广告投入费用,根据上述法律规定,结合广告发布的时间、数量、发布前后的效果等情况,对线上和线下宣传部分均从轻处罚,处以线下广告费用442500元的三倍,线上广告费用因无法计算,处以最低罚款200000元,综合对某公司作出罚款1527500元的处罚结果,适用法律正确,裁量亦无不当。

二、宣传药酒的虚假广告案例的介绍与评析

(一)案件介绍

本案涉及被告人刘某某因虚假广告罪被江苏省启东市人民检察院提起公诉。刘某某自2018年3月起,从贵州康泰生物科技有限公司以每瓶90元的价格购进"训祥"牌"苗王蛇酒",随后在启东市多个乡镇开设会场,通过发放传单吸引村民参与活动,并以赠送面条、鸡蛋等方式诱导消费者购买。刘某某在明知该酒仅为普通食品、未取得保健品或药品批准文号的情况下,通过现场宣讲、播放视频等方式虚假宣传该酒具有治疗高血压、脑梗、类风湿性关节炎等多种疾病的功能,并以每瓶290元的高价销售。截至2018年6月,刘某某累计销售894瓶,赠送422瓶,销售额达25.9万元,违法所得14万余元。2019年5月,刘某某主动投案并如实供述主要犯罪事实,审理期间退缴违法所得9万元。公诉机关指控其行为构成虚假广告罪,情节严重,应追究刑事责任。

江苏省启东市人民法院于2020年10月30日作出刑事判决:①被告人刘某某犯虚假广告罪,判处拘役四个月,并处罚金人民币10000元。(刑期从判决执行之日起计算;判决执行以前先行羁押的,羁押一日折抵刑期一日,即自2020年9月29日起至2021年1月28日止)②责令被告人刘某某退缴违法所得人民币50820元,连同已退缴在案的违法所得人民币90000元,予以没收,上缴国库。①

(二)案件评析

本案件的主要焦点在于:其一,刘某某的行为是否构成虚假广告罪;其二,刘某某是否具有自首情节及量刑问题。

其一,刘某某的行为构成虚假广告罪。根据《刑法》第二百二十二条的规定,虚假广告罪是指违反国家规定,利用广告对商品或者服务做虚假宣传,情节严重的行为。本案中,刘某某明知其销售的"苗王蛇酒"没有保健品或药品批准文号,不具有疾病治疗作用,仅是普通食品酒,却通过会场宣讲、播放视频等广告宣传方式,虚假宣传该酒能治疗多种疾病,吸引消费者购买,其行为符合虚假广告罪的构成要件。辩护人提出两点辩护意见:一是认为扣除场地租金、人工费用及赠送物品等成本后,刘某某的违法所得不足10万元,未达"情节严重"标

---

① 本案例的介绍与评析选自:江苏省启东市人民法院刑事判决书(2020)苏0681刑初170号。

准,故不构成犯罪;二是若构成犯罪,因刘某某具有自首情节,建议单独判处罚金。法院经审理认为,虚假广告罪的认定关键在于广告内容是否虚假以及是否造成严重后果。刘某某明知"苗王蛇酒"仅为普通食品,却通过系统性宣传捏造治疗功效,误导消费者,其行为已违反《广告法》关于禁止虚假宣传的规定。关于违法所得的计算,法院指出,犯罪成本(如场地租金、赠品费用等)系为实施犯罪所支出的费用,依法不应从违法所得中扣除。刘某某通过虚假广告实际获利14万余元,远超"情节严重"的入罪标准,故其行为符合虚假广告罪的构成要件。

其二,刘某某具有自首情节。刘某某在案发后自动投案,并如实供述自己的罪行,根据《刑法》第六十七条第一款的规定,可以从轻处罚。同时,刘某某认罪认罚,可以从宽处理。此外,刘某某退缴了部分违法所得,有一定悔罪表现,可酌情从轻处罚。但考虑到其虚假广告行为持续时间较长、涉及面较广,不宜仅单处罚金,应结合其犯罪情节判处相应的主刑和罚金。

结语

广告作为市场经济的重要组成部分,在促进消费、推动经济发展中发挥着不可替代的作用。然而,随着广告形式的日益多样化和互联网技术的快速发展,广告领域的法律问题呈现出前所未有的复杂性。虚假广告、误导性宣传、不正当竞争等问题屡见不鲜,不仅严重损害了消费者的合法权益,也扰乱了公平竞争的市场秩序,甚至可能危及社会诚信体系的建设。

本章从广告法律法规体系入手,系统梳理了我国现行的广告法律框架。同时,通过对典型案例的分析进一步揭示了违法广告的危害性。"根治近视"的虚假广告和药酒虚假广告等案例表明,违法广告不仅会造成消费者的经济损失,更可能危及人身健康和安全。这些案例也凸显了加强广告监管、完善法律责任的必要性。

当前,广告行业正经历着深刻的技术变革。生成式人工智能等新技术的应用,既为广告创意和投放带来了革命性变化,也带来了内容真实性难以保障、责任主体难以认定等新挑战。网络直播带货的兴起,模糊了广告与销售的界限;网络弹窗广告等程序化广告的发展,增加了监管的复杂性。这些新情况、新问题都要求广告法律规制必须与时俱进,不断创新监管理念和方法。

广告法律规制既关系到市场经济的健康发展,也关系到消费者的切身利益。在数字经济时代,我们应当以更加前瞻的视野、更加系统的思维来完善广告法律体系,让广告在促进经济发展、服务人民生活方面发挥更加积极的作用。

思考题

1. 我国《广告法》规定了广告内容不得出现的情形有哪些?
2. 虚假广告的典型情形有哪些?
3. 网络直播带货的法律风险有哪些?

第十章

媒体传播与名誉权

◆ 学习目标

1. 了解名誉权的法律概念及其在人格权体系中的重要地位。
2. 掌握名誉侵权行为的构成要件和抗辩事由。
3. 认识互联网时代名誉权保护的新特点及面临的新挑战。

◆ 本章概述

伴随着媒体影响力的日益增强,其传播内容对个人名誉权造成的影响越来越大。民众和媒体工作者在各类媒体上自由表达时,如何有效维护个人名誉权,成为互联网时代亟待解决的重要课题。本章将围绕媒体传播与名誉权这一主题,从基本概念、侵权构成要件、侵权类型、抗辩事由以及互联网时代的名誉权保护等方面进行深入探讨。通过对典型案例的分析,厘清媒体传播行为与名誉权保护之间的界限,为构建和谐健康的网络环境提供理论支撑和实践指导。

第一节　名誉权概念与侵权构成要件

一、名誉权的基本概念

名誉是社会公众对民事主体(包括自然人、法人及非法人组织)的社会评价,涉及该主体的品德、才能、信誉、职业操守、社会贡献等多个方面。根据《民法典》第一千零二十四条规定,名誉权是民事主体依法享有的、对其品德、声望、才能、信用等社会评价进行维护的人格权利。这一权利的核心在于保障个体或组织在社会交往中所获得的客观评价不受非法贬损。

在法律特征层面,名誉权具有显著的社会性、客观性、专属性和可克减性四重维度。社会性体现为名誉的形成源于社会成员对主体的综合评价,这种评价既非主观臆断,也非个体自我认知,而是通过公共交往形成的共识性判断。客观性则强调名誉的评价标准应当符合社会普遍认知规范,即使被评价者主观上不认同,只要该评价符合社会多数成员的理性判断,即不构成侵权。名誉权的专属性,即依赖于名誉具有专属性,与民事主体不可分离,使其无法像财产权般转让或继承。可克减性作为权利的重要边界,意味着在特定情形下需对名誉权进行必要限制,例如《民法典》第一千零二十五条明确,基于公共利益实施的新闻报道或舆论监督行为,在符合真实陈述、合理核实义务等条件下可豁免责任。这一特征凸显了名誉权保护与公共事务监督之间的动态平衡。

中华人民共和国成立后,名誉权的法律保护逐步完善。1979年,刑法设立了诽谤罪,为相关法律发展奠定了基础。1987年正式实施的《民法通则》第一百零一条规定:"公民、法人享有名誉权,公民的人格尊严受法律保护,禁止用侮辱、诽谤等方式损害公民、法人的名誉。"1993年,最高人民法院发布了《关于审理名誉权案件若干问题的解答》,对名誉权案件的受理、侵权认定等问题作出了规定。1998年,又发布了《关于审理名誉权案件若干问题的解释》,进一步明确了名誉权保护的法律标准。2020年,《民法典》正式实施,以专章规定了名誉权,加强了对个人和组织名誉的法律保护。

二、名誉侵权的构成要件

我国对于名誉侵权行为的认定主要依据四要件,即侵权行为的存在、损害结果的发生、行为与损害之间的因果关系,以及行为人的主观过错。这些要件相互关联,共同构成司法裁判中判断侵权责任的框架。

首先,侵权行为的存在是名誉侵权的客观前提。根据《民法典》第一千零二十五条,侵权行为主要表现为捏造或歪曲事实、使用侮辱性言辞贬损他人名誉,或对他人提供的严重失实内容未尽合理核实义务。具体形式包括诽谤(传播虚假信息)、侮辱(通过贬损性言辞贬低人格)以及商业诋毁(损害竞争对手商誉)等。例如,自媒体编造明星偷税信息或企业发布歪曲数据的竞品测评报告,均可能因传播虚假内容构成诽谤。值得注意的是,行为违法性的认定需结合具体情境,如新闻报道未遵循"基本真实"原则而严重失实,则可能被认定为违法。侵权行为的核心在于是否有明显贬低、侮辱或捏造事实的行为,单纯的批评、争议或言论自由并不构成侵权。

其次,名誉侵权的第二要件是必须有损害结果的发生,即受害人名誉受到实质性的损害。损害结果需具备可证明性。直接损害表现为社会评价的显著降低,例如因不实信息导致公众对个人品德或企业信用的负面认知;间接损害则包括精神痛苦(如焦虑、抑郁)或商誉损失(如企业销售额下降)。司法实践中,法人名誉权的损害通常以社会评价降低为必要条件,而财产损失虽可主张赔偿,但并非侵权构成的必备要件。例如,某化妆品测评视频因夸大产品危害导致消费者对品牌产生普遍质疑,销量降低,即可认定为损害结果成立。

再次,因果关系要求侵权行为与损害结果之间存在直接关联。原告需证明侵权行为是导致社会评价降低或财产损失的直接原因。例如,在商品测评侵权案件中,若测评主体篡改实验数据并引发消费者大规模退货,其行为与损害之间的因果关系即可成立。但若损害主要由其他因素(如产品质量问题)引发,则可能阻断因果链条。

最后,主观过错的认定是责任划分的关键。《民法典》第一千零二十五条明确区分了故意与过失两种过错形态:故意表现为明知内容虚假仍恶意传播,而过失则体现为未尽合理核实义务。对于媒体及专业机构,司法实践要求其承担高于普通主体的注意义务,如需核查信息来源的可靠性或避免断章取义。例如,某媒体未核实匿名爆料即报道企业财务造假,可能因重大过失被认定侵权;而普通网民转发未经证实的消息,若不存在明显恶意,则可能因过失程度较轻而免责。需特别指出的是,涉及公共利益的名誉权纠纷(如公众人物或公共事件报道),过错标准可能从严适用,要求行为人存在故意或重大过失。

第二节　媒体侵害名誉权的类型与抗辩事由

一、媒体侵害名誉权的类型

在我国法律框架与司法实践中,名誉侵权的类型主要体现为诽谤、侮辱及商业诋毁三类。

诽谤作为最常见的名誉侵权类型,表现为通过传播虚假事实贬损他人社会评价。根据《民法典》第一千零二十四条,诽谤的核心在于"捏造或歪曲事实",例如在自媒体编造明星偷税信息或虚构企业使用地沟油的案例中,行为人因无法提供事实依据而被判赔偿。值得注意的是,司法实践对"虚假事实"的认定并非要求绝对失实,而是以"严重失实"为标准,如最高人民法院司法解释明确"基本真实"内容不构成侵权,但若关键事实错误且造成社会评价显著降低,则需承担法律责任。[1]此外,新闻报道若未尽合理核实义务而传播他人提供的失实内容,即便非主动捏造,仍可能构成诽谤,如《民法典》第一千零二十五条将"未核实严重失实内容"列为免责例外情形,要求媒体在转载通讯员稿件或第三方信息时履行内容核查责任。

侮辱则侧重于使用贬损性言辞直接攻击人格尊严,其构成要件不依赖事实真伪,而在于语言本身的侮辱性质。典型案例如作家刘某在纪实小说《特号产品王某某》中使用"小妖精""政治骗子"等14处侮辱性词汇描述王某某,法院认定该行为直接损害人格尊严,构成名誉侵权。[2]网络环境下,侮辱行为呈现匿名化、碎片化特征,如网友在微博使用"人渣"等标签辱骂他人,即便未涉及具体事实陈述,仍可能因言辞本身的贬损性被判侵权,平台若未及时删除相关内容还需承担连带责任。

---

① 参见《最高人民法院关于审理名誉权案件若干问题的解答》(1993年)第七问、第八问之规定。

② 杨立新.《民法典》对媒体行为及责任的规范[J].河南财经政法大学学报,2021(2):1-12.

商业诋毁作为特殊的名誉侵权类型,主要针对企业商誉损害,其行为常与不正当竞争交织。根据《反不正当竞争法》,捏造竞争对手产品质量问题、发布虚假测评报告等行为构成商业诋毁,如某企业发布歪曲数据的竞品分析报告,法院认定其通过误导公众削弱对手商誉,判决道歉并赔偿。此类侵权的主观过错认定更为严格,需证明行为人具有削弱竞争对手的直接目的,且虚假信息的传播已导致目标客户流失或市场份额下降。值得注意的是,商业诋毁与正当舆论监督的界限在于事实核查的充分性,若基于真实检测数据提出批评,即便造成企业商誉受损,仍可适用《民法典》第一千零二十五条的公共利益豁免条款。

名誉权侵权的认定需结合《民法典》第一千零二十六条规定的六大核查因素:内容来源可信度、对明显争议内容的调查、内容的时限性、内容和公共性的关联、损害可能性及核实成本等。例如在媒体报道公职人员贪腐线索时,若信息源自权威机关文书且已进行交叉验证,即便后续证明部分细节失实,仍可基于"合理核实义务"免责;反之,若轻信匿名爆料且未验证核心证据,则可能因过失侵权承担责任。[1]这种动态权衡机制体现了法律在名誉权保护与言论自由之间的精细平衡。

二、媒体名誉侵权的抗辩事由

在名誉权纠纷中,抗辩理由的构建需紧密结合法律规范与司法实践,既要维护个体人格尊严,亦需平衡社会公共利益与言论自由。我国司法解释逐步确立了以内容真实、公正评论、公众人物与公共利益、免责条款为核心的抗辩体系。[2]

(一)内容真实

根据《民法典》第一千零二十五条,若报道内容所涉主要事实客观存在,即便非关键细节存在误差,仍不构成侵权责任。内容真实是新闻侵权名誉权案件中的抗辩事由,它是指新闻媒体发表的新闻作品主要内容是真实的,符合客观实际的。这种真实并不意味着一切细节都正确无误,而是指主要内容和情节的真实。1993年最高人民法院《关于审理名誉权案件若干问题的解答》对此进行了解释:"文章反映的问题基本真实,没有侮辱他人人格的内容的,不应认为侵害他人名誉权。"这说明只要内容基本真实,虽然某些细枝末节失实,但文章中没有侮辱人格的内容,就不应认定为新闻侵害名誉权。另外,在新闻侵害名誉权案中,虽然内容基本真实,但只要有侮辱性的内容,就不能成为抗辩事由。1998年最高人民法院《关于审理名誉权案件若干问题的解释》规定:"新闻单位对生产者、经营者、销售者的产品质量或者服务质量进行批评、评论,内容基本属实,没有侮辱内容的,不应当认定为侵害其名誉权;主要内容失实,损害其名誉的,应当认定为侵害名誉权。"2012年《新京报》对世界奢侈品协会

①　陈科,姜译涵."公共善":关于新闻侵权诉讼中的责任认定与利益平衡——从《民法典》视角再看世奢会与《新京报》等名誉侵权纠纷案[J].传媒观察,2022(04):43-51.

②　本部分的内容选自牛静.新闻传播伦理与法规:理论及案例评析[M].3版.上海:复旦大学出版社,2021.

（简称世奢会）涉嫌伪造数据、虚构"国际组织"身份的揭露性报道,引发世奢会以名誉侵权为由提起诉讼。2015年,在世奢会(北京)商业管理有限公司与新京报社等媒体名誉侵权纠纷的终审判决中,世奢会被改判为败诉。一审判决中,由于《新京报》无法说明其报道的消息来源,法院认为被告《新京报》等媒体的相关报道违背了其作为媒体的核实义务,构成了对原告世奢会名誉权的侵害。而在二审中,作为重要证据的消息源出庭作证。法院认为,新闻媒体没有歪曲事实、不实报道的主观故意或过失,且有合理可信赖的消息来源为依据,不应承担侵权责任。[①]可见,内容真实且无侮辱性内容,可以成为新闻侵害名誉权的抗辩事由之一。

（二）公正评论

公正评论是新闻侵权名誉权案件中的抗辩事由。公正评论是指评论的事项与社会公共利益有关;有可靠的事实来源、立场应当公正(但不一定客观),只要反映了一个"理性人"的诚实看法,即使是片面的、偏激的评论,也不应追究法律责任。这是因为,法律可以查明事实的有无,但是无权判断意见的是非。事实只有一个,而意见难免众说纷纭。既然是评论,总是带有评论者主观标准与好恶。各种意见当然有对有错,如果把错的意见等同于侵权,那就无异于取消了发表意见的自由。[②]

公正评论要做到两个区分。一是要把意见和事实区分开来,评论必须把所依据的事实交代清楚(众所周知的事实除外),意见要同事实分开表述,不至于使公众把意见误解为事实,在意见中不应当夹杂其他事实等,这样可以有效防止侵权问题的产生。二是要把词语过于激烈同辱骂、丑化区分开来。有些评论虽然不涉及事实问题,但用语过于偏激,引起争议,只要在合理范围内,亦应容许。

（三）公众人物与公共利益

公众人物的概念起源于美国,1964年《纽约时报》诉沙利文一案中首先确立了"公共官员"的概念。三年后的巴茨案件中,法院正式提出了公众人物的概念。公众人物是指具有一定知名度,其行动或言论可以在全部或部分成员中产生效力的那部分人。公众人物主要分为政治公众人物与社会公众人物,前者主要指各级政府或政党的公职人员、国家官员;后者主要包括:公益组织领导人,文艺界、娱乐界、体育界的明星,文学家、科学家、知名学者、劳动模范等社会知名人士,或因某些违法乱纪活动而被公众广泛知晓的人。[③]这种分类的意义在于:前者更多地涉及公共利益和舆论监督问题,后者则是因为其具有一定的知名度而在社会生活中引人注目,主要涉及公众兴趣问题。[④]

对于政治公众人物,公众有权了解和评价他们的举止言行、道德品质、能力水平、学历资

---

① 参见北京市第三中级人民法院(2014)三中民终字第6013号。

② 魏永征.新闻传播法教程[M].北京:中国人民大学出版社,2010:151.

③ 洪波,李轶.公众人物的判断标准、类型及其名誉权的限制——以媒体侵害公众人物名誉权为中心[J].当代法学,2006(04):88-93.

④ 王利明.公众人物人格权的限制和保护[J].中州学刊,2005(02):92-98.

历、态度观点甚至家庭背景、婚姻爱情、财产状况等情况,同时,政治公众人物也应该忍受更多的批评以及享有更小范围的私人生活空间。因为政治公众人物,特别是高级官员,有管理公共事务、进行公共决策的权力,而这些权力来源于公民,那么理应受到监督。政治公众人物的许多隐私已经成为重要的公共利益——政治生活的一部分,社会公众对他们的这些情况应当享有知情权和批评权。

对于社会公众人物,公众可以对其隐私、行为等知悉、评论的原因在于:其一,他们的行为涉及公共利益;其二,报道他们的情况是基于普通公众的合理的"公众兴趣"。对于一些由于自身的工作性质而知名度比较高的社会公众人物,公众对于他们的情况有一定的兴趣,他们从公众的关注中获得了巨大的经济利益,也具有更多的社会责任,理应受到比普通人更多的监督。①那么对于可能受到的隐私、名誉上的损害,社会公众人物需要予以一定的容忍。此外,和普通公民相比,公众人物是掌握话语权的"强势群体",他们在遭受可能的名誉、隐私毁损时,可以站出来进行有力反驳,具有比普通民众强得多的自卫能力。

由于公众人物的行动、言语或其个人情况会涉及公共利益、公众兴趣等,公众对其部分情况享有知情权,所以,公众人物的隐私权、名誉权的保护范围比普通人要小。在此需要注意的是,并非公众人物的所有行为都与公共利益密切相关,比如公众人物在生理上的缺陷、夫妻之间的两性生活等均与公共利益无直接关系。因此,对于不具有公共性质、与公共利益无关的、纯粹属于私人性质的有关行为,公众人物应当和其他公民一样享有隐私权、名誉权的完全保护。②《民法典》第一千零二十五条明确,基于公共利益的报道即使影响名誉亦不担责,但需排除捏造事实或使用侮辱言辞。

(四)免责条款

根据《民法典》第一千零二十八条,媒体报道后若及时更正或删除失实内容,可部分或全部免除赔偿责任。例如,某网站在转载失实反腐报道后,接到当事人异议即增设勘误链接,法院据此减轻其责任。③此外,"合理核实义务"的履行亦是免责关键,需综合考量信源权威性(如政府文件优于匿名爆料)、内容紧迫性(如突发事件可降低核实标准)及核实成本。值得关注的是,2020年《民法典》将"合理审查义务"修改为"合理核实义务",明确仅需验证事实陈述真实性,无须评价主观意见,从而降低了媒体注意义务门槛。

综上,名誉侵权抗辩体系在动态平衡中寻求价值共识。真实性与公共利益的司法裁量需兼顾社会效应,公正评论的边界应宽容多元表达,而免责机制则通过程序正义优化责任分配。未来,随着《民法典》配套解释的细化及案例指导制度的完善,抗辩理由的适用将更趋标准化,为人格权保护提供更清晰的规范框架。

① 顾红梅.新闻官司:不必"谈虎色变"——新闻侵害名誉权的抗辩事由浅析[J].新闻与法律,2004(03):40-43.
② 杨士林."公众人物"的名誉权与言论自由的冲突及解决机制[J].法学论坛,2003(06):5-11.
③ 岳业鹏.《民法典》中新闻侵权责任方式的创新与适用[J].新闻记者,2020(11):75-84.

第三节　互联网时代的名誉权保护

随着互联网的快速发展,网络空间成为信息传播的重要平台。网络的匿名性、信息传播的广泛性以及言论的自由度,使得名誉侵权行为在网络空间变得更加隐蔽和难以追踪。因此,互联网时代的名誉权保护需要面临以下几个重要问题。

一、网络名誉权侵害的特点

网络名誉权侵害的特点主要表现为侵权主体的隐匿性与行为边界的模糊性。由于网络用户可通过匿名账号或虚拟身份发布信息,侵权主体往往难以直接追溯。在"杭州女子取快递被诽谤案"中,受害人因取快递被人拍照,被人伪造微信聊天记录诽谤"出轨"。相关伪造的聊天记录以匿名方式散布到互联网上,提高了侦查难度,后法院通过调取微信后台数据才确认侵权人身份。其次,损害后果的扩散速度与影响范围呈现指数级增长特征。一条不实信息可能通过社交媒体、即时通信工具及算法推荐系统在数小时内形成全网传播,造成"不可逆的社会评价贬损"。再者,证据固定与因果关系证明面临技术性难题。网络信息具有动态更新特性,原始侵权内容可能被修改或删除,而网页仿制技术更增加了证据真实性的审查难度。同样是"杭州女子取快递被诽谤案"中,在受害人自诉阶段,需要受害人自行收集证据,但很多相关稿件与评论已被修改和删除,导致证据收集十分困难。因此浙江省杭州市余杭区人民检察院建议公安机关立案侦查,由自诉案件转为公诉案件,由公安机关介入代为收集证据。

二、平台责任与监管的法律规定

网络平台在互联网时代名誉权保护中承担着重要责任。根据中国《民法典》以及《互联网信息服务管理办法》,网络服务提供商应当承担一定的监管责任。对用户上传的内容,平台在知晓或应当知晓侵权行为时,有责任采取措施删除侵权内容。《民法典》第一千一百九十五条确立的"避风港规则"要求社交平台和搜索引擎在提供内容发布和传播的服务时,都需要按照"通知-删除"规则进行操作。即一旦平台接到侵权内容的通知,必须在合理时间内采取删除措施,否则将承担一定的法律责任。在司法实践中,"红旗原则"的适用进一步强化了平台的主动审查义务——当侵权信息具有明显违法特征(如含有侮辱性标题)时,平台不得以未收到通知为由免责。在"李亮诉百度网讯名誉权案"中,百度网讯因擅自将与李亮相关负面文章的标题修改为煽动性表述并延迟删除,被法院认定存在扩大侵权的主观过错,突破了传统仅以"通知-删除"判定平台责任的规则。该案首次将平台编辑能力、内容干预程度纳入责任认定核心,标志着网络服务商责任认定从被动响应向主动审核的司法转向。①此外,平台还需要通过建立有效的用户行为管理系统,加强对恶意言论的监控和审查,避免不实信息的广泛传播。

三、互联网名誉侵权的法律应对

民事领域方面,《民法典》第一千零二十四到一千零二十八条构建了从侵权认定到救济措施的完整规则链,其中第一千零二十六条细化的"合理核实义务"六要素标准,为判定媒体过错提供了可操作的具体指标。刑事层面,《刑法修正案(九)》增设网络诽谤举证协助机制,法院可要求公安机关介入调查,有效破解电子证据取证难题。司法实践中,在《民法典》第九百九十八条中引入"动态系统论"的裁判思维。其核心在于通过动态、弹性地综合考量多种因素如职业、影响范围等来认定侵权责任,而非机械遵循传统的"全有或全无"构成要件模式,以实现言论自由与名誉权保护的精准平衡。

随着互联网技术的发展,名誉权的保护将面临更加复杂的局面。例如,人工智能技术、深度伪造技术(Deepfake)等新技术的出现,使得虚假信息的制造和传播更加容易,也增加了侵权行为的隐蔽性。因此,未来在加强互联网名誉权保护的同时,可能需要更加强化对新技术的监管,并通过法律、技术和平台的合作,共同防止名誉权被侵犯。

第四节　媒体名誉权侵权案介绍与评析

名誉侵权行为表现形式多样,其中常见的类型包括诽谤、侮辱等。每种类型的侵权行为具有不同的特征,并且会根据案件的具体情况,产生不同的法律后果。以下将介绍几种典型的名誉侵权类型并进行评析。

一、社交媒体转发不实内容构成名誉权侵权案介绍与评析

(一)案件介绍

将其他社交媒体上用户发布的虚假信息,未经核实在自己的社交媒体上发布,是否构成名誉侵权,这一案例为我们提供了答案。在微梦创科网络技术有限公司经营的新浪微博平台上,昵称为"×××品牌观察"的网络用户袁某于2016年4月7日20时31分发布微博博文,其内容主要是"黄某某作为投资合伙人的投资公司(上海东虹桥互联网金融信息服务有

---

① 参见北京市第一中级人民法院,(2019)京01民终2356号。

限公司)卷钱跑路了",并附有网页链接,网页链接指向4月7日14时18分,"豆瓣"网用户"晨起的风"在"八卦来了"板块发表的《黄某某是不是药丸》一文。[①]该微博文字内容下方上传了五幅文字截图,图片内容为网友的跟帖评论内容。"×××品牌观察"是蓝V认证用户,粉丝人数为232689人,粉丝总订阅人数116051人,"×××品牌观察"在微博中介绍其为"品牌研究自媒体微博",行业类别为"机构自媒体IT互联网"。

该条微博截至2016年4月11日13时已转发178次,评论56次,点赞41次,该条微博在最终删除前的阅读数为138568次。该条微博所涉及的内容其后被腾讯财经、互联网行业、三分精选视频汇等微信公众号转载传播。

2016年4月8日,上海东虹桥互联网金融信息服务有限公司发布如下声明:"去年,……黄某某拍摄了'有梦,有未来'宣传片等推广素材,我司以黄某某为该项目的'明星合伙人'的名义进行宣传,造成了公众的误解和混淆。我司在此澄清黄某某除与我司为前述'贷你圆梦'项目共同宣传外,与我司不存在任何投资关系。特此声明。"同日,北京某文化工作室(黄某某工作室)也发布声明称黄某某与东虹桥金融在线除"贷你圆梦"项目的宣传外,无任何投资或合伙关系。

2016年4月8日20时14分,袁某在"×××品牌观察"微博中发表了如下微博内容:"黄某某通过工作室回应所涉东虹桥金融在线兑付危机。除'贷你圆梦'项目外,黄某某与'东虹桥'或其关联公司无任何投资或合伙关系,不背兑付危机黑锅。"该微博后面设置了一条内容为"代言理财公司涉兑付危机? 黄某某发声明"的链接,并在前述文字微博下方上传了《关于黄某某先生与东虹桥金融的相关声明》的图片。该条微博截至2016年4月11日13时已转发27次,评论6次,点赞14次。

2016年4月10日,上海东虹桥互联网金融信息服务有限公司再次发布声明称:"今日,网络出现多家媒体与自媒体对于我司的不实报道,并以此事恶意捏造我司存在逾期兑付、非法集资等问题,此类不真实、不客观的报道,已给公司造成较大负面影响。……现针对相关问题澄清如下:截至2016年4月8日,我司到期投资款项均已全部兑付,并最大程度保护投资者利益,现公司处于正常经营状态……"

袁某指出涉案微博并非其原创,而系对他人在网上发布内容的转发。2016年4月7日14时18分,"豆瓣"网用户"晨起的风"在"八卦来了"板块发表了《黄某某是不是药丸》一文;2016年4月7日14时41分,"信念娱乐"发布微博内容:"由艺人#黄某某#代言兼合伙的投资公司东虹桥卷钱跑路了,一堆冲着黄某某投资的人的钱都被卷走,就来找黄某某要钱。"2016年4月7日18时28分,昵称为"×××兰"的网络用户(粉丝数为140人)在新浪微博中发表"#东虹桥跑路#"等内容。袁某表示其法律意识淡薄,没有对涉案微博内容事先进行核实,就对他人所发的与涉案微博相同的内容进行了转发。

黄某某提出以下诉讼请求:①袁某立即停止侵权(原告当庭申请撤回了该项诉讼请求);

[①]　这则微博的主要内容为:"上海最牛逼的,东虹桥跑路了! 王八蛋老板黄某某吃喝嫖赌,欠下了3.5个亿,带着他的baby跑了。我们没有办法,黄某某你王八蛋,你不是人,我们辛辛苦苦给你投了大半年,你不还钱! 你还我血汗钱,还我血汗钱! 明星真的是为了钱什么事情都能做,完全不为老百姓着想,出了事情就沉默。"

②微梦创科公司向我提供断开链接前的浏览量（原告当庭撤回了该项诉讼请求）；③袁某在其微博置顶位置及全国公开发行报纸向我公开赔礼道歉；④袁某赔偿各类损失人民币650000元。

2016年12月20日，法院判决如下：①被告袁某于本判决生效后十日内在其"×××品牌观察"新浪微博首页持续登载致歉声明十日，向原告黄某某赔礼道歉、消除影响、恢复名誉；②被告袁某于本判决生效后十日内向原告黄某某赔偿合理维权支出损失31524元、精神损害抚慰金30000元；③驳回原告黄某某的其他诉讼请求。[①]

（二）案件评析

本案件的主要焦点在于：转载其他自媒体上的信息是否构成侵权？

如前所述，袁某辩称其因法律意识淡薄而未核实涉案微博言论的相关事实，涉案微博并非其原创而系转载，其注意义务及责任承担应当相对较低。法院认为，即使是转载媒体，也不能免除对转载事实陈述言论的真实性及转载言论禁止侮辱他人人格的合法性的审查义务。如因转载其他媒体言论产生诉讼，应由转载媒体对转载言论的真实性承担举证责任。人民法院认定网络转载媒体转载网络信息行为的过错及其程度，应当综合以下因素：①转载主体所承担的与其性质、影响范围相适应的注意义务；②所转载信息侵害他人人身权益的明显程度；③对所转载信息是否做出实质性修改，是否添加或者修改文章标题，导致其与真实内容严重不符以及误导公众的可能性。

针对以上三方面的因素，法院结合本案件进行了分析。

其一，黄某某系我国知名青年演员，在社会上获得了良好的公众形象和名誉，其本人有权维护这一良好形象和名誉。袁某负责的"×××品牌观察"作为以"品牌研究自媒体微博"定位、拥有二十多万粉丝及十多万微博订阅粉丝的蓝Ｖ认证网络用户，属于具有较大网络社区影响力和业界影响力的微博用户，故袁某在再传播过程中亦应当承担与其身份性质及影响范围相适应的较高注意义务。

其次，袁某在涉案微博中传播的内容，既包括黄某某具有"吃喝嫖赌"不端行为及"欠巨款潜逃"恶劣行为的事实性陈述，也包括使用"王八蛋老板"指称黄某某，并有公然辱骂黄某某"你王八蛋"这样的侮辱及谩骂用语，该内容本身具有显而易见的诽谤意义和侮辱意义，一旦公开传播足以使社会对黄某某做出道德品格及公众形象的负面评价，使黄某某的社会评价严重降低，故袁某应当更为谨慎地传播。然而，袁某通过其"×××品牌观察"微博，向该微博平台可及的传播范围，向不特定第三人公开传播有关黄某某的前述涉案内容，却并未向法院提交相应证据证明其传播消息的事实依据，而且袁某也表示并未对前述传播内容进行核实。

再则，虽然在袁某传播涉案微博内容之前，已经有其他网络社区、微博用户及其他网络用户在公开传播及评论相关内容，但是这些言论传播平台及自媒体相对比较分散且传播范围相对有限、影响力相对较小，而袁某将分别来自不同网络社区及微博自媒体的消息内容及

① 参见北京市海淀区人民法院民事判决书(2016)京0108民初12019号。

评论截图,进行了微博文字与微博图片的重新拼接组合,并在涉案微博平台上进行再传播,并产生了广泛的影响。由此可见,袁某不但没有对没有事实依据及公然侮辱他人的传播内容尽到较高注意义务,还进一步将原本分散的有关信息素材进行了集中传播,将原本传播范围及影响力相对较小的传播内容,通过其具有较大传播范围及影响力的涉案微博进行了加大力度的传播。

综上,袁某的涉案微博言论传播行为具有明显的过错,构成通过诽谤、侮辱等方式侵害黄某某名誉权的侵权行为,其应当承担相应的侵权责任。

二、网络短视频诽谤罪的案件介绍与评析

(一)案件介绍

诽谤是名誉侵权中最为常见的类型之一,指的是通过捏造或传播虚假信息,导致他人名誉受损的行为。诽谤行为通常包括媒体报道中的虚假新闻、社交平台上的恶意言论等,这些行为会导致受害人在社会公众中的名誉受到贬损。①

2020年7月,浙江杭州女子小谷取快递时,被快递站隔壁的便利店店主郎某拍了一段9秒钟的视频。随后,他又和另一个朋友何某一起,捏造了一个出轨故事安在小谷头上。8月,相关内容被扩散至110余个微信群(成员2.6万)、7个公众号(阅读量2万次)及网站(浏览量1000次),谣言对小谷的名誉、工作、生活,都造成了巨大的影响。那段时间,她被医院诊断为抑郁状态,还被公司以影响到业务和声誉为由劝退,丢掉了工作。事件经媒体报道后,微博话题阅读量达4.7亿次。

8月7日,被害人谷某某向公安机关报案。后被告人郎某涛、何某凯主动到公安机关接受调查,承认前述事实。8月13日,公安机关对郎某涛、何某凯行政拘留9日,并发布警情通报,对相关内容进行辟谣。

10月26日,被害人谷某某向浙江省杭州市余杭区人民法院提起刑事自诉。12月14日,法院立案受理并对被告人郎某涛、何某凯采取取保候审强制措施。

因相关事件及视频在网络上进一步传播、蔓延,案件情势发生重大变化。检察机关认为,郎某涛、何某凯的行为不仅侵害被害人的人格权,而且经网络迅速传播,已经严重扰乱网络社会公共秩序。由于本案被侵害对象系随意选取,具有不特定性,任何人都可能成为被侵害对象,因此严重破坏了广大公众的安全感。对此类案件,由自诉人收集证据并达到事实清楚、证据确实、充分的证明标准难度很大,只有通过公诉程序追诉才能及时、有效收集、固定证据,依法惩罚犯罪、维护社会公共秩序。12月22日,浙江省杭州市余杭区人民检察院建议公安机关立案侦查。12月25日,公安机关对郎某涛、何某凯涉嫌诽谤罪立案侦查。12月26日,被害人谷某某向余杭区人民法院撤回起诉,后该院作出准予撤回起诉的裁定。

浙江省杭州市余杭区人民法院于2021年4月30日作出判决:①被告人郎某涛犯诽谤

---

① 参见浙江省杭州市余杭区(市)人民法院(2021)浙0110刑初180号。

罪,判处有期徒刑一年,缓刑二年;②被告人何某凯犯诽谤罪,判处有期徒刑一年,缓刑二年。

(二)案件评析

本案争议焦点:网络诽谤行为是否构成"严重危害社会秩序",从而适用公诉程序?诽谤的入罪标准,是根据《刑法》第二百四十六条及司法解释,捏造事实诽谤他人,同一信息被点击5000次或转发500次以上即构成"情节严重"。本案中,虚假信息阅读量达2万余次,远超入罪标准,且二被告人伪造证据、冒充身份,主观恶意明显,符合诽谤罪构成要件。

法律赋予诽谤罪被害人较大的自主权、处分权,被害人可以自主决定是否提起刑事自诉,以追究被告人的刑事责任;在提起自诉后,随着诉讼程序的推进,仍可根据自己的意思,决定继续行使诉权,要求追究被告人的刑事责任,或者放弃诉权,向法院申请撤诉。这主要是基于诽谤罪一般发生在熟人之间,往往发生在个人社交圈内,所侵害的客体主要是特定被害人的名誉权;传播范围也相对可控,诽谤信息不会被大范围扩散,不会给其他无关人员的名誉造成损害。概言之,当诽谤犯罪行为未严重危害社会秩序和国家利益时,其侵害的是特定被害人的名誉权,社会危害性相对较小,故法律赋予被害人自主处分的权利。

诽谤罪与侮辱罪在原则层面属于自诉案件范畴,不过,司法解释中存在一条兜底条款,即倘若出现"严重危害社会秩序和国家利益"的情形,便可启动公诉程序。当诽谤行为针对特殊对象、诽谤信息因大范围传播而导致严重后果发生等,对社会秩序和国家利益造成严重危害,诽谤行为已不仅仅侵害了被诽谤对象的人格尊严和名誉权,还损害了社会秩序和国家利益,此时就需要国家公权力的介入,以维护被侵害的社会秩序和国家利益等公共法益。

余杭区法院经审理认为,被告人朗某涛、何某凯出于寻求刺激、博取关注等目的,捏造损害他人名誉的事实,在网络上散布,造成该信息被大量阅读、转发,严重侵害了被害人谷某某的人格权,影响其正常工作生活,使其遭受一定经济损失,社会评价也受到一定贬损,属于捏造事实通过网络诽谤他人且情节严重,二被告人的行为均已构成诽谤罪,公诉机关指控的罪名成立。鉴于二被告人的犯罪行为已并非仅仅对被害人谷某某造成影响,其对象选择的随机性,造成不特定公众恐慌和社会安全感、秩序感下降;诽谤信息在网络上大范围流传,引发大量淫秽、低俗评论,虽经公安机关辟谣,仍对网络公共秩序造成很大冲击,严重危害社会秩序,公诉机关以诽谤罪对二被告人提起公诉,符合法律规定。

三、网络直播名誉权侵权责任纠纷案介绍与评析

(一)案件介绍

宋某系某网络游戏玩家,2022年4月,其在游戏内与其他玩家就游戏道具分配问题产生矛盾。网络游戏主播叶某(粉丝数逾30万)开设专场直播公开评述宋某与他人的游戏纠纷,以"全网爆料""全服吃瓜"方式吸引不特定网络用户观看及讨论。在叶某的引导下,直播间内出现大量侮辱、谩骂宋某的弹幕评论,叶某对此未加以提醒和制止。宋某多次就上述直播

回放向平台致电举报,2022年5月,平台删除被诉直播回放。然而,叶某在宋某起诉后,还将载有宋某身份信息的诉讼文书违法向他人提供,致使宋某持续遭受人身攻击。宋某认为叶某的行为侵害其名誉权,且多次要求网络游戏直播平台删除前述直播回放未果,遂起诉要求叶某与网络游戏直播平台共同承担停止侵害、赔礼道歉、赔偿损失等侵权责任。

叶某辩称,其作为涉案游戏主播,发布直播目的是调和游戏玩家矛盾,未使用侮辱、贬损性语言,未侵害宋某名誉权。网络用户的评论未涉及宋某真实身份信息,游戏角色是虚拟身份,对虚拟人物的评价不会导致现实生活中宋某社会评价的降低。

广州某计算机系统有限公司辩称,宋某起诉前对平台直播回放的投诉不符合该平台《直播侵权投诉指引》的要求,不构成有效通知,被告亦无法判断涉案直播是否侵权,未实施侵权行为,无侵害宋某名誉的主观故意,不应承担侵权责任。

广州互联网法院于2022年8月19日作出民事判决:①叶某于判决发生法律效力之日起十五日内,使用某直播平台主播账号以直播的方式向宋某公开赔礼道歉,致歉内容须事先经法院审查,直播回放保留天数不少于十五日;②叶某于判决发生法律效力之日起十五日内向宋某赔偿精神损害抚慰金2万元;③驳回宋某的其他诉讼请求。宣判后,宋某向广东省广州市中级人民法院提起上诉。广东省广州市中级人民法院于2022年11月18日作出民事判决:驳回上诉,维持原判。①

(二)案件评析

本案件的主要焦点在于:其一,叶某的行为是否构成对宋某名誉权的侵犯?其二,广州某计算机系统有限公司是否需要与叶某承担连带责任?从法院对该案件的审理中,可以看到以上两个问题的答案。

其一,叶某的行为构成对宋某名誉权的侵犯。名誉权是指民事主体就自己获得的社会评价不受他人侵害的权利,民事主体享有名誉权,任何组织或者个人不得以侮辱、诽谤等方式侵害他人的名誉权。在本案中,叶某作为网络游戏主播,粉丝数逾30万,具有一定的影响力。其未了解纠纷全貌,仍利用自身热度,擅自开设专场直播,使用煽动、夸张言辞为直播间引流,违反直播平台严禁主播"引导用户拉踩引战、造谣攻击,实施网络暴力"的要求,制造宋某与其他游戏玩家的对立情绪,引导、放任网络用户对宋某进行侮辱、谩骂,该行为具有违法性。虽然网络用户的评论未直接涉及宋某真实身份信息,但结合直播公开的游戏角色形象、游戏画面和游戏账号注册使用情况,能够确定宋某即涉案直播评述的游戏玩家,客观上造成宋某社会评价降低。此外,叶某将载有宋某身份信息的诉讼文书违法向他人提供,亦加重了侵权行为的损害后果,叶某具有主观过错,应当依法承担侵害宋某名誉权的责任。

其二,广州某计算机系统有限公司不需要与叶某承担连带责任。网络直播平台运营者在侵权责任认定中,需要考虑其是否知晓或应当知晓侵权行为的发生以及是否及时采取必要措施。在本案中,游戏直播平台运营者并非涉案网络游戏运营方,不知晓游戏用户真实身

① 一审判决出自广州互联网法院(2022)粤0192民初9098号,二审判决出自广州市中级人民法院(2022)粤01民终21935号。

份,亦难以实时监控直播弹幕跟帖情况,故不足以认定存在"知道或应当知道"侵权行为发生的情形。宋某向直播平台客服电话投诉时未提供构成侵权的初步证据及权利人的真实身份信息,且直播平台在宋某起诉后提供了侵权用户身份信息,并删除被诉直播回放,未违反平台的法定义务,依法不承担侵权责任。

结　语

　　名誉权作为人格权的重要组成部分,在媒体传播活动中具有特殊的意义和价值。本章通过对名誉权概念、侵权构成要件、抗辩事由的系统梳理,以及对互联网时代名誉权保护新特点的深入分析,全面展现了媒体传播与名誉权保护的复杂关系。

　　名誉权保护的核心在于维护个人或组织的社会评价不受不当损害。在媒体传播中,名誉侵权主要表现为诽谤、侮辱等行为,其构成要件包括违法行为、损害事实、因果关系和主观过错四个方面。值得注意的是,媒体在报道新闻、评论时事时享有一定的言论空间,真实报道、公正评论、合理使用等都可以成为合法的抗辩事由。这种平衡体现了法律在保护人格权与保障言论表达之间的审慎考量。

　　互联网的快速发展给名誉权保护带来了新的挑战。社交媒体转发不实内容、网络短视频诽谤、网络直播侵权等新型侵权形式层出不穷,其传播速度快、影响范围广、损害程度深等特点,使得传统的名誉权保护机制面临严峻考验。本章分析的典型案例表明,网络环境下名誉侵权往往具有"一点发布、全网传播"的显著特征,给受害人造成难以弥补的损害。

　　名誉权保护需要平衡多方利益。既要充分保障个人的人格尊严,又要维护媒体的舆论监督功能;既要打击恶意侵权行为,又要保护正当的言论表达;既要强化法律规制,又要尊重传播规律。这种平衡需要立法者、司法者、媒体从业者和广大网民共同探索,在实践中不断优化保护机制。

思考题

　　1. 媒体侵害名誉权的构成要件有哪些?

　　2. 媒体侵害名誉权的类型有哪些?

　　3. 媒体名誉侵权的抗辩事由有哪些?

第十一章

媒体传播与隐私权

◆ 学习目标

1. 深入理解隐私权的法律概念及其与个人信息的区别与联系。

2. 系统掌握数字时代隐私权内涵的新变化,包括私密空间、私密活动和私密信息的界定。

3. 全面认识媒体传播各环节可能涉及的隐私侵权风险。

◆ 本章概述

在数字时代,隐私权的保护面临前所未有的挑战。随着媒体技术的快速发展和信息传播方式的变革,个人隐私与公共信息的边界日益模糊,隐私权侵权问题愈发突出。本章从隐私、个人信息与隐私权的基本概念入手,探讨媒体侵害隐私权的类型及其侵权责任,分析数字时代下隐私权的重构与新型侵权形式,并通过典型案例揭示隐私权保护的复杂性与紧迫性。

第一节 隐私、个人信息与隐私权

在当今信息化社会,隐私、个人信息以及隐私权已成为备受关注的焦点。本节将探讨隐私、个人信息和隐私权这三个关键概念,分析它们之间的联系与区别,并介绍相关法律规定如何在实践中保护个人隐私和信息安全。

一、隐私

美国学者沃伦(Samuel D. Warren)和布兰代斯(Louis D. Brandeis)于1890年在《哈佛法律评论》发表了《论隐私权》一文,将隐私界定为一种"免受外界干扰的、独处的"权利,强调需要法律保护以防止对个人生活的不当侵犯,此后隐私权日益引起学界、司法实务界的广泛关注。[1]

我国《民法典》第一千零三十二条明确,隐私是自然人的私人生活安宁和不愿为他人知晓的私密空间、私密活动、私密信息。私密空间不仅包括实体的物理空间,如住宅和私人车辆,也包括虚拟的网络空间。对物理性私密空间的侵犯可能构成对所有权的侵害,同时也可能侵犯隐私权。私密活动指的是自然人的日常生活、社会交往、工作轨迹等不愿为他人所知悉的活动信息。自然人的私密信息,是指所有与个人相关的、不愿为他人知悉的资讯,包括以下三种情形:与自然人人身相关的信息,如身高、体重、健康状况等;与自然人身份相关的信息,如各类证件号码、婚恋情况、家庭(成员)情况、家庭住址、社会关系等;其他相关的信息,如财产状况、宗教信仰、个人经历(档案)、个人日记等。

二、个人信息与隐私的关系

根据我国《民法典》第一千零三十四条的规定,个人信息是指以电子或其他方式记录的能够单独或与其他信息结合识别特定自然人的各种信息,包括自然人的姓名、出生日期、身份证件号码、生物识别信息、住址、电话号码、电子邮箱、健康信息、行踪信息等。与此同时,《个人信息保护法》第四条也规定,个人信息是指以电子或其他方式记录的与已识别或可识别的自然人有关的各种信息,不包括匿名化处理后的信息。

自然人的个人信息受法律保护,包括个人信息的收集、使用、加工、传输、提供和公开等处理活动。然而,《民法典》没有直接将"个人信息权"作为一个独立的权利来定义。不过,第一千零三十四条特别提到"个人信息中的私密信息,适用有关隐私权的规定;没有规定的,适用有关个人信息保护的规定",这表明个人信息与隐私权在一定程度上是密不可分的。综上所述,虽然《民法典》没有直接将"个人信息权"作为一个独立的权利来定义,但它通过隐私权和个人信息保护的相关规定,间接地对个人信息权益给予了保护。从广泛意义上看,个人信息中包含了隐私,侵犯隐私的行为必然侵犯个人信息权益。[2]

隐私与个人信息的联系包括以下三点:①权利主体都属于自然人;②都体现了个人对其私生活的自主决定;③客体上有交错。[3]

隐私与个人信息的具体区别包括以下几个方面:①侧重点:隐私强调"私密性",个人信息强调"身份识别性";②表现形态:个人信息的形态是"信息",而隐私的形态则不限于信息形态;③利益相关者角度:隐私仅具有个体性,与他人利益或公共利益无关,而个人信息与国家利益、公共利益密切相关。[4]④权利属性的界分:隐私权主要是一种精神性的人格权,主要体现的是人格利益,侵害隐私权也主要导致的是精神损害。而个人信息权在性质上属于一

---

① 王利明.隐私权概念的再界定[J].法学家,2012(01):108-120,178.

② 高志宏.隐私、个人信息、数据三元分治的法理逻辑与优化路径[J].法制与社会发展,2022(02):207-224.

③ 王利明.论个人信息权的法律保护——以个人信息权与隐私权的界分为中心[J].现代法学,2013(04):62-72.

④ 马特.隐私权研究:以体系构建为中心[M].北京:中国人民大学出版社,2014.

种集人格利益与财产利益于一体的综合性权利,并不完全是精神性的人格权,其既包括了精神价值,也包括了财产价值。隐私仅具有人格属性,而个人信息兼具人格权属性和财产权属性。综上所述,作为隐私权客体的隐私,与个人生存、自由、尊严密不可分;作为个人信息权益客体的信息,已经从隐私中独立出来,成为一种独立的法律保护对象。①

三、隐私权

我国《民法典》第一千零三十二条规定,自然人享有隐私权。任何组织或者个人不得以刺探、侵扰、泄露、公开等方式侵害他人的隐私权。第一千零三十三条规定,除法律另有规定或者权利人明确同意外,任何组织或者个人不得实施下列行为:①以电话、短信、即时通信工具、电子邮件、传单等方式侵扰他人的私人生活安宁;②进入、拍摄、窥视他人的住宅、宾馆房间等私密空间;③拍摄、窥视、窃听、公开他人的私密活动;④拍摄、窥视他人身体的私密部位;⑤处理他人的私密信息;⑥以其他方式侵害他人的隐私权。

第二节　媒体侵害隐私权的类型与抗辩事由

一、媒体侵害隐私权的类型

媒体侵害隐私权包括以下三种类型。

第一,侵害私人信息。这种情况主要是指媒体工作者未经权利主体同意而非法披露民事主体的个人信息。这是媒体侵害隐私权的典型形式。主要包括:非法暴露他人的身体隐私;非法暴露患者的疾病隐私;非法侵害他人通讯隐私;非法披露、公开或散布个人身份资料;非法披露、公开或散布个人历史资料;非法披露、公开或散布家庭信息等。新闻工作者在未经权利人同意之前,不应在新闻报道中披露以上信息。否则,极有可能构成媒体侵权,进而承担相应的赔偿责任。

第二,侵害私人活动。要防止媒体活动侵害私人活动的发生,媒体从业者不应以下列方式获得新闻信息:窃听;监视跟踪;强行拍摄、录音和采访等干扰民事主体自主活动等行为;私拆信件及偷窥他人其他文件资料等私自干预他人隐私事务的自我决定行为;私自调查、偷窥他人个人隐私资料的行为。媒体使用"跟踪""偷拍""监听"等非正常手段获取新闻资讯时,其使用范围应该仅仅限定在违背社会公德、损害公共利益且对其进行披露可以让广大公众受益的新闻事件中,并且在采访过程中收集到的与报道内容无关的个人隐私信息应主动

---

① 高志宏.隐私、个人信息、数据三元分治的法理逻辑与优化路径[J].法制与社会发展,2022(02):207-224.

及时地予以保密并销毁。

第三,侵犯私人生活安宁。这主要包括:私闯民宅;私自闯入民事主体的居住旅馆、野营帐篷等隐私空间等;非法搜查与非法探测民事主体其他私人空间等行为。私密空间不仅包括实体的物理空间,如住宅和私人车辆,也包括虚拟的网络空间。对物理性私密空间的侵犯可能构成对所有权的侵害,同时也可能侵犯隐私权。而虚拟空间的认定相对复杂,如微信朋友圈通常被视为公共空间,而微信群和QQ空间的私密性则可能因特定设置而有所区别。需要特别说明的是侵犯私密空间的行为可能触发民事责任,也可能涉及刑事责任。

随着现代技术的不断发展,侵扰行为发生的场域从实体物理空间扩展至电子网络等虚拟空间。例如通过电话、短信、电子邮件等网络手段进行"信息轰炸"。在这类侵害行为中,加害人是否有获取自然人私密的主观意图和事实并不构成侵害的后果要件。只要侵扰行为本身给自然人的正常生活带来干扰,使其遭受精神上的不安宁,即满足侵害的后果要件。

需强调的是,媒体应特别注意以下两种特殊主体的隐私权保护问题,一是未成年人的隐私权保护。我国《未成年人保护法》第四十九条规定:"新闻媒体采访报道涉及未成年人事件应当客观、审慎和适度,不得侵犯未成年人的名誉、隐私和其他合法权益。"第七十三条规定:"网络服务提供者发现未成年人通过网络发布私密信息的,应当及时提示,并采取必要的保护措施。"二是公众人物的隐私权保护。"对公众人物的隐私进行限制已经成为许多国家的立法和判例所通行的一个做法,只不过公众人物的范围和限制的程度有所区别。"[1]政府官员是公众人物的一种,世界通行立法是对公众人物的隐私权的保护范围要进行相当程度的限制,其享有的隐私权范围小于普通民众。并不是要政府官员牺牲所有的个人隐私,只有当其个人隐私与公众的公共利益相联系的时候,才需要让步于公众的知情权。

二、媒体报道中隐私侵权的抗辩事由

当媒体被指控侵犯隐私权时,媒体可以提出一项或多项抗辩理由,以反驳原告的指控。抗辩事由是指被告在诉讼中提出的反驳原告诉求的理由或依据,旨在减轻或免除其法律责任。在隐私权案件中,媒体可能通过提出某些抗辩事由来证明其行为合法或不应承担侵权责任。以下是几种主要的抗辩事由。

第一,当事人同意,包括明示同意与默示同意。前者是指权利人明确表示愿意媒体披露其隐私,即媒体表达了采访的意愿或报道的意愿后,权利人同意被采访或被报道;后者是指权利人对于自己的行为或所说话语,虽然没有明确表态同意公开,但是从其行为可以推定其愿意公开(除非有明确禁止性表态),如在公共场所发表的言论。

第二,信息内容来源于公共记录。这是指媒体公布的当事人信息属于公共记录,已为人知或通过合法途径可以知晓的资料,媒体公开该隐私资料不被视为对隐私权的侵犯。特别是当个人信息来源于官方权威机关的,媒体有当然的豁免权。

---

① 王利明.人格权法研究[M].北京:中国人民大学出版社,2008:622.

　　第三,正当行使舆论监督权。媒体报道之目的在于确保新闻机构及其工作者正当行使舆论监督权,确保社会健康持续发展。所以,媒体机构正当行使舆论监督权是隐私权侵权的又一重要免责事由。这具体包括三个方面:其一,媒体为了公共利益披露个人隐私的;其二,媒体为了公共安全披露个人隐私的;其三,媒体为了保证公民的知情权披露个人隐私的。

　　第四,公众人物的隐私权限制。社会公众人物会通过让渡一部分个人隐私权来获取更高程度的知名度和影响力,因此相比一般自然人,社会公众人物的隐私权保护范围更小。国家公务人员的隐私权也存在一定程度的限制,特别是与其职责相关的个人信息。司法实践中,对于公众人物的隐私权保护,应该遵循以下原则。①公共利益原则。若公众人物的隐私权保护与公共利益发生冲突,应该服从公共利益的需要。②非营利性原则。行为人出于营利目的,将社会公众人物隐私作为卖点的,可能构成对社会公众人物隐私权的侵害。反之,对于非营利性的行为,社会公众人物的容忍度应有所提高。③真实性原则。对社会公众人物隐私权的限制,应该以内容真实为限。对于报道虚构内容的行为,可能引发侵害名誉权等法律后果。

第三节　数字时代下的媒体与隐私权

一、数字时代下隐私的重构

　　在数字时代,隐私的概念和保护面临着极大的挑战。传统上,隐私被视为个人生活安宁和不愿为他人知晓的私密空间、私密活动、私密信息的状态。然而,随着数字化和智能化技术的发展,这些私密领域的界限变得模糊,隐私的内涵和形式都发生了新变化。

(一)私密空间的新变化

　　在传统媒体时代,私密空间通常指的是物理空间,如个人住宅。然而,在数字时代,私密空间的概念已经扩展到了电子网络虚拟空间。虚拟空间已成为个人信息和活动的重要领域,涵盖社交媒体、电子邮件、云存储等平台。数字化生存模糊了“前台”与“后台”的界限,智能传播技术不断渗透到公民生活的私密领域,使得媒体对用户的监控行为从集中化转向泛化、流动化和不确定化。这种趋势持续压缩和侵犯私密空间的边界,导致个人隐私面临更大威胁。①

---

　　① 顾理平.面子里的人格尊严:智媒时代公民的隐私保护[J].南京师大学报(社会科学版),2022(04):128-138.

（二）私密活动的新变化

私密活动指的是个人在日常生活中不愿为他人所知的活动。在数字时代,随着网络购物、社交媒体互动和搜索引擎查询等行为的普及,这些活动都被数字化记录并存储在服务器中。2007年,美国《连线》杂志记者加里·沃尔夫和凯文·凯利提出了"量化自我"的概念,指的是通过数字设备对个人行为、习惯和健康等数据进行量化、追踪和管理。[①]这些设备收集的数据经过分析后,能够预测个人的行为模式和偏好,从而使原本私密的活动逐渐变得透明化。例如,智能手表和健康应用可以实时监测并记录用户的运动量、心率等健康数据,进一步模糊了隐私与公开的界限。

（三）私密信息的新变化

私密信息包括所有与个人相关的、不愿为他人知悉的信息。在数字时代下,个人信息不再仅仅是传统的身份证明文件,如姓名、出生日期等,而是包括了各种可以识别个人的数据,如生物识别信息、行踪信息等。这些信息以数据化的形式存在于用户和平台的交互中,构成了个人的私密信息。[②]信息性隐私的保护变得更加复杂,因为数据的收集、存储和处理往往在用户不知情的情况下进行。社交媒体平台、搜索引擎和电子商务网站都在不断地收集用户的个人数据。大数据分析和人工智能技术的应用使得从这些数据中提取个人隐私变得更加容易。

二、数字媒体时代侵犯隐私权的新现象

在数字时代,媒体侵犯隐私权的形式和手段发生了显著变化。传统媒体时代对隐私的侵犯主要集中于报道阶段,报道出来,侵害行为已经发生,是侵害隐私权的构成要件之一。然而,在数字时代,媒体在算法和人工智能技术的推动下,在信息收集、信息处理、信息发布和信息交互这四个阶段都有可能侵犯个人的隐私。

在信息收集阶段,虽然媒体会通过隐私政策和用户协议来合法化其数据收集和使用行为,然而,这些协议往往复杂难懂,用户为了获得媒体平台的"入场资格"往往没有其他选择,必须选择同意平台方的收集个人信息的协议。一些媒体平台可能收集用户的生物识别信息,如指纹、面部识别数据等,增加了隐私泄露的风险。

在信息处理阶段,媒体和数据处理者通过算法对收集到的大量数据进行分析和挖掘,以提取有价值的信息。除此之外,"智能媒介技术会借助成熟的大数据技术和算法,'基于用户

---

① 俞立根,顾理平.隐私何以让渡:量化自我与私人数据的日常实践[J].苏州大学学报(哲学社会科学版),2024(02):172-181.

② 顾理平,俞立根.智媒时代公民的身份确认与信息性隐私的保护——基于情景化识别的视角[J].南京社会科学,2022(05):99-110.

过往行为习惯而做出'预测',进而实施'引领'"[①]。这一过程中可能出现的隐私侵害问题包括数据的二次使用、数据的误用或滥用。例如多个平台通过共享用户数据来识别和分析个人,或者平台可能通过分析群体行为来推断不同个体的特征。通过这种识别,媒体能够构建起用户的详细个人档案,包括消费习惯、兴趣爱好、社交关系等,这可能导致个人数据在未经用户同意的情况下被用于其他目的,如广告精准投放、政治宣传等,这会侵犯用户的隐私权。

在信息发布阶段,媒体将处理后的信息通过各种渠道发布给公众。"数据最初是散落在网络各处的原始生产资料,获得加工后变成描绘完整个人信息的成型商品,最终进行销售、转卖。"[②]在这一阶段,未经授权的信息公开、信息的误导性发布都会给用户带来安全风险。

在信息交互阶段,在媒体平台上,用户为了建立和维护社交联系,可能会主动让渡自己的隐私信息。媒体平台通过收集这些信息,进行数据监控和商业利用。人们频繁的网络使用行为不可避免地留下了数字化痕迹,这些都会成为数字监视的对象。在这个阶段,用户的每一次点击、搜索、评论和分享都可能被监控和记录,这可能会导致用户的生活习性、健康状况、经济状况等敏感信息被泄露。

数字时代的媒体侵犯隐私权的新变化具有隐蔽性、技术性和复杂性。媒体通过智能技术不断地收集和处理用户数据,利用算法预测和引导用户行为,并将个人信息作为商品进行交易和利用。这些行为不仅侵犯了用户的隐私权,还可能对用户的安全、自由和尊严造成威胁。因此,需要从法律、技术、教育等多个层面出发,加强对个人信息的保护,提高公众的隐私保护意识,并促进媒体提高社会责任感,加强其伦理规范。

第四节　数字媒体时代侵犯隐私权的案例分析

一、手机号码泄露引发的隐私权纠纷案介绍与评析

(一)案件介绍

2019 年 11 月 5 日开始,黄某某不断收到骚扰电话和微信好友验证通知,原因是其实名认证的手机号"185×××××××××"出现在由霍尔果斯凤凰联动影业有限公司(以下简称凤凰联动公司)、珠海市玖点影业发展有限公司(以下简称玖点公司)出品的网络剧《白狐的人生》第八集中,致使众多网民认为该手机号机主是《白狐的人生》中的扮演者或者剧组人员。黄某某不堪其扰,压力倍增,此事扰乱了其正常的生活和工作状态,故黄某某于 2019

---

① 范海潮,顾理平.私密感的剥夺:智能传播时代隐私困境之时空视角解读[J].现代传播(中国传媒大学学报),2024(02):23-31.

② 顾理平,王飔濛.从圈子到关系:智媒时代公私边界渗透及隐私风险[J].社会科学辑刊,2022(03):184-190,209.

年 11 月 12 日委托北京华馥律师事务所向二被告出具律师函,函告二被告停止损害、赔礼道歉,同时赔偿精神损失、因维权而支出的律师费用、误工费,二被告未做回应。

凤凰联动公司辩称,涉案网剧拍摄于 2017 年 3 月,涉案手机号码系在拍摄期间由剧组合法使用,停止使用后通过运营商进行二次销售,其不知情,无侵权事实和故意。且在发现该剧第八集中出现手机号码后,立即对相关画面进行了模糊处理,并于 2019 年 11 月 10 日将处理后的视频资料传予视频平台方,当日完成替换,不存在放任行为,主观上无过失。同时,原告提交的证据不能证明与本案有关,未造成严重精神损害后果,不符合《侵权责任法》第二十二条的规定,请求法院驳回原告诉讼请求。玖点公司辩称,其非涉案网剧的承制方,仅是该剧的出品方,未参与制作过程,对视频内容没有审查、监督义务,请求法院驳回原告诉讼请求。

法院最后的判决结果为:①被告霍尔果斯凤凰联动影业有限公司与被告珠海市玖点影业发展有限公司于本判决生效之日起十日内向原告黄某某赔偿精神损害抚慰金 3000 元;②被告霍尔果斯凤凰联动影业有限公司与被告珠海市玖点影业发展有限公司于本判决生效之日起十日内向原告黄某某赔偿律师费 1000 元;③驳回原告黄某某的其他诉讼请求。[1]

(二)案件评析

本案的争议焦点主要在于两点:一是被诉行为是否构成侵害原告隐私权;二是如果构成侵权,应如何承担民事责任。从法院对该案件的审理中,可以看到以上两个问题的答案。

其一,被诉行为是否构成侵害原告隐私权?这可以从加害行为、损害后果、加害行为与损害后果间是否具有因果关系,以及被诉是否有主观过错四个方面探讨。就加害行为而言,私人生活安宁是隐私权的重要内容,个人手机号码与个人生活安宁关联密切,未经权利人许可被不当披露,可能导致权利人通信安宁被侵扰,妨害正常生活安宁。涉案网剧制作方在原告不知情的情况下使用其手机号码并公开,使原告陷入被侵扰的显著危险中,构成对其个人生活的侵扰性介入,涉及侵害其私生活领域内应有的安宁状态。就损害后果而言,原告私人生活安宁受侵害主要导致精神损害。涉案手机号码通过涉案网剧公开,网络传播的便捷性、可溯性和可编辑性使其传播效能远超传统方式,造成的损害后果也更加显著。原告在号码公开后接连收到多个陌生来电和微信好友申请,处于学习、工作繁忙的毕业前夕却受到较高频次的电话和微信侵扰,且在制作方处理授权网站播出画面后仍有陌生网民的微信打扰,存在被继续侵扰的潜在风险,上述侵扰情形已超出原告应当容忍的限度,破坏了原告的安宁状态。就加害行为与损害后果的因果关系而言,原告安宁状态存在被侵扰风险以及实际受到的网民侵扰,均是由于涉案网剧公开了属于原告的涉案手机号码,且该号码被设定为剧中角色所有,激发了观剧网民的好奇心理,被诉行为与原告遭受的损害后果间存在必然联系,有客观的因果关系。就被告的主观过错而言,隐私权是绝对权,具有对世的法律效力,影视剧制作行业应强化公民权利保护的法律意识,遵循必要且安全的原则。制作方在涉案网剧中使用涉案手机号码,未采取任何风险防范措施,虽主张有权使用,但无确实证据证明,且作为

---

① 参见:北京互联网法院民事判决书案号(2020)京 0491 民初 9079 号。

专业影视剧制作单位,应有能力理解并判断影视制作到播出的正常周期,其合法使用的期间明显短于涉案网剧制作与播出的正常周期。同时,现有技术和艺术表达方式能给制作方提供多种方法和选择来处理真实信息呈现问题,以降低侵权风险,而制作方未尽相应注意义务,对可能存在的侵权风险持放任态度,主观上存在过错。

综上,涉案手机号码被涉案网剧不当披露,造成了原告私人生活安宁被侵扰,超出了合理容忍的限度,制作方主观上存在过错,构成对原告隐私权的侵害。

其二,被告构成侵权,应如何承担民事责任?根据涉案网剧的片尾署名,凤凰联动公司是涉案网剧的出品方,玖点公司是联合出品方,在无相反证据证明情况下,可以确认二者均为涉案网剧的制作方,共同侵害了原告的隐私权,应承担连带侵权责任。关于精神损害抚慰金,涉案侵权行为造成原告无端遭受陌生网民侵扰,虽二被告较快地进行了一定处理,但仍导致原告在一段时期内遭受私人生活安宁被侵扰的痛苦,以及承受可能被继续侵扰的苦闷,应以精神损害抚慰金对原告予以抚慰,但赔偿的具体金额由法院综合考虑涉案侵权行为的影响范围、持续时间、侵权人主观过错等予以酌定。关于误工费,因误工费系侵权行为导致的工资、奖金等劳动报酬的实际损失,现有证据尚不足以证明原告实际发生了该损失,故不予支持。关于律师费,原告为制止涉案侵权行为向二被告发送律师函,支出了相关费用,系维权合理开支,法院应予支持。

二、网络短视频隐私权侵权案介绍与评析

(一)案件介绍

原告李某某是一位未成年女孩,因不愿意上学而哭闹,父母采取了将其绑在树上的方式进行教育。这一过程被路人魏某用手机拍摄下来,拍摄的视频中李某某的面部特征清晰可见,甚至还露出了内裤。魏某未经李某某及其监护人的允许,私自将这段高清视频上传至微博进行传播。李某某的父亲在发现视频被传播后,及时通知了某网络技术有限公司,要求其删除涉案视频,但该公司未能及时采取必要措施,导致侵权损失进一步扩大。李某某认为魏某的行为侵犯了其肖像权、名誉权和隐私权,而某网络技术有限公司未及时处理,应与魏某承担连带责任,故将二者起诉至法院。

魏某辩称,其主观上并无过错,拍摄视频是为了保护未成年人,且视频内容真实,其行为不构成违法,也未侵害李某某的权利。某网络技术有限公司则辩称,公司仅是提供空间储存服务的网络服务提供者,无任何主观过错,未找到涉案微博内容,且李某某未进行有效通知,公司不应承担责任。

法院经审理查明,涉案视频时长9秒,内容为小女孩被黑色拖车绳绑在树上,呈站姿,撩着连衣裙露出内裤,视频中有小女孩的哭声,其父亲走向拍摄者并要求其离开。魏某当天通过微博账号发布了4篇相关博文,第1篇因审核未通过未发布,后通过私信将视频发给某大V,并转发该大V的博文,随后删除了前三篇博文,并发布道歉博文。李某某父亲通过私信联系客服和手机App"问题反馈"栏目通知了某网络技术有限公司删除视频,但公司未收到该通知。

北京互联网法院于2020年9月23日作出民事判决：①本判决生效之日起十日内，被告魏某向原告李某某当面赔礼道歉；②本判决生效之日起十日内，被告魏某赔偿原告李某某精神损害抚慰金3000元；③本判决生效之日起十日内，被告魏某赔偿原告李某某律师费3000元、公证费200元；④驳回原告李某某的其他诉讼请求。[①]

（二）案件评析

本案件的主要焦点在于：其一，魏某的行为是否构成对李某某肖像权、隐私权的侵犯？其二，某网络技术有限公司是否需要与魏某承担连带责任？

其一，魏某的行为构成对李某某肖像权、隐私权的侵犯。肖像权是指自然人对自己的形象被再现和使用的控制权。公民享有肖像权，未经本人同意，不得以营利为目的使用公民的肖像。然而，这并不意味着不以营利为目的就可以随意使用他人肖像。在本案中，魏某拍摄并传播涉案视频，未经李某某监护人的同意，且在李某某父亲明确制止后，仍然继续拍摄并通过微博私信发送给他人，随后又进行转发，其行为已经超出了合理使用的范围，构成对李某某肖像权的侵犯。虽然魏某声称其目的是保护未成年人，但其采取的方式却在客观上给李某某造成了次生伤害，缺乏必要性，给李某某造成了损害。

隐私权是指自然人享有的私人生活安宁与私人信息秘密依法受到保护，不被他人非法侵扰、知悉、收集、利用和公开的权利。对于未成年人来说，其隐私权应当受到更高的保护。在本案中，李某某被父母当街管教，虽然发生在公共场所，但知悉范围有限，一旦被大范围公开，可能会对李某某的人格利益和人格尊严造成重大损害。虽然隐私强调私密性，但并不意味着在公开场所进行的活动就一定不构成隐私。如果这些在特定公开场所进行的是仅为一部分人所知悉的活动，一旦被大范围公开即会给权利人的人格利益造成重大损害，亦应当作为隐私予以保护。因此，认定隐私是否存在及其范围，应当从权利人本身的意愿和社会一般合理认知两个视角共同去界定。当涉及权利主体是未成年人的情形时，行为人应当施以更高的注意义务，使未成年人的合法权益得到最大程度的保护。

本案中，魏某在拍摄涉案视频时，李某某的监护人是予以制止的，其已经通过行为明确表示了不愿意通过录制视频扩大知晓范围的主观意愿。虽然李某某被其父母当街管教，但知悉范围限于当地当时的过路人群，对李某某造成的影响有限。因李某某父母系采取当街将其绑在树上进行管教的方式，一旦扩大传播，不仅可能会让李某某的同学等相关人士知晓，也可能会带来社会热议的后果，将对李某某造成人格利益和人格尊严的重大损害。并且，涉案视频中还有李某某在挣扎时露出内裤的镜头，涉及李某某的私密部位，也不适宜进行传播。故按照社会一般合理认知，无论是李某某本人，还是李某某的父母，均不愿意此事超过现有范围进行传播。综上，从权利人的主观意愿和社会一般合理认知两方面来看，在当时的情境下，李某某被父母管教系在一定范围内的私密活动，而李某某露出内裤的镜头涉及其私密部位，都属于隐私权保护的范围。因此可以认定魏某传播涉案视频的行为侵犯了李

[①] 本案例的内容参见北京互联网法院，北京互联网法院入选人民法院案例库案例（四）：李某某诉魏某、某网络技术有限公司网络侵权责任纠纷，2024年12月6日。

某某的隐私权。

其二,某网络技术有限公司不需要承担连带责任。某网络技术有限公司作为网络服务提供者,其责任认定需要考虑是否接到有效通知以及是否及时采取必要措施。在本案中,李某某父亲虽通过私信联系客服和手机App"问题反馈"栏目通知了某网络技术有限公司删除涉案视频,但公司未收到该内容。此外,魏某在传播涉案视频当日即自行删除,不存在某网络技术有限公司接到通知采取必要措施的适用空间。因此,某网络技术有限公司无须与魏某承担连带责任。

结 语

在数字化浪潮席卷全球的今天,隐私权的保护正面临着前所未有的严峻挑战。随着媒体技术的迅猛发展和传播方式的深刻变革,个人信息在信息收集、处理、发布和交互等各个环节中都面临着被不当获取、使用和传播的风险。本章通过对隐私权基本概念的系统梳理,对数字时代隐私形态新变化的深入分析,以及对典型侵权案例的详细评析,全面揭示了当前隐私权保护面临的复杂局面。

媒体作为信息传播的主要渠道,在隐私保护方面承担着特殊责任。在信息收集环节,过度采集用户数据的行为时有发生;在信息处理环节,数据存储和使用的安全性面临考验;在信息发布环节,不当披露个人隐私的情况屡见不鲜;在信息交互环节,用户隐私存在被二次利用的风险。手机号码泄露案和网络短视频侵权案等典型案例充分表明,媒体机构必须在遵循合法性、正当性和必要性原则的基础上,建立健全个人信息保护机制,强化从业人员的隐私保护意识,避免因工作疏忽或利益驱动而导致隐私侵权行为的发生。

实现有效的隐私权保护需要多方主体的协同努力。立法机关应当完善相关法律法规,为隐私保护提供更明确的法律依据;监管部门需要加强执法力度,建立更有效的监督机制;媒体机构应当健全内部管理制度,将隐私保护要求落实到采编流程的各个环节;技术开发者要在产品设计中贯彻隐私保护理念;教育机构则应加强隐私保护教育,培养全社会的隐私保护意识。

在技术快速迭代的背景下,隐私权保护还面临着诸多新课题。人工智能技术的广泛应用使得个人信息处理更加自动化,算法推荐可能加剧隐私泄露的风险。这些变化要求隐私保护机制必须与时俱进,既要保持法律规范的稳定性,又要具备适应技术发展的灵活性。

总之,隐私权保护是数字时代人权保障的重要内容,应构建起有效的隐私保护体系,实现个人信息权益与信息自由流动的平衡发展。

思考题

1. 媒体侵害隐私权的类型有哪些?
2. 媒体报道中隐私侵权的抗辩事由有哪些?
3. 数字媒体时代侵犯隐私权的新现象有哪些?

第十二章

媒体传播与著作权

◆ 学习目标

1. 掌握著作权的基本概念、权利内容及保护制度框架。
2. 理解媒体传播中著作权利用与限制的法律规定。
3. 认识数字时代著作权保护面临的新挑战与前沿问题。

◆ 本章概述

在数字化与智能化迅速发展的背景下,媒体传播对著作权制度提出了前所未有的挑战。本章梳理了著作权的基本理论框架,涵盖概念、主体、客体、内容及保护期限等相关知识;探讨媒体传播中著作权的利用、限制与保护机制,阐明许可、转让、合理使用及新闻作品保护的法律边界;同时,本章关注自媒体洗稿、短视频、人工智能生成内容及网络游戏直播等新兴问题,揭示新技术环境下著作权保护的困境与探索方向。

第一节 著作权概述

一、著作权的概念

我国《宪法》对于公民进行科学研究、文学艺术创作和其他文化活动的自由进行了规定,这是我国著作权法所依据的根本原则。著作权是民事主体依法对作品及相关客体所享有的专有权利。"著作权"这一概念有狭义和广义之分。狭义的著作权仅指民事主体对作品所享有的一系列专有权利。广义的著作权还包括邻接权,邻接权也可称之为"传播者权利",在我国《著作权法》上立法界定为"与著作权有关的权利",即民事主体对作品之外的客体所享有的一系列专有权利。在我国,依《著作权法》的规定,邻接权特指表演者对其表演、录音录像制作者对其制作的录音录像制品、广播组织对其播出的节目信号和出版者对其设计的版式享有的专有权利。[①]

二、著作权的客体

著作权的客体是指文学、艺术和科学作品作者为了表达自身的思想、情感或者研究成果所创作出的具有独创性并能以一定形式表现出的智力成果。《著作权法》第三条规定："本法所称的作品,是指文学、艺术和科学领域内具有独创性并能以一定形式表现的智力成果,包括:(一)文字作品;(二)口述作品;(三)音乐、戏剧、曲艺、舞蹈、杂技艺术作品;(四)美术、建筑作品;(五)摄影作品;(六)视听作品;(七)工程设计图、产品设计图、地图、示意图等图形作品和模型作品;(八)计算机软件;(九)符合作品特征的其他智力成果。"

首先,"作品"必须是人类的智力成果,其他非人类所创作的产物可能具有欣赏价值,但是它不是人类的智力成果,不符合法律对于"作品"的规定,即便再有欣赏价值也不会成为著作权的客体。

其次,"作品"必须是能够借助一定形式为人所感知的表达。如果作者仅仅具有相关思想而没有对思想进行可被他人感知的创作,即仅仅具有抽象的思想而不具有具体的表达,那么这种思想不属于《著作权法》所规定的作品。

另外,"作品"必须是文学、艺术和科学领域内的智力成果,在文学、艺术和科学领域外的智力成果并不属于《著作权法》的保护范畴。除此之外的智力成果及其表达形式有些受到其他知识产权法律制度或者知识产权之外的其他法律制度的保护,有些则基于某种原因,不能成为财产权的客体而受到法律的保护。[②]

最后,"作品"必须是具有独创性的智力成果。独创性是我国法律所规定的创作物是否为作品的核心特点,结合《最高人民法院关于审理著作权民事纠纷案件适用法律若干问题的解释》来看,针对相同的题材,不同的作者进行创作,只要作品具有独创性,那么就应该受《著作权法》保护。结合这一规定来看,独创性具有两个条件:一是独立完成,二是创作性。不仅要求独立创作,同时也要求创作结果是智力的表现形式。[③]

三、著作权的主体

《著作权法》第九条规定:"著作权人包括:(一)作者;(二)其他依照本法享有著作权的自然人、法人或者非法人组织。"同时,第十一条规定:"著作权属于作者,本法另有规定的除外。创作作品的自然人是作者。由法人或者非法人组织主持,代表法人或者非法人组织意志创

---

① 王迁.知识产权法教程[M].7版.北京:中国人民大学出版社,2021:50.
② 王迁.知识产权法教程[M].7版.北京:中国人民大学出版社,2021:56.
③ 唐蕾.人工智能生成物的著作权保护比较法研究——以元宇宙背景为视角[J].电子知识产权,2023(03):81-90.

作,并由法人或者非法人组织承担责任的作品,法人或者非法人组织视为作者。"第十二条规定:"在作品上署名的自然人、法人或者非法人组织为作者,且该作品上存在相应权利,但有相反证明的除外。"

根据《著作权法》可知,著作权人可以被分为四类,创作作品的作者、法人或者其他组织、不是作者的自然人或者组织、国家。创作作品的作者自然而然是作品的著作权人。法人或者其他组织成为作者的条件是创作出的作品由法人或其他组织主持创作,代表法人或其他组织的意志并由法人或其他组织承担责任。不是作者的自然人或者组织可以依法接受转让、赠与、继承以及通过委托等成为著作权人,但是只能享有著作权中的财产权,而不享有著作权中的人身权。国家在特殊情况下也可以成为著作权的主体,在法人或者其他组织作品终止后无承受人,作者或享有著作权的公民把作品赠与国家,此时国家也可以成为著作权的主体。

四、著作权的内容

根据《著作权法》规定,著作权包括人身权和财产权。著作权中的人身权包括发表权、署名权、修改权、保护作品完整权。著作人身权永远属于作者,不能转让、继承或遗赠。发表权,即决定作品是否公之于众的权利,每件作品只能发表一次,所以发表权仅能实施一次。署名权,即表明作者身份,在作品上署名的权利,作者可以选择署真名也可以选择署笔名,还可以选择不署名。修改权,即修改或者授权他人修改作品的权利,作者通过行使修改权修改自己的作品、禁止他人未经作者本人同意擅自修改作品。保护作品完整权,即保护作品不受歪曲、篡改的权利,即使作者授权他人对作品进行修改或改编,但仍不能改变作品的基本内容和精神,不能因作品修改而损害作者声誉。

著作权中的财产权包括复制权、发行权、出租权、展览权、表演权、放映权、广播权、信息网络传播权、摄制权、改编权、翻译权、汇编权及应当由著作权人享有的其他权利。著作权中的财产权可以在不违反相关法律的规定下,由权利人进行转让、许可或质押,以取得经济利益。著作财产权是排他权,除法定例外情形,他人未经许可利用作品的行为构成侵权,若想合法利用作品,原则上应当与权利人签订许可使用合同。

复制权,即以印刷、复印、拓印、录音、录像、翻录、翻拍、数字化等方式将作品制作一份或者多份的权利。作者在授予复制权的同时应当对复制的方式进行说明,如果要以其他方式复制作品应当重新取得授权。发行权,即以出售或者赠与方式向公众提供作品的原件或者复制件的权利。复制权往往与发行权相联系,二者共同构成出版行为。与复制权相似的是,当发行方式改变时,也需重新取得授权。出租权,即有偿许可他人临时使用视听作品、计算机软件的原件或者复制件的权利,计算机软件不是出租的主要标的的除外。但对于计算机软件而言,如果软件并非出租的主要标的,而是作为被出租物的附属,则该出租行为无须获得著作权人许可。[1]

　　展览权,即公开陈列美术作品、摄影作品的原件或者复制件的权利。展览权仅仅被美术作品、摄影作品的著作权人所享有。《著作权法》对于展览权也作了例外规定:"作品原件所有权的转移,不改变作品著作权的归属,但美术、摄影作品的原件的展览权由原件所有人享有。作者将未发表的美术、摄影作品的原件所有权转让给他人,受让人展览该原件不构成对作者发表权的侵犯。"这是因为美术、摄影作品的原件与复制件的价值相差甚远,若原件展览权不随着所有权的转移而转移,一直归属于作者,那么对于购买作品原件的购买者而言,有可能会阻止公开展览作品或者为再次出售而展示作品,这会大大影响原件购买者的利益。对于未发表的美术、摄影作品的特别展览规定,也是我国《著作权法》考虑到美术和摄影作品的特殊性作出的特别规定。

　　表演权,即公开表演作品,以及用各种手段公开播送作品的表演的权利。表演权的规定所针对的是两种行为,现场表演和机械表演,均指向现场传播,并不规制向不在现场的公众传送作品表演的行为。放映权,即通过放映机、幻灯机等技术设备公开再现美术、摄影、视听作品等的权利。广播权,即以有线或者无线方式公开传播或者转播作品,以及通过扩音器或者其他传送符号、声音、图像的类似工具向公众传播广播的作品的权利,但不包括信息网络传播权规定的权利。这是电视台和广播电台所需的最重要的授权。信息网络传播权,即以有线或者无线方式向公众提供,使公众可以在其选定的时间和地点获得作品的权利。信息网络传播权是基于互联网的发展产生的,该权利所规制的是以有线或无线方式向公众提供,使公众可以在其选定的时间和地点获得作品的行为——交互式网络传播行为。[2]构成信息网络传播行为,需要具备下列条件:第一,应当通过信息网络向观众传播作品。这种传播不要求实际传播到公众手中,仅仅使公众拥有获得作品可能性即可。第二,这种行为应当是能够使公众可以在其选定的时间和地点获得作品的传播行为。

　　摄制权,即以摄制视听作品的方法将作品固定在载体上的权利。摄制权所规制的主要是将授权作品制作成录像作品的行为,例如影视作品的拍摄必须取得剧本作者所授予的摄制权。改编权,即改变作品,创作出具有独创性的新作品的权利。《著作权法》所规制的行为,是保留原作品基本表达的情况下通过改变原作品创作出新作品的行为。翻译权,即将作品从一种语言文字转换成另一种语言文字的权利。例如,将汉语写成的小说翻译成英语等其他语言,这种都是受到翻译权控制的行为。但要注意的是,并非所有转换作品表达方式的行为都是《著作权法》意义上的翻译行为,如将汉语写成的小说转换为盲文供盲人阅读,这并非翻译权所规制的行为,而是一种复制行为。汇编权,即将作品或者作品的片段通过选择或者编排,汇集成新作品的权利,而要构成汇编作品,必须在其中体现出独创性,否则不构成《著作权法》所规定的汇编作品。

① 王迁.知识产权法教程[M].7版.北京:中国人民大学出版社,2021:179.
② 王迁.知识产权法教程[M].7版.北京:中国人民大学出版社,2021:191.

五、著作权的保护期

著作人身权中的署名权、修改权、保护作品完整权的保护期不受限制。发表权因与财产权密切相关,《著作权法》规定了保护期。自然人的作品,其发表权、著作财产权的保护期为作者终生及其死亡后五十年,截止于作者死亡后第五十年的12月31日;如果是合作作品,截止于最后死亡的作者死亡后第五十年的12月31日。

法人或者非法人组织的作品、著作权(署名权除外)由法人或者非法人组织享有的职务作品,其发表权的保护期为五十年,截止于作品创作完成后第五十年的12月31日;著作财产权的保护期为五十年,截止于作品首次发表后第五十年的12月31日,但作品自创作完成后五十年内未发表的,《著作权法》不再保护。

视听作品,其发表权的保护期为五十年,截止于作品创作完成后第五十年的12月31日;著作财产权的保护期为五十年,截止于作品首次发表后第五十年的12月31日,但作品自创作完成后五十年内未发表的,《著作权法》不再保护。

六、邻接权

我国《著作权法》中关于邻接权的规定见于"与著作权有关的权利"部分,指表演者对其表演活动、录音录像制作者对其制作的录音录像制品、广播组织对其播出的广播以及出版者对其版式设计所享有的专有权利。邻接权与著作权的关键区别在于保护的客体不同。邻接权的客体不是作品,是作品以外的其他成果,而著作权的客体必须是作品。随着媒介技术的发展,还会有更多不构成作品,但需要予以保护的成果出现,邻接权会发挥越来越重要的作用。

表演者权是极为重要的邻接权之一,是指表演者对于其自身的表演活动所享有的专有权利。我国《著作权法》上"表演者"的界定与日常用语中的"表演者"有别,其范围限于表演作品和"民间文学艺术表达"的主体。表演者权包括表明表演者身份权、保护表演形象不受歪曲权、现场直播权、首次录制权、复制发行权、出租权、信息网络传播权。其中与媒体相关的最重要的权利便是现场直播权、首次录制权、复制发行权、信息网络传播权。表演者的现场直播权仅仅限于其自身的现场表演,如果已经许可他人对现场进行录制,那么广播电台或电视台播放由此制作的录音录像制品时无须经过表演者的许可,也无须向表演者支付报酬。[1]我国《著作权法》规定,表演者有权许可他人对其表演录音录像并获得报酬,这就是首次录制权,实际上是表演活动从无载体到有载体的复制行为。表演者可以许可他人复制、发行录有其表演的录音录像制品并获得报酬,表演者或被授权人可以通过各大媒体平台向公众发售录有其表演的录制品。表演者的信息网络传播权同作品著作权人所享有的信息网络传播权所限制的行为相同,均为交互式的网络传播行为。根据《著作权法》第四十一条的规

---

① 王迁.知识产权法教程[M].7版.北京:中国人民大学出版社,2021:258.

定,表演者权中的表明表演者身份权和保护表演形象不受歪曲权因具有人身性,其保护不受期限限制;而其他五项权利为财产权,受保护期为50年,截止于该表演发生后第50年的12月31日。

随着媒体传播的发展,与音乐作品、视听作品相关联的是邻接权中的"录音录像制品",相应的录制者享有邻接权。《著作权法》没有为录音录像制作者规定人身权利,仅规定了财产权利。其中,复制权、发行权、出租权和信息网络传播权是录音制作者和录像制作者共有的财产权利。此外,《著作权法》还为录音制作者规定了"传播录音制品获酬权",为录像制作者规定了作为专有权利的"许可电视台播放的权利"。[①]根据《著作权法》第四十四条规定,录制者权的保护期为50年,截止于录音录像制品首次制作完成后第50年的12月31日。

针对广播电视媒体,我国《著作权法》规定了广播组织相关邻接权,以保护传播和产生节目信号的广播电台和电视台的利益。广播组织权包括转播权、录制和复制权、信息网络传播权。转播权中的转播所指的是同步转播,而非录播。《著作权法》在为广播组织规定转播权时,使用了"以有线或无线方式转播"的用语,是为了明确对转播权的规定采用了技术中立的立法,即该项转播权可以涵盖包括互联网传送在内的以任何技术手段对广播组织播放的节目信号进行的同步传播(非交互式传播)。未经许可截取广播电台、电视台载有节目的信号后,无论是广播电台、电视台通过无线电波、有线电缆,还是互联网进行的同步传播,都将构成对广播组织权中转播权的侵害。[②]录制、复制权是指广播电台、电视台有权禁止未经其许可将其播放的广播、电视录制在音像载体上并复制传播。广播组织权中的信息网络传播权所规制的是交互式传播方式。根据《著作权法》第四十七条第三款规定,广播组织权中的各项权利的保护期为50年,截止于该广播、电视首次播放后第50年的12月31日。

版式设计权作为一种邻接权,是为了保护图书、期刊的出版者出版的图书、期刊的版式设计不被翻印。《著作权法》第三十七条规定,出版者有权许可或者禁止他人使用其出版的图书、期刊的版式设计。前款规定的权利的保护期为10年,截止于使用该版式设计的图书、期刊首次出版后第10年的12月31日。

第二节   媒体传播中的著作权利用、限制与保护

传播技术的发展使信息传播进入新时代,随着人们的需求不断变化,传播手段、传播内容等都在随时而变,以往的传统媒体无法完全满足人们对于信息的需求,新兴媒体应运而生。传统媒体和新兴媒体的交互融合之下,鉴于交互式、智能化新媒体平台的发展,著作权的利用、限制与保护也发生着深刻变革,如何平衡创作者与社会公共利益,如何实现

---

①　王迁.知识产权法教程[M].7版.北京:中国人民大学出版社,2021:268.

②　王迁.知识产权法教程[M].7版.北京:中国人民大学出版社,2021:275.

丰富文化产品的同时更好地保护并激励创作者,都是新媒体传播环境下亟待解决的重要问题。

一、著作权的许可和转让

著作权的利用包括自行使用及转让、许可他人使用。著作权人对自己作品行使各种权利,不受他人干预,他人以任何一种方式使用著作权人的作品,必须取得著作权人的许可,著作权人有权禁止他人未经许可使用自己的作品。除合理使用、法定许可等例外情况,使用他人作品应当同著作权人订立许可使用合同。许可使用分为独占许可、排他许可和普通许可,独占许可是允许被许可人独占性使用,指著作权人允许被许可人在约定的期限内排他使用自己作品的著作权,许可期间,被许可人享有该作品的专有使用权,有权排除包括著作权人在内的一切他人以同样的方式使用作品,著作权人不得再允许第三人使用该作品,若要许可第三人行使同一权利,则应取得对方的许可。按照《著作权法》的规定,图书出版者对著作权人交付出版的作品可以按照合同约定享有专有出版权。排他许可是指著作权人允许被许可人以一定方式使用自己的作品,但著作权人自己仍然可以使用,但不得许可他人进行同样的使用。普通许可除被许可人和著作权人可以使用外,也可以再允许第三人以同样的方式同时使用。独占许可、排他许可和普通许可以合同约定,除法律有规定的以外,书面合同中未明确约定授予独占、排他使用权的,或者没有订立书面合同的,使用者只能取得普通许可使用权。

转让包括对前列各项著作财产权的部分转让和全部转让,全部转让就是所谓"买断"。著作权转让的标的物是部分或全部的著作财产权,转让的结果是使得受让人在法律上成为部分或全部著作财产权的所有人,原作者就丧失了部分或全部的著作财产权。而使用许可的标的物只是对著作财产权的行使,财产所有权并不随之转移,获得使用许可的人并不是著作财产权的所有人,作品的财产权仍然属于作者。获得许可的使用人无权将作品许可给第三人使用,而必须征得作者的同意并付给作者报酬。转让的受让人则可以自行把作品许可他人行使受让的权利,还可以把受让的权利再转让给他人。转让应当订立书面合同。

二、著作权的权利限制

我国《著作权法》第二章第四节"权利的限制"部分,第二十四条、第二十五条规定了著作权的权利限制。《著作权法》第二十四条为合理使用的规定:"在下列情况下使用作品,可以不经著作权人许可,不向其支付报酬,但应当指明作者姓名或者名称、作品名称,并且不得影响该作品的正常使用,也不得不合理地损害著作权人的合法权益:(一)为个人学习、研究或者欣赏,使用他人已经发表的作品;(二)为介绍、评论某一作品或者说明某一问题,在作品中适当引用他人已经发表的作品;(三)为报道新闻,在报纸、期刊、广播电台、电视台等媒体中不可避免地再现或者引用已经发表的作品;(四)报纸、期刊、广播电台、电视台等媒体刊登或者播放其他报纸、期刊、广播电台、电视台等媒体已经发表的关于政治、经济、宗教问题的时事性文章,但著作权人声明不许刊登、播放的除外;(五)报纸、期刊、广播电台、电视台等媒体刊登或者播放在公众集会上发表的讲话,但作者声明不许刊登、播放的除外;(六)为学校课堂教学或者科学研究,翻译、改编、汇编、播放或者少量复制已经发表的作品,供教学或者科研人员使用,但不得出版发行;(七)国家机关为执行公务在合理范围内使用已经发表的作品;(八)图书馆、档案馆、纪念馆、博物馆、美术馆、文化馆等为陈列或者保存版本的需要,复制本馆收藏的作品;(九)免费表演已经发表的作品,该表演未向公众收取费用,也未向表演者支付报酬,且不以营利为目的;(十)对设置或者陈列在公共场所的艺术作品进行临摹、绘画、摄影、录像;(十一)将中国公民、法人或者非法人组织已经发表的以国家通用语言文字创作的作品翻译成少数民族语言文字作品在国内出版发行;(十二)以阅读障碍者能够感知的无障碍方式向其提供已经发表的作品;(十三)法律、行政法规规定的其他情形。前款规定适用于对与著作权有关的权利的限制。”

随着网络媒体以及智能化媒体的到来,合理使用制度面临挑战。《著作权法》关于合理使用制度对媒体的列举只涉及了“报纸、期刊、广播电台、电视台”,虽然在这些媒体的列举之后又有“等”字兜底,但在如今网络媒体迅猛发展、传统媒体日益网络化的全媒体时代,增加网络媒体是时代的必然要求。[①]如果不将网络媒体纳入合理使用范畴,难以适应现实情况下的技术发展。网络媒体的功能越来越丰富,信息传播方式不断增多,我国的合理使用制度不可避免地随着新媒体的发展而面临挑战。

《著作权法》第二十五条为著作权法定许可的规定:“为实施义务教育和国家教育规划而编写出版教科书,可以不经著作权人许可,在教科书中汇编已经发表的作品片段或者短小的文字作品、音乐作品或者单幅的美术作品、摄影作品、图形作品,但应当按照规定向著作权人支付报酬,指明作者姓名或者名称、作品名称,并且不得侵犯著作权人依照本法享有的其他权利。前款规定适用于对与著作权有关的权利的限制。”另外,《著作权法》第四十二条、第四十五条、第四十六条还分别规定了“法定许可录音”“广播录音制品”“广播电台、电视台法定许可播放他人已经发表的作品”,在与著作权有关的权利部分规定了法定许可的情形。

三、新闻作品的著作权保护

《著作权法》第五条规定:“本法不适用于:……(二)单纯事实消息。”将原《著作权法》中规定的不受《著作权法》保护的“时事新闻”修改为“单纯事实消息”,对于新闻作品的保护边界进行了细微调整。司法实践中,对新闻作品保护边界的界定存有一定争议,由于新闻作品本身的特点,新闻作品的著作权保护存在一定的司法难题。

首先,新闻具有时效性。对于新闻作品而言,新闻的时效性是新闻媒体生命力的源泉,新闻媒体在新闻事件发生后需要在最短时间内将事件整理并向公众传播,如果新闻没有时效性,新闻媒体的生命力将大打折扣。同时,新闻需要内容新颖。在日常生活中,公众往往对于内容新颖的新闻更加关注,新闻媒体也尽量在选题和新闻内容中做到与众不同,以吸引

---

① 孙昊亮.全媒体时代著作权制度的应对与变革研究[M].北京:法律出版社,2022:106.

公众眼球。其次,新闻作品尤其是时事类新闻具有相对较低的独创性。新闻往往重视事实而弱化主观表达,甚至新闻中的摄影照片一定情况下也难以成为《著作权法》中的摄影作品。尤其是在技术不断发展的创作环境下,媒体可能采用无人机、人工智能等高科技手段进行拍摄或写作,此时对于媒体而言,更容易出现著作权规制范围不明。同时,新闻表达方式具有一定的特殊性。著作权中的重要理论——"思想与表达二分法"是指著作权保护基本表达而不保护思想。新闻到底是思想还是表达,或是兼而有之,在对新闻作品进行保护时,需要结合个案进行更为精细化的界定。

第三节　媒体传播与著作权法前沿问题

一、自媒体"洗稿"行为

在新媒体时代,任何人都可以成为自媒体。随着信息传播门槛的降低,一系列亟待解决的媒介问题涌现,其中网络"洗稿"问题尤为突出。自媒体平台的兴起推动了自媒体内容创作的蓬勃发展,便捷的内容创作途径日益增多,传播模式越来越贴近百姓生活,流量所带来的丰厚商业报酬,激励着越来越多喜欢分享或追逐商机的人加入自媒体创作者行列。同时,激烈的市场竞争促使创作者加快创作以获取流量和利润,其中快速创作手段之一就是"洗稿"。现在自媒体上"洗稿"现象层出不穷,甚至形成了智能化和产业化的模式。在网络上搜索"洗稿"一词时,会出现各种热门链接,指向各类"智能洗稿软件"。这些智能洗稿软件可以自动整合网络上的相关文章,对语序和句式进行调整和改写,然后重新组合和拼接相关文章的内容。洗稿者只需要提供主题和关键词,然后为"洗稿"的"作品"取上些引人注目的标题,就能在短时间内生产出多篇"爆文"。

"洗稿"一词化用自"洗钱",最先使用于我国香港新闻界,原指新闻撰写者通过提取原新闻稿件的采访事实或中心思想再进行编辑撰写后发表的行为,现泛指创作者利用他人原创文章的内容,在其基础上随意增加或删减案例、素材等,并通过变换词语的顺序、语句的顺序或者表达方式等,裁切、拼凑、化用形成新的作品的行为。[①]现行《著作权法》并没有对"洗稿"一词作出规定,目前学界并无统一权威的定义,有学者认为,"洗稿"是指提取他人文章的核心内容,进行一定程度的篡改、拼凑、删减从而整合成一篇新的文章的行为。[②]也有学者认为"洗稿"是一种对他人原创稿件进行改头换面的行为,即利用语言重组、案例或素材删减增

---

① 任渝婉.自媒体"洗稿"的治理难题及其多元破解[J].出版发行研究,2018(11):9-12.

② 陈力丹,孙曌闻.2019年中国新闻传播学研究的十个新鲜话题[J].当代传播,2020(01):8-12,57.

加、表达修改的方式,创作出一份"新稿件"。①"洗稿"作为一种新现象,具有丰富的内涵和形式,与剽窃在表现形式上存在诸多共性,并且手法相较传统的剽窃更有技术含量、更为隐蔽,因此,有学者认为"洗稿"就是剽窃的一种高级形式。②

"洗稿"行为与剽窃他人作品行为的关系,是定性"洗稿"的重点。涉嫌"洗稿"的行为是否能够纳入我国《著作权法》第五十二条第五项规定的"剽窃他人作品"的侵权行为,是需要分析的重点。对此问题的分析判断,还在于思想与表达二分法原则的适用和界定。具体来说,问题在于"洗稿"行为是否剽窃了表达或内容,以及产出的内容是否剽窃了原作的表达,是否满足"接触+实质性相似"的侵权判定要求。这是判断"洗稿"行为是否属于剽窃的重要考量因素。因此,对于"洗稿"行为,可以分为两类:一类是表达利用型洗稿,即利用他人作品的段落结构、逻辑顺序、人物设定、环境描写、情节设置和文字表述等表达性的元素;另一类是思想利用型洗稿,即只利用了他人作品的主题、事实或观点等思想性的元素。在早期的传统媒体时代,"洗稿"更多的是这种思想利用型。现在的新媒体环境下则出现更多的混合型"洗稿"手段,需要更为严格的著作权保护。

二、短视频著作权保护

随着移动智能终端的普及,大量短视频应用纷纷亮相,短视频内容创作者迅速增加,行业进入高速发展期。短视频融合了文字、图片、语音和视频等各种内容形式,以直观、多维的方式满足用户多样化的表达和沟通需求。但随着短视频的普及,著作权侵权问题也变得日益突出。

首先,短视频的独创性问题在著作权法上受到挑战。短视频是否构成作品是其是否受到保护的前提,独创性是判断可版权性的关键因素。《最高人民法院关于审理著作权民事纠纷案件适用法律若干问题的解释》第十五条规定,由不同作者就同一题材创作的作品,作品的表达系独立完成并且有创作性的,应当认定作者各自享有独立著作权。根据上述规定,认定作品具有独创性需要符合作者独立完成和具备创作性的条件。短视频具有制作门槛低、录制时间短、易于传播等特点,是一种新型的视频形式。这些特点简化了短视频的制作流程,因此大多数制作者都是个人或小型团队。在实践中,法院普遍认为,短视频的制作和传播有助于社会的多元表达和文化繁荣,因此,只要能够反映制作者的个性化表达,就可以认定为具有独创性,而不需要很高的原创性。

其次,实践中争议较多的是二次创作短视频的合理使用问题。短视频的创作通常涉及对其他作品,尤其是视听作品的利用。权利人往往认为这样的利用构成对其著作权的侵害,而短视频创作者则认为应归入合理使用的范畴,认为这是对既有作品的合理使用,不构成侵

① 谢嘉图.论规制网络洗稿的社会规范路径——以反思著作权法的功能为逻辑展开[J].电子知识产权,2019(08):14-29.

② 谢晶.论微信公众号"洗稿"作品著作权侵权判定[J].电子知识产权,2019(03):52-58.

权。对于不同类型的二次创作短视频是构成侵权还是合理使用的界定是一个难点。我国《著作权法》第二十四条列举了12项可认定为合理使用的具体情形,虽增加了第13项"法律、行政法规规定的其他情形",但是其限定于法律法规规定情形。我国2020年修改的《著作权法》已经吸纳了合理使用"三步检验法"的原则性条款。"三步检验法"的第一个要件是关于特定、特殊情形。即《著作权法》明确列举的13种使用情形,如"个人学习、研究、欣赏""适当引用"以及"为报道新闻不可避免地再现或引用"等;第二个要素是不得影响原作品的正常使用,直接搬运的短视频和进行简单剪辑的短视频都或多或少地再现了长视频的全部或部分内容,具有较强的替代作用,与长视频存在明显竞争,干扰了长视频权利人的收益,因此认定这两种短视频影响了原作品的正常使用;第三个要素是权利人的合法权益没有受到不当损害,包括经济利益和非经济利益。只有满足这三个要件的短视频创作,利用他人作品的行为才能纳入合理使用考量。

三、人工智能生成内容的著作权问题

得益于算法以及硬件的技术进步,人工智能技术正在高速发展,目前已逐步进入人类社会的各个应用领域,如自动驾驶功能、智能医疗技术、智能家电等。与此同时,在人工智能技术发展的影响下,以往由人类垄断的智力和创造行为,人工智能也逐渐参与其中。作为一种新型的创造性成果,人工智能生成内容的著作权保护与著作权侵权,已成为著作权法理论研究与司法实践的焦点问题。

关于人工智能生成内容的著作权归属问题,在我国著作权理论中,关于作品的原始归属有两种情况:一是归属于创作作品的自然人;二是归属于特定的单位、法人或者非法人组织。在职务作品、委托作品等特殊作品中,特定的单位、法人或者非法人组织基于法律的规定或者合同的约定取得著作权,成为著作权人。在确定权利主体时常遵循这样一个原则,即作品的著作权人应该是对作品的产生"做出必要贡献"且"作品体现其意志"的人,要么投入了智力创作,要么提供了物质技术条件。人工智能生成内容的权利归属,在没有特别约定的前提下也应遵循上述原则,合理确定其权利人。根据上述原则,人工智能生成内容应归属于对人工智能生成内容"做出必要贡献"的人或组织,即有付出才有回报。在实际操作中,直接关联到最终生成创作的人一般是实际操作的使用者;搭建人工智能框架和编写程序的研发者与最终生成的内容有着密切的内在联系;而投资者为研发人工智能和推动人工智能产业发展提供资金,也是不可或缺的。根据上述分析,人工智能生成内容能够被视为作品的关键在于人类在生成过程中的介入程度,并且著作权归属问题实质上也在于确定何者以及何种程度对创作生成物做出了贡献。当然,人工智能生成内容的著作权保护与侵权问题纷繁芜杂,目前仍然存在大量的争论,随着ChatGPT等生成式人工智能的出现,这些争论将更为激烈,著作权法面临更大的挑战。

四、网络游戏直播的著作权问题

近年来,随着宽带网络和智能手机等硬件设备的不断升级,网络游戏产业正在蓬勃发展,我国的网络游戏直播市场展现出强劲的增长势头和巨大的市场潜力,已成为新兴媒体业务中的主角之一。游戏直播市场通过控制直播过程中产生的著作权来盈利,也就是说,只有成为游戏直播画面的著作权人,才能从游戏直播市场获得利润。然而,游戏开发商与新兴媒体平台之间存在着冲突:游戏开发商寄望于直播平台能够为其吸引大量用户,但是新兴媒体平台未经授权直播游戏的情况时有发生。在围绕游戏直播画面的著作权归属问题上,游戏开发商、游戏直播平台和大型游戏赛事组织者等相关方存在着利益争夺,有关权益归属和收益分配的纷争也时有发生。在著作权侵权案件中,游戏直播画面是否被认定为作品属性成为双方争议的焦点,因为这决定了法院是否可以适用著作权法进行保护。如果认定为作品,就可以依据著作权法进行保护,否则将排除著作权法的适用。然而我国法学理论研究和司法实践尚未完全明确该问题。网络游戏直播是新兴媒体中的重要业务,因此对涉及著作权的权利配置问题值得进一步思考和探讨。

目前对网络游戏直播画面的作品属性的认定存在意见分歧,形成了两种观点:构成作品说和不构成作品说。不构成作品说认为,游戏直播主要以竞技类游戏为主,此类游戏为玩家提供的创造性空间很小,主播通过游戏第一人称视角来展示其操作,直播画面所能够传达的内容是有限的。对游戏的操作行为不属于著作权法中规定的创作行为。玩家在进行游戏对战的过程中追求的是游戏结果的胜利,因此玩家的操作行为是对技巧与效率的追求,其不属于创作行为。[①]构成作品说认为网络游戏直播画面在直播过程中具有动态性,并且被连续呈现给观众,完全可以定性为视听作品。尽管网络游戏直播画面的制作技术、载体、双向交互不同于传统电影,著作权法中的类电影作品却并不限定于单向创作的画面,网络直播游戏画面的互动创作属性并未被排除在外。因此,游戏中一系列连续的画面类似于电影作品的表达形式,其创作过程类似于电影拍摄的方法。以"类似摄制电影的方法创作的作品"的构成要件在于其表现形式由连续活动画面组成,网络游戏直播画面在运行过程中呈现的是连续活动画面。玩家不同的操作会产生不同的画面,但未超出游戏设置的画面,不是脱离于游戏之外的创作。故具有独创性的网络游戏直播画面具备"类电影作品"的实质构成要件。[②]

因网络游戏直播画面的特殊性,涉及的权利主体主要包括网络游戏的著作权人和游戏直播节目制作者。由于游戏开发商在游戏的开发和运营过程中投入了大量的时间和资金,目的是获取市场经济利益,因此游戏开发商是网络游戏的著作权人,享有授权他人使用网络游戏的权利。而就游戏直播节目制作者对游戏画面的权利而言,一种情况是网络游戏直播

---

① 许安碧.网络游戏直播中的著作权问题探究[J].政法学刊,2017(01):13-19.
② 参见上海知识产权法院(2016)沪73民终190号。

画面没有独创性,不符合作品的要求,也不能被视为录像制品,因此不受著作权法的保护。另一种情况是网络游戏直播画面具有独创性,可以被认定为作品。对于其他直播平台来说,将其他网站上的游戏画面提取到自身服务器进行实时转播或者网络传播时,都应该获得权利人的授权。

第四节　与媒体传播相关的著作权案例介绍与评析

一、网易诉华多《梦幻西游》游戏直播侵权案介绍与评析

(一)案件介绍

《梦幻西游》是网易公司于2003年推出的大型多人在线角色扮演类游戏。2013年,网易公司的关联公司广州博冠信息科技有限公司在《梦幻西游》基础上研发完成《梦幻西游2》并取得著作权登记,同时将《梦幻西游2》著作权中的财产权独占许可给网易公司使用。游戏用户在登入涉案游戏过程中,必须点击同意"服务条款""玩家守则"等前置说明,其中规定了"未经许可不得通过第三方软件公开全部或部分展示、复制、传播、播放《梦幻西游2》的游戏画面"等条款。自2011年开始,华多公司在直播网站(www.yy.com、www.huya.com)上开设直播专区,组织主播人员直播涉案游戏,华多公司对主播人员进行排行、点评、推荐。网易公司发现上述情况后致函华多公司要求停止直播涉案游戏,经交涉未果,遂提起诉讼。[①]

网易公司诉称:涉案游戏属于计算机软件作品,游戏运行过程中呈现的人物、场景道具属于美术作品,游戏过程中的音乐属于音乐作品,游戏的剧情设计、解读说明、活动方案属于文字作品,游戏运行过程呈现的连续动态画面属于以类似摄制电影的方法创作的作品。华多公司擅自在YY直播、虎牙直播平台开设直播专区,组织主播直播涉案游戏,直播所呈现的画面实时展示、传播了主播人员操作下的游戏连续动态画面。华多公司对主播人员进行排行、点评、推荐,制定利益分成体系,并直接从直播中抽成获利。

华多公司辩称:游戏运行呈现的连续动态画面不构成《著作权法》规定的以类似摄制电影的方法创作的作品(以下简称"类电作品",是《著作权法》2020年修订之前对除电影外"视听作品"的称谓)。游戏直播行为不属于《著作权法》规定的任何一项具体权利的调整范围,也不能随意适用"兜底权利",华多公司被诉行为不构成侵犯著作权的行为。涉案直播不展示或者主要不展示故事情节,游戏呈现画面具有被动性,游戏直播画面是由主播在操作过程中形成的;游戏直播画面只能片段性、随机性展现游戏的玩法、规则、情节等,系转换性表达

---

① 参见广州知识产权法院(2015)粤知法著民初字第16号,广州知识产权法院(2018)粤民终137号。

主播在直播过程中的思想情愫；游戏直播直接促进游戏开发者的收益增加，其本质是游戏的广告和宣传，故不保护游戏直播画面，不会不合理地损害开发者的利益。

一审法院经审理认为，涉案游戏连续动态画面构成类电作品，网易公司是涉案游戏画面著作权人。华多公司在其网络平台上开设直播专区、组织主播人员进行涉案游戏直播，侵害了网易公司依法享有的"其他权利"，应承担侵权责任。根据华多公司关联企业欢聚时代公司公开的财务报告，对被诉游戏直播业务获益进行估算，综合考虑涉案作品类型、权利种类、华多公司持续侵权的情节、规模和主观故意，以及网易公司合理维权支出等因素，酌情确定赔偿数额。一审法院判令华多公司停止通过信息网络传播《梦幻西游》或《梦幻西游2》的游戏画面、赔偿网易公司经济损失及合理维权费用2000万元。

二审法院经审理认为，涉案游戏连续动态画面属于文学、艺术领域具有独创性并能以有形形式复制的智力成果，能够作为作品获得《著作权法》的保护。涉案游戏连续动态画面符合"由一系列有伴音或者无伴音的画面组成"的核心特征，其复杂制作过程和最终视听表达体现了较高的创作高度，可认定为类电作品。直播是一种向公众直接提供内容的实时传播行为，直播游戏画面的行为实际上就是公开传播作品的行为。游戏直播不属于《著作权法》规定的展览权、放映权、表演权、广播权、信息网络传播权的调整控制范围，属于"应当由著作权人享有的其他权利"。游戏直播不属于《著作权法》第二十二条规定的任何一种权利限制情形。从作品使用行为的性质和目的、被使用作品的性质、被使用部分的数量和质量、使用对作品潜在市场或价值的影响等因素综合考虑，被诉游戏直播行为基于商业营利目的的使用了涉案游戏画面，使用部分的比例超出合理限度，影响了网易公司对涉案游戏画面著作权利的正常许可使用，对涉案游戏潜在市场收益造成实质性损害，不能认定为合理使用行为。华多公司并非仅提供具有录屏功能直播软件的技术提供者，而是与主播人员以分工合作方式参与了内容提供，直接侵害了网易公司依法享有的著作权，应承担相应侵权责任。

直播获利除依托于游戏本身外，离不开游戏直播平台、游戏主播的价值贡献，若将新兴产业全部市场收益都归于游戏著作权人独自享有，将导致利益失衡，有悖公平，不利于新业态健康发展。一审法院对于赔偿计算期间认定错误，重复扣除主播分成部分，没有考虑涉案游戏以外因素对被诉游戏直播获利的贡献不当，但一审法院对被诉游戏直播违法所得估算方法合理，最终确定2000万元赔偿数额可予维持。二审判决驳回上诉，维持原判。

（二）案件评析

1. 游戏整体画面的作品属性

游戏画面是游戏程序自动或应游戏用户交互指令，临时调用游戏素材资源库中的各种文字片段、美术图片、音乐音效、技能动画等元素进行有机组合，并在终端屏幕上动态呈现出的可供感知的综合视听表达。根据《著作权法实施条例》第四条的规定，类电作品是指摄制在一定介质上，由一系列有伴音或者无伴音的画面组成，并且借助适当装置放映或者以其他方式传播的作品。要确认某种表达是否构成类电作品，除了满足作品的独创性和可复制性的要求外，还必须符合前述定义。在游戏中，构成连续动态画面的各种文字、声音、图像、动画等素材由游戏开发者创作并存储在游戏资源库中,与电影画面以数据信息形式固定在存储设备上并没有本质区别。实践中的争议主要集中在游戏画面的创作方法是否满足"摄制"的要求。对于"摄制在一定媒介上"这一要求,有观点认为,"摄制"一词将电影作品的制作方式限定在利用摄像设备进行拍摄的方式上。这不但使得我国《著作权法》对这类作品的定义与《伯尔尼公约》的立法精神相违背,而且使许多利用新技术制作的视听类作品无法纳入其中。[①]因此,认定电影作品以及类电作品的核心要点还是在于表现效果,即由"一系列有伴音或者无伴音的连续画面"组成。游戏直播涉及对游戏画面的使用,而涉案游戏连续动态画面属于文学、艺术领域具有独创性并能以有形形态复制的智力成果,符合"由一系列有伴音或无伴音的画面组成"的核心特征,其复杂制作过程和最终视听表达体现了较高的创作高度,其符合类电作品实质特征,可以归入类电作品范畴。

2. 游戏直播是否构成合理使用

游戏直播不属于《著作权法》规定的任何一种权利限制情形。游戏直播中涉及的连续动态画面的艺术和功能价值并未产生实质性变化,仍然是通过玩家或观众的视听体验获得,游戏直播的价值和功能主要来自游戏著作权人的创造性劳动。商业性质的游戏直播,若未经游戏著作权人许可,利用游戏的独创性表达且超过合理限度,将对游戏潜在市场产生不利影响,与游戏著作权人自行进行游戏直播或发行授权的正常方式相互竞争而引发冲突,导致无法充分有效行使著作权而获得经济利益,这在实质上不合理地损害了游戏著作权人的合法权益,因此不宜视为合理使用行为。而电竞游戏直播类似于体育竞技,其吸引观众的魅力更在于玩家主播的精彩表现。新增的使用方式也催生了新的市场,但著作权人并不必然享有这个新市场,原因是著作权人可能不是开发新市场的最佳执行者,并且还存在可能滥用权利限制竞争的情况。因此,游戏直播是否构成合理使用值得进一步讨论。自由竞争的市场秩序应建立在尊重他人知识产权的基础上,为内容付费是互联网时代的商业规则。尽管游戏直播对游戏产生一定的推动作用,对于主播和平台的稳定运营等方面起到一定作用,但贡献不能取代获得许可,并不能否定游戏著作权人在其作品传播方面享有专属控制权利。

二、菲林诉百度著作权侵权案介绍与评析

(一)案件介绍

2018年9月9日,北京菲林律师事务所利用法律统计数据分析软件,通过先前选定的关键词对数据库中的数据进行搜索、筛选,再对搜索出的裁判文书进行必要的梳理,由法律统计分析软件自动生成分析报告,再经原告的工作人员进行必要的删减、修改后,在微信公众号上发表了《影视娱乐行业司法大数据分析报告》。次日,北京百度网讯公司在未经许可的

---

① 胡城绵.电子游戏画面可版权性问题研究——从"梦幻西游2案"与"炉石传说案"说起[J].浙江万里学院学报,2019(05):44-48.

情况下在其百家号平台上发布了该文章,并删除了文中的引言、注释、作者等内容。菲林律所发现后,认为被告的行为侵害了其对涉案文章所享有的信息网络传播权、署名权、保护作品完整权等著作权,遂向法院提起诉讼,请求法院判决被告赔礼道歉、消除影响、赔偿损失、支付为维权所支付的合理费用等。[①]

被告辩称,涉案文章是原告利用数据统计分析软件获得的分析报告,报告中的内容是由分析软件自动生成的,而不是由原告工作人员通过自身勤奋的智力劳动创作取得。因此,被告认为涉案文章不符合作品的独创性要求。且《著作权法》规定作品是自然人创作完成,代表了自然人的意志并由自然人承担最终责任的作品。涉案文章无论是其中的文字还是图形均没有证据证明代表了原告法人的独立意志。因此,被告认为涉案文章不构成法人作品,不属于《著作权法》的保护范围。

法院经审理认为,报告中的相关图形是菲林律所基于收集的数据,利用相关软件制作完成,虽然会因数据变化呈现出不同的形状,但图形形状的不同是基于数据差异产生,而非基于创作产生,不构成图形作品。其次,从分析报告生成的过程看,选定相应关键词,使用"可视化"功能自动生成的分析报告具有一定的独创性,但是根据现行法律规定,文字作品应由自然人创作完成,该分析报告仍不是《著作权法》意义上的作品。软件研发者和软件使用者均不能以作者身份进行署名。但是,从保护公众知情权、维护社会诚实信用和有利于文化传播的角度出发,应添加相应计算机软件的标识,标明相关内容系软件智能生成。同时,软件使用者可采用合理方式在计算机软件智能生成内容上表明其享有相关权益。最后,报告中的文字内容并非软件"可视化"功能自动生成,而是该律所独立创作完成,具有独创性,构成文字作品。最终,法院判决百度网讯公司向菲林律所赔礼道歉,并赔偿经济损失和合理支出。

(二)案件评析

1. 人工智能生成内容的可版权性争议

在人工智能生成内容的可版权性问题上,存在多种论点,大致可以分为肯定和否定两派。肯定派认为,人工智能生成内容在外在表现形式上满足最低程度创造性要求,可以构成《著作权法》意义上的作品。[②]独创性的标准只需要满足客观独创性即可。对于大部分人工智能生成内容,已经很难区分是自然人创作还是人工智能创作,只要是独立创作且具有创造性就表明符合独创性客观标准。[③]人工智能生成内容尽管没有《著作权法》意义上的人类作者,但其运作离不开研发人员的开发和使用以及投资人的经济投入。如果创作无法得到《著作权法》保护,一方面不仅投资者将难以收回高昂的研发投入和开发成本,人工智能使用者也很难保有继续从事开发的动力;另一方面,这将导致大量人工智能生成内容进入公共领域,进而造成法律真空地带:任何人都可以坐享他人的创作成果,随意使用而无须支付相应

---

① 参见北京互联网法院(2018)京 0491 民初 239 号。

② 廖斯.论人工智能创作物的独创性构成与权利归属[J].西北民族大学学报(哲学社会科学版),2020(02):79-85.

③ 熊琦.人工智能生成内容的著作权认定[J].知识产权,2017(03):3-8.

报酬,权利人也将为此付出巨大的维权成本。这不仅会扼杀人工智能相关产业的生存空间、抑制新技术的发展,也将导致版权市场的利益平衡和稳定性被打破,对现有著作权制度造成挑战。①

否定派认为,从创作主体角度出发,主张自然人创作是作品成立的前提与基础,人工智能并非自然人,故人工智能生成内容不能被认定为作品。②《著作权法实施条例》第三条第一款规定:"著作权法所称创作,是指直接产生文学、艺术和科学作品的智力活动。"王迁教授曾指出"直接产生"与"间接影响"相对,是指人基于其自由意志直接决定了构成相关内容的表达性要素;因此要认定人工智能的研发者或使用者是否以人工智能为工具"创作"了相关内容,必须判断该研发者或使用者是否基于其自由意志直接决定了构成相关内容的表达性要素。③按照此逻辑,向人工智能发出提示词,要求人工智能完成特定任务的使用者也不能凭借其自由意志,决定人工智能生成的内容,因此不能认为该使用者从事了作品的"创作"。

人工智能生成内容的著作权保护从不同的立场、不同的利益视角,甚至是不同的哲学观点出发,会存在截然不同的观点。对于人工智能生成内容著作权认定存在的核心争议在于:首先,人工智能作为非人类主体,其创作的主体性如何认识,也就是人工智能究竟应被视为工具还是拟制为法律主体,对著作权主体制度构成挑战;其次,人工智能生成物有别于传统创作方式,人类和人工智能的"贡献"如何认定,作为客体的作品独创性是否遵循同样的标准。这一系列的问题都随着人工智能的发展形成挑战,有待于更为深入系统的研究探讨。

2. 人工智能生成内容保护路径

人工智能生成内容的保护问题,是新技术的发展带来的对现有法律制度的挑战。在"菲林诉百度"案中,关于人工智能生成内容的保护问题,法院认为"在现行法律的权利保护体系内可以对此类软件的智力、经济投入予以充分保护",具体来说,在该案中涉及的软件使用者只是通过关键词输入生成报告,而这些报告并没有传递该软件用户的独特思想和感情表达。因此,不能将输出内容完全视为软件使用者的创作。尽管这些报告不能被认为是作品,但它们也不能被公众自由使用。报告凝聚了软件使用者的努力和投入,具有传播的价值。因此,应该鼓励软件使用者使用和传播这些报告,并赋予他们相关的权益。这意味着当用户使用这个软件时,他们应该拥有一定的权益,但同时也要仔细考虑软件使用协议以及相关的法律法规,以避免违规行为带来的风险和法律责任。人工智能语言模型生成的内容不能受到著作权保护,但也不能忽视人工智能设计者的合法权益。因此,目前就人工智能设计者作为邻接权人进行保护的做法在实践中已经开始了一定的尝试。扩充邻接权的种类,提供了一种可能的路径,填补人工智能生成内容保护方面的立法空白,不仅是未来人工智能领域著作权保护立法的重要探索方向,也是推动《著作权法》发展的合理途径。

---

① 李艾真.美国人工智能生成物著作权保护的探索及启示[J].电子知识产权,2020(11):81-92.

② 邱润根,曹宇卿.论人工智能"创作"物的版权保护[J].南昌大学学报(人文社会科学版),2019(02):35-43,113.

③ 王迁.论人工智能生成的内容在著作权法中的定性[J].法律科学(西北政法大学学报),2017(05):148-155.

结 语

　　本章对媒体传播与著作权问题展开探讨,结合媒体技术发展与《著作权法》在新技术环境下面临的挑战,就媒体传播与著作权相关的知识点、热点问题进行法律规则梳理、法理评析,并针对著作权案例进行了综合分析。在数字化与智能化时代的浪潮之下,媒体传播与著作权的关系变得日益复杂和微妙。媒体作为信息传播的重要渠道,承载着社会舆论、文化传承和知识普及等多重功能。而著作权则是创作者对其智力成果享有的专有权利,旨在保护创意的原创性和价值。媒体在传播信息的过程中,不可避免地会涉及他人的作品,如文字、图片、音频、视频等,而这些作品往往凝结着创作者的心血和智慧。因此,媒体在使用这些作品时,必须尊重并遵守《著作权法》。

　　随着新媒介的发展,媒体在获取和利用作品时面临诸多挑战。如何在保障著作权人权益的同时,确保媒体传播的正常运作,保护公共利益,成为新利益机制下,一个亟待解决的新问题。

　　在数字化、智能化时代背景下,我们需要重新审视和平衡媒体、著作权人、社会公众之间的利益关系,既要保障创作者的权益,又要确保媒体的正常运作,还要实现文化传播与文化繁荣的社会公益使命。

思 考 题

　　1.《著作权法》中与新闻相关的法律条文有哪些?

　　2.请基于《著作权法》的相关知识评析自媒体"洗稿"行为。

　　3.人工智能技术给著作权保护带来的挑战有哪些?

附录　每章扩展阅读材料

第一章扩展阅读材料

[1] 曹晟旻.论权利与善在优先性之争中的范畴界定——以社群主义与自由主义为研究对象[J].道德与文明,2024(04):153-167.

[2] 曾持."媒介化愤怒"的伦理审视——以互联网中的义愤为例[J].国际新闻界,2022(03):139-159.

[3] 常江,王鸿坤.想象有道德的AI新闻业:机器伦理启示与价值对齐路径[J].山西大学学报(哲学社会科学版),2025(01):79-87.

[4] 陈昌凤,雅畅帕.颠覆与重构:数字时代的新闻伦理[J].新闻记者,2021(08):39-47.

[5] 耿晓梦,喻国明.智能媒体伦理建构的基点与行动路线图——技术现实、伦理框架与价值调适[J].现代传播(中国传媒大学学报),2020(01):12-16.

[6] 顾亚奇.影像正义:论纪录片生产与传播中的伦理规制[J].现代传播(中国传媒大学学报),2020(04):111-115.

[7] 韩玉胜.斯洛特移情关怀伦理学的价值内涵及其局限[J].哲学研究,2017,(11):107-113.

[8] 何光顺.中国哲学感应说与儒家中庸说的唯物论、实践论诠释[J].清华大学学报(哲学社会科学版),2024(06):18-29,230-231.

[9] 李明书.从关怀伦理视角论古典儒家的道德教育基础与教师职责——基于儒家义务论与儒家美德伦理学的反思[J].云南大学学报(社会科学版),2024(03):48-55.

[10] 李秀云,李韩旭.职业伦理、社会伦理、全球伦理与技术伦理——百年新闻伦理研究的不同视域及其超越[J].新闻记者,2024(12):26-41,56.

[11] 卢家银.数字化生存中的伦理失范、责任与应对[J].新闻与写作,2020(12):28-34.

[12] 路强.从敬畏自然到环境关怀——关怀伦理的生态智慧启示[J].东南大学学报(哲学社会科学版),2020(04):13-19,156.

[13] 牛静,毕璐健.现实图景与理论探寻:多重观念下构建全球新闻伦理的困境与展望[J].新闻与写作,2022(01):94-103.

[14] 齐爱军.尼克·库尔德利"媒介正义"观评析[J].新闻与传播研究,2021(03):39-56,126.

[15] 涂凌波.网络视频传播再反思:伦理主体、伦理失范与传播伦理的重构[J].新闻与写作,2019(12):30-37.

[16] 王丽,刘建勋.科技平台论的悖谬:短视频社交媒体的公共责任及其实现路径[J].现代传播(中国传媒大学学报),2020(09):36-41.

[17] 吴静.数字时代传媒规范理论的困境、迭代及转向[J].新闻记者,2024(05):3-15.

[18] 徐瑾,鲁晓翀.正义需要温度:从关怀伦理对正义伦理的批判谈起[J].湖北大学学报(哲学社会科学版),2025(02):25-33.

[19] 薛宝琴.人是媒介的尺度:智能时代的新闻伦理主体性研究[J].现代传播(中国传媒大学学报),2020(03):66-70.

[20] 严三九.沉浸、隐喻与群体强化——网络直播的新景观与文化反思[J].学术界,2019(11):140-150.

第二章扩展阅读材料

[1] 白红义,王嘉怡.数字时代新闻真实的消解与观念重构[J].新闻与写作,2022(07):14-25.

[2] 方师师.重思新闻真实:走向一种实现理论的初探[J].新闻与写作,2024(05):27-35.

[3] 胡静柔,胡翼青.平台世界的崛起与新闻真实性的危机[J].现代出版,2024(10):30-39.

[4] 胡杨,王啸.什么是"真实"——数字媒体时代受众对假新闻的认知与辨识[J].新闻记者,2019(08):4-14.

[5] 华维慧.从诠释到具身:虚拟现实技术对新闻真实的再生产[J].新闻界,2020(11):86-93.

[6] 金圣钧.从"共同回应"到"真实体验"——数字化传播环境下"见证真实"的理解转向[J].新闻记者,2021(12):17-30.

[7] 李泓江.为真实辩护:交往真实与新闻真实的哲学根基转换[J].新闻大学,2024(12):57-67,119-120.

[8] 李唯嘉.如何实现"信任性真实":社交媒体时代的新闻生产实践——基于对25位媒体从业者的访谈[J].国际新闻界,2020(04):98-116.

[9] 李玮,蒋晓丽.从"符合事实"到"社群真知"——后真相时代对新闻何以为"真"的符号哲学省思[J].现代传播(中国传媒大学学报),2018(12):50-58.

[10] 梁君健,杜珂.网络用户视角的新闻真实性[J].新闻记者,2024,(10):49-65,112.

[11] 刘强,王琳.假如AI欺骗了你? 受众对新闻真实的认知、态度与后效行为研究[J].新闻与写作,2025(03):84-98.

[12] 牛静.新闻透明性:技术变革下的媒体伦理新准则[J].新闻与写作,2019(04):22-28.

[13] 王辰瑶."新闻真实"为什么重要? ——重思数字新闻学研究中"古老的新问题"[J].新闻界,2021(08):4-11,20.

[14] 王润泽,赵泽瑄.新闻真实的实践史脉络与理论延续[J].山西大学学报(哲学社会科学版),2025(02):57-64.

[15] 夏琪."忠实地描述"和"批判地证实":马克思的新闻真实观与《新莱茵报》的事实核查[J].现代传播(中国传媒大学学报),2024(10):34-48.

[16] 杨保军.论新闻的"有机真实"[J].新闻大学,2020(01):40-52,126.

[17] 杨保军.统一性:当代中国马克思主义新闻真实观的典型特征[J].新闻大学,2018(01):27-34,148.

[18] 杨奇光,周楚珺.数字时代"新闻真实"的理念流变、阐释语簇与实践进路[J].新闻界,2021(08):12-20.

[19] 虞鑫.语境真相与单一真相——新闻真实论的哲学基础与概念分野[J].新闻记者,2018(08):30-37.

第三章扩展阅读材料

[1] 陈华明,周丽.从汶川地震到九寨沟地震:灾难新闻报道变化分析[J].新闻界,2017(11):35-38,57.

[2] 丁柏铨.智媒时代的新闻生产和新闻传播——对技术与人文关系的思考[J].编辑之友,2019(05):6-12.

[3] 方玲玲.城市空间对话:媒体底层关怀与边缘群体的自我书写[J].当代传播,2018(02):64-67.

[4] 郭小安.舆论引导中情感资源的利用及反思[J].新闻界,2019(12):27-37.

[5] 何晶.传统主流报纸对农民工"讨薪"事件的媒介呈现分析(2002-2015)[J].国际新闻界,2018(10):113-133.

[6] 刘丹,牛静.新闻实践中记者创伤的研究进路与展望——基于行业文化与个体经历的视角[J].新闻记者,2021(07):48-57,71.

[7] 刘国强,周彩云.中介化的距离:农民工与主流群体的亲近性与差异性建构[J].国际新闻界,2024(09):50-70.

[8] 潘文建,韩立新.新闻用户视角下灾难报道的"情感性策略仪式"研究[J].全球传媒学刊,2022,9(06):68-83.

[9] 史安斌,王沛楠.断裂的新闻框架:《纽约时报》涉华报道中"扶贫"与"人权"议题的双重话语[J].新闻大学,2019(05):1-12,116.

[10] 王华.五四时期新闻学遗产与近代中国重大自然灾害报道模式流变[J].中国出版,2019(08):16-19.

[11] 王怡溪,许向东.数据新闻的人文关怀与数据透明——对新冠肺炎疫情报道中数据可视化报道的实践与思考[J].编辑之友,2020(12):69-75.

[12] 王宇荣,项国雄.留守儿童媒介形象的差异化建构——基于新闻、评论文本的分析[J].现代传播(中国传媒大学学报),2019(06):17-23.

[13] 翁之颢,张涛甫.数字新闻业的观念危机与人文主义重建[J].中国编辑,2023(05):

18-22.

[14] 吴飞,杨龙梦珏.重访人文:数字时代新闻学与新闻认识论的反思[J].中国编辑,2021
(10):4-9.

[15] 徐敬宏,郭迪帆,张如坤.建设性新闻对受众风险感知与应对的影响研究——以健康传
播为例[J].新闻与传播研究,2024(04):81-95,127-128.

[16] 杨秀国,刘洪亮.新闻框架视域下主流媒体对扶贫议题的建构与呈现——以人民日报
(2012-2020)扶贫报道为例[J].新闻与写作,2021(09):54-62.

[17] 尹金凤,陈童.《南方周末》留守儿童媒介形象建构变迁与启示[J].湖南师范大学社会科
学学报,2016(06):147-153.

[18] 张梅兰,陈先红.灾难的社会想象:媒体反身叙事与灾难的现代性反思——基于新冠肺
炎事件的报道[J].现代传播(中国传媒大学学报),2021(01):53-60.

[19] 张淑华,周志勇."涝疫结合":灾情的网络戏谑式表达及其传播社会学分析[J].现代传播
(中国传媒大学学报),2022(04):161-168.

[20] 赵茹,巨高飞.他者化的媒介镜像:媒体叙事框架下的农民工身份建构与变迁——基于
《人民日报》(1982-2022年)报道的分析[J].当代传播,2024(03):71-74,112.

[21] 赵永华,陈苒,窦书棋.国际新闻中的阿富汗女性形象:东方主义之困——基于中美俄
媒体图片报道的视觉框架比较研究[J].新闻与传播研究,2024(05):95-110,128.

第四章扩展阅读材料

[1] 车蒙娜.我国大众传媒隐性采访的法律与道德问题研究[J].武汉大学学报(哲学社会科
学版),2013(04):54-59.

[2] 杜志红.论"隐形采访崇拜"——关于"纸箱馅包子"事件的一个考察视角[J].中国广播
电视学刊,2007(09):20-21.

[3] 顾理平.论隐性采访的场合合法性[J].江海学刊,2007(06):103-106,239.

[4] 晋涛.刑法中个人信息"识别性"的取舍[J].中国刑事法杂志,2019(05):63-76.

[5] 李华,蒙晓阳.隐性采访的合法界限[J].河北法学,2006(02):72-75.

[6] 李小华,张付伟.由记者卧底高考反思新闻专业主义与职业法理道德[J].中国出版,
2015(20):29-32.

[7] 刘桂华.隐性采访与法制新闻报道中的法律规制[J].重庆社会科学,2013(05):24-29.

[8] 罗翔.自然犯视野下的侵犯公民个人信息罪[J].中国法律评论,2023(03):73-86.

[9] 牛静,赵一菲.数字媒体时代的信息共享与隐私保护[J].中国出版,2020(12):9-13.

[10] 万毅.私人违法取证的相关法律问题——以记者"暗访"事件为例[J].法学,2010(11):
137-147.

[11] 王骁,李秀娜."周一见"事件引发的公众人物隐私权思考[J].新闻界,2015(11):26-
29,34.

[12] 魏永征."福喜事件"和"卧底采访"的限度[J].新闻界,2014(16):21-24,58.

[13] 许加彪.法律和道德视野下隐性采访的双重考量[J].当代传播,2012(06):74-76.

[14] 杨琳,申楠.我国隐性新闻采访与隐私权的冲突与平衡[J].同济大学学报(社会科学版),2012(01):66-71.

[15] 杨秀国,张筱筠.调查性报道:伦理层面的矛盾体[J].河北大学学报(哲学社会科学版),2007(06):55-61.

[16] 阴卫芝.从新闻职业伦理与医疗报道专业性看"茶水二次发炎"[J].新闻记者,2012(09):54-58.

[17] 阴卫芝.卧底采访的法律与道德风险——美国食狮公司VS.美国广播公司判例与青岛《城市信报》卧底系列报道对比分析[J].新闻记者,2011(12):48-52.

[18] 张晋升.记者暗访是"钓鱼执法"吗?——对广州市地质调查院人员滥用职权案庭审争议的分析[J].新闻记者,2010(05):30-33.

[19] 张泰.论新闻隐性采访适用范围暨抗辩权的合理使用[J].中国出版,2013(18):29-31.

[20] 张曦,高勇.隐性采访的道德困境以及解读[J].江苏社会科学,2012(04):251-256.

[21] 周建青.伦理学视野下新媒体影像传播的社会伦理问题探析[J].现代传播(中国传媒大学学报),2015(01):70-75.

第五章扩展阅读材料

[1] 陈华栋,刘露丹.集体匿名能否规避网络暴力?——以"momo"群体为例[J].上海交通大学学报(哲学社会科学版),2025(01):78-91.

[2] 黄河,康宁.移动互联网环境下群体极化的特征和生发机制——基于"江歌案"移动端媒体文本和网民评论的内容分析[J].国际新闻界,2019(02):38-61.

[3] 邝岩.社交媒体平台网络暴力防治效果评价指标构建及实证研究[J].情报杂志,2025(01):172-179,207.

[4] 李华君,曾留馨,滕姗姗.网络暴力的发展研究:内涵类型、现状特征与治理对策——基于2012-2016年30起典型网络暴力事件分析[J].情报杂志,2017(09):139-145.

[5] 李淼.网络暴力犯罪"法不责众"的规制难点与刑事应对[J].当代法学,2024(05):112-123.

[6] 刘绩宏,柯惠新.道德心理的舆论张力:网络谣言向网络暴力的演化模式及其影响因素研究[J].国际新闻界,2018(07):37-61.

[7] 刘艳红.MCN机构作为网络暴力新型责任主体的地位确立与义务设置[J].东方法学,2025(01):145-158.

[8] 刘艳红.网络暴力治理的法治化转型及立法体系建构[J].法学研究,2023(05):79-95.

[9] 刘紫川,桂勇,黄荣贵."暴"亦有"道"? 青年网暴实践的特征及价值基础[J].新闻记者,2023(09):3-18,96.

[10] 罗譞.网络暴力的微观权力结构与个体的"数字性死亡"[J].现代传播(中国传媒大学学报),2020(06):151-157.

[11] 秦伯约.语词·社群·规制:网络暴力生成的多维思考[J].现代传播(中国传媒大学学报),2025(01):44-53.

[12] 王华伟.网络暴力治理:平台责任与守门人角色[J].交大法学,2024(03):51-64.

[13] 王艺.网络虚拟空间中的"非理性互动"类型及影响因素[J].现代传播(中国传媒大学学报),2018(10):63-67.

[14] 熊波,金泽璨.网络暴力的传播与防控:基于典型性案例和复杂性互动理论探析[J].现代传播(中国传媒大学学报),2024(11):53-64.

[15] 须大为.网络道德审判的伦理困境及其化解[J].伦理学研究,2022(02):94-102.

[16] 闫霄,莫田甜,周欣悦.中西方文化差异对虚拟人道德责任判断的影响[J].心理学报,2024(02):161-187.

[17] 于冲.网络"聚量性"侮辱诽谤行为的刑法评价[J].中国法律评论,2023(03):87-98.

[18] 张凌寒."不良信息"型网络暴力何以治理——基于场域理论的分析[J].探索与争鸣,2023(07):96-107,178-179.

[19] 周曼,郭露.自媒体时代的网络暴力群体极化效应成因研究:结构方程模型的证据分析[J].江西师范大学学报(哲学社会科学版),2021(04):115-125.

[20] 周书环.媒介接触风险和网络素养对青少年网络欺凌状况的影响研究[J].新闻记者,2020(03):58-70.

第六章扩展阅读材料

[1] 白红义,李拓.算法的"迷思":基于新闻分发平台"今日头条"的元新闻话语研究[J].新闻大学,2019(01):30-44,117.

[2] 陈昌凤,仇筠茜."信息茧房"在西方:似是而非的概念与算法的"破茧"求解[J].新闻大学,2020(01):1-14,124.

[3] 段淳林,宋成.用户需求、算法推荐与场景匹配:智能广告的理论逻辑与实践思考[J].现代传播(中国传媒大学学报),2020(08):119-128.

[4] 方师师.算法如何重塑新闻业:现状、问题与规制[J].新闻与写作,2018(09):11-19.

[5] 郭淼,王立昊.抑制与绑架:抖音用户的"算法焦虑"[J].新闻与写作,2021(04):99-102.

[6] 洪杰文,陈嵘伟.意识激发与规则想象:用户抵抗算法的战术依归和实践路径[J].新闻与传播研究,2022(08):38-56,126-127.

[7] 胡泳,年欣.自由与驯化:流量、算法与资本控制下的短视频创作[J].社会科学战线,2022(06):144-165,282.

[8] 李红涛,杨蕊馨.受众难驯?——中国数字新闻业的受众建构与算法公众想象[J].新闻大学,2024(01):16-32,119-120.

[9]　李锦辉,颜晓鹏."双向驯化":年轻群体在算法实践中的人机关系探究[J].新闻大学,
　　　2022(12):15-31,121-122.

[10]　李林容.网络智能推荐算法的"伪中立性"解析[J].现代传播(中国传媒大学学报),
　　　2018,40(08):82-86.

[11]　林爱珺,刘运红.智能新闻信息分发中的算法偏见与伦理规制[J].新闻大学,2020(01):
　　　29-39,125-126.

[12]　刘存地,徐炜.能否让算法定义社会——传媒社会学视角下的新闻算法推荐系统[J].学
　　　术论坛,2018,41(04):28-37.

[13]　温凤鸣,解学芳.短视频推荐算法的运行逻辑与伦理隐忧——基于行动者网络理论视
　　　角[J].西南民族大学学报(人文社会科学版),2022(02):160-169.

[14]　肖珺,郭苏南.算法情感:直播带货中的情绪传播[J].新闻与写作,2020(09):5-12.

[15]　谢精忠,张明阳.接受、回避与适应:社交媒体用户的算法应对研究[J].情报理论与实
　　　践,2024(11):81-90.

[16]　许向东,王怡溪.智能传播中算法偏见的成因、影响与对策[J].国际新闻界,2020(10):
　　　69-85.

[17]　杨洸,佘佳玲.新闻算法推荐的信息可见性、用户主动性与信息茧房效应:算法与用户
　　　互动的视角[J].新闻大学,2020(02):102-118,123.

[18]　张林.智能算法推荐的意识形态风险及其治理[J].探索,2021(01):176-188.

[19]　张岩松,张晨.算法媒介化问责:数字新闻监督的内涵、操作流程及本土化构建[J].中国
　　　出版,2024(23):44-50.

[20]　张志安,汤敏.论算法推荐对主流意识形态传播的影响[J].社会科学战线,2018(10):
　　　174-182,2.

[21]　张志安,周嘉琳.基于算法正当性的话语建构与传播权力重构研究[J].现代传播(中国
　　　传媒大学学报),2019(01):30-36,41.

[22]　赵双阁,岳梦怡.新闻的"量化转型":算法推荐对媒介伦理的挑战与应对[J].当代传播,
　　　2018(04):52-56.

第七章扩展阅读材料

[1]　陈建云.移动互联时代我国网络信息传播立法考察[J].新闻大学,2023(06):32-
　　　46,117.

[2]　丛立先,张媛媛.中国共产党百年历程中的新闻出版法制体系构建[J].中国出版,2021
　　　(13):16-22.

[3]　刁岚松.比较法视野下司法判例的运用及其对指导性案例的启示[J].法律方法,2024
　　　(01):278-294.

[4]　付红安.技术与制度:区块链新闻平台的网络法规制[J].新闻界,2019(05):76-83.

[5] 陆小华.网络的法律地位:行政确认与《民法典》法律界定[J].山西大学学报(哲学社会科学版),2021(01):53-63.

[6] 罗斌.传播法学的源流、对象、范畴与体系——传播法学体系研究(上)[J].当代传播,2022(03):95-100.

[7] 罗斌.传播法学的源流、对象、范畴与体系——传播法学体系研究(下)[J].当代传播,2022(04):84-89.

[8] 罗斌.传播注意义务功能研究——从侵权责任构成要件的视角[J].新闻与传播研究,2018(08):81-97,127-128.

[9] 彭桂兵,陈煜帆.取道竞争法:我国新闻聚合平台的规制路径——欧盟《数字版权指令》争议条款的启示[J].新闻与传播研究,2019(04):62-84,127.

[10] 石伟.制度演进与社会变迁——中国新闻出版立法的百余年历史回勘及评析[J].出版发行研究,2020(08):63-72.

[11] 苏永钦.为什么汇流未能改变法系?——从基本理念到制度文化看两大法系间的鸿沟[J].中国政法大学学报,2023(01):5-35.

[12] 王帅一."留白"之得失:对中华法系私法特征的思考[J].浙江大学学报(人文社会科学版),2024(12):81-92.

[13] 王四新.许可与自由:《互联网新闻信息服务管理规定》核心概念解读[J].现代传播(中国传媒大学学报),2017(09):130-135.

[14] 王炎龙,李玲.媒介规制与媒介生产:一种把关的制衡——基于2006—2016年广播影视法律法规和政策的分析[J].新闻大学,2018(05):102-108,151.

[15] 谢新洲,李佳伦.中国互联网内容管理宏观政策与基本制度发展简史[J].信息资源管理学报,2019(03):41-53.

[16] 杨立新.《民法典》对媒体行为及责任的规范[J].河南财经政法大学学报,2021(02):1-12.

[17] 张继汝.无奈的选择:新闻界抵制《出版法》运动新探(1922-1926)[J].国际新闻界,2024(05):160-176.

[18] 张毅.美国"言论自由"的边界[J].美国研究,2020(05):66-86,6.

[19] 周灿华,蔡浩明."第四权力"理论的宪法学批判[J].新闻与传播研究,2023(07):5-19,126.

第八章扩展阅读材料

[1] 陈洪兵.网络服务商的刑事责任边界——以"快播案"判决为切入点[J].武汉大学学报(哲学社会科学版),2019(02):139-148.

[2] 陈冉.深度伪造涉性信息的刑法规制[J].法学,2024(03):76-90.

[3] 陈堂发.我国未成年人网络情色内容的治理[J].社会科学辑刊,2022(03):174-183.

[4] 陈绚,王思文,张瑜.儿童色情禁止的网络监控和刑法规范框架[J].国际新闻界,2020(12):133-146.

[5] 陈奕屹.论网络直播平台经营者放任平台内色情直播行为的刑事责任——评"LOLO"平台经营者制作、复制、出版、贩卖、传播淫秽物品牟利案[J].法律适用,2019(24):3-10.

[6] 冯姣.未成年人网络色情信息传播的法律规制[J].中国青年社会科学,2018(04):134-140.

[7] 黄家星."深度伪造"中个人隐私的保护:风险与对策[J].华东理工大学学报(社会科学版),2022(01):127-135.

[8] 金鸿浩.互联网时代传播淫秽物品罪的实务反思与规则重塑——基于对368份传播淫秽物品罪判决书的分析[J].华东政法大学学报,2021(06):86-100.

[9] 刘伟.网络直播犯罪研究[J].江西社会科学,2020(05):168-178.

[10] 蒙晓阳,李华.作品淫秽色情信息认定与公民权益保护[J].出版发行研究,2017(09):70-72.

[11] 桑本谦.网络色情、技术中立与国家竞争力——快播案背后的政治经济学[J].法学,2017(01):79-94.

[12] 王华伟.网络服务提供者刑事责任的认定路径——兼评快播案的相关争议[J].国家检察官学院学报,2017(05):3-32,173.

[13] 王贞会.未成年人网络社交中的犯罪被害:风险类型与防范之策[J].中国青年社会科学,2020(06):120-127.

[14] 魏修治,慕明春.刑法"传播淫秽物品犯罪"的传播学再解读[J].当代传播,2019(06):79-83.

[15] 许向东.我国网络直播的发展现状、治理困境及应对策略[J].暨南学报(哲学社会科学版),2018(03):70-81.

[16] 杨浚泽.深度伪造儿童色情制品犯罪的规制困境与实践出路[J/OL].海南大学学报(人文社会科学版),2024(9):1-10[2025-03-24].DOI:10.15886/j.cnki.hnus.202310.0433.

[17] 张欣,宋雨鑫.算法凝视下的女性:深度伪造的性别伦理困境与治理路径[J].妇女研究论丛,2024(06):81-97.

[18] 周书环.传播技术发展下英国淫秽色情视频规制的变迁[J].全球传媒学刊,2021(05):124-138.

[19] 周书环.告别前互联网时代的"米勒准则"?—兼论美国网络淫秽之社区标准的演变与争议[J].新闻界,2018(09):72-80,87.

[20] 周遵友,余云霞.在公共空间拍摄、传播私密部位影像行为的刑法应对[J].中南民族大学学报(人文社会科学版),2024(11):119-130,201.

第九章扩展阅读材料

[1] 鲍博.数字经济时代虚假广告罪的风险内涵与立法重塑[J].东南大学学报(哲学社会科学版),2024(S1):102-105.

[2] 陈力丹,荣雪燕.马克思是《新莱茵报》头版头条广告的主要作者——《新莱茵报》头版头条广告研究[J].新闻界,2023(11):66-76.

[3] 窦锋昌.新《广告法》的规制效果与规制模式转型研究——基于45起典型违法广告的分析[J].新闻大学,2018(05):109-116,151-152.

[4] 段淳林,宋成.用户需求、算法推荐与场景匹配:智能广告的理论逻辑与实践思考[J].现代传播(中国传媒大学学报),2020(08):119-128.

[5] 冯锦如,李剑.网络直播营销的广告法规制[J].南京社会科学,2023(11):111-122.

[6] 高秦伟.互联网广告规制的反思及理念更新[J].行政法学研究,2025(02):36-51.

[7] 鞠宏磊,李欢.程序化购买广告造假问题治理难点[J].中国出版,2019(02):31-34.

[8] 李春玲,姚曦.渐进调适与适度创新:中国数字广告产业政策演进研究(1997—2023)[J].上海师范大学学报(哲学社会科学版),2024(06):123-132

[9] 李明伟.以消费者为本的适度强管机制——美国广告监管机制的演进及启示[J].新闻与传播研究,2019(12):97-108,128.

[10] 廖秉宜,张慧慧,刘定文.精准广告技术中的个人信息保护——基于国内100个APP隐私政策中关于Cookie技术的文本分析[J].信息资源管理学报,2023(01):103-114.

[11] 刘传红,吴文萱."漂绿广告"的发生机制与管理失灵研究[J].新闻大学,2020(06):97-108,125-126.

[12] 刘晓春.平台信任机制构建中的调控型治理转向——以直播带货与《广告法》适用冲突为视角[J].行政法学研究,2025(02):65-79.

[13] 刘雅婷,李楠.直播电商虚假宣传的法律规制[J].知识产权,2021(05):68-82.

[14] 马辉.社交网络时代影响力营销的广告法规制研究[J].东南大学学报(哲学社会科学版),2021(01):32-40,146.

[15] 邵海.虚假广告治理中的侵权诉讼[J].比较法研究,2018(02):131-142.

[16] 阳东辉.论我国律师网络广告法律规制之完善——美国的经验及其借鉴[J].法商研究,2019(01):156-168.

[17] 杨明.互联网广告屏蔽行为的效应分析及规制路径选择[J].清华法学,2021(04):176-194.

[18] 俞金香,吕东岳.网络直播营销广告代言人侵权责任的再配置[J].中国政法大学学报,2021(05):212-224.

[19] 赵玲.网络直播营销广告的监管原则设定与规则完善[J].行政法学研究,2025(02):52-64.

[20]　周烁.网络直播带货中直播平台的法律责任[J].法律适用,2022(07):133-144.

[21]　朱学芳,肖倩倩,朱鹏.互联网广告用户调查及虚假广告信息治理研究[J].情报科学, 2022(09):98-106.

第十章扩展阅读材料

[1]　白雪.论自媒体侵犯名誉权的免责事由[J].首都师范大学学报(社会科学版),2024 (S1):110-117.

[2]　蔡斐,毋爱斌.新闻侵犯名誉权的过错归责原则与证明责任分配[J].新闻记者,2020 (12):77-85.

[3]　陈阳.网络名誉权纠纷中"公益性言论"的司法认定[J].河南大学学报(社会科学版), 2019(05):57-64.

[4]　樊勇.新闻侵害人格权责任认定中的利益衡量[J].中国人民大学学报,2023(01):179 -190.

[5]　黄明涛.宪法上舆论监督权对名誉权侵权责任的规范影响——基于近期司法实践的考 察[J].浙江学刊,2019(02):148-160.

[6]　贾鹏民.文学批评与名誉权保护——以"马桥事件"为中心[J].河北法学,2022(07): 169-182.

[7]　雷丽莉,展江.法院如何认定媒体报道"基本真实"?——农夫山泉、娃哈哈系列名誉权 案件评析之二[J].新闻界,2017(09):16-21,26.

[8]　李婷婷.我国诽谤罪成立条件法律适用探析——"网络诽谤司法解释"颁行10年来裁判 文书的内容分析[J].新闻记者,2023(08):73-85.

[9]　李洋.新闻报道、舆论监督行为人的"合理核实义务"研究——基于《民法典》第1025条 和1026条的释读[J].新闻记者,2020(08):78-86.

[10]　罗翔.网络水军与名誉权的刑法保护[J].社会科学辑刊,2019(04):121-131,217.

[11]　蒙晓阳,戚婧.新闻报道中合理核实义务因素的认定及其启示[J].新闻界,2024(04):76 -86.

[12]　彭桂兵,张思羽.新媒体语境下学术批评言论传播与名誉权保护的平衡[J].新闻界, 2022(12):65-74.

[13]　朴宗根,党政.网络时代诽谤罪的价值结构与司法适用[J].中南民族大学学报(人文社 会科学版),2024(09):136-147,187.

[14]　王伟亮.媒体更正、删除等必要措施义务探析——以《民法典》第1028条为中心[J].新闻 记者,2022(05):84-96.

[15]　王新龙,李茜.公共批评与公职人员名誉保护的法律规制——唐某国与唐某红名誉权 纠纷案[J].法律适用,2020(24):140-148.

[16]　王雨亭,秦前红.名誉侵权中的公共利益目的抗辩——新闻报道、舆论监督等行为的特

殊免责事由[J].河北法学,2022(02):162-183.

[17] 吴午东.社交媒体侵犯名誉权如何追责保护[J].人民论坛,2020(11):110-111.

[18] 岳业鹏.论新闻舆论监督的合法界限——基于名誉侵权抗辩规则的考察[J].新闻大学,2021(03):16-31,117-118.

[19] 张红.民法典之名誉权立法论[J].东方法学,2020(01):68-82.

[20] 朱虎.规制大众传播媒介的回应权:功能延续与制度发展[J].法学研究,2023(01):125-142.

第十一章扩展阅读材料

[1] 陈瑞华,郑洁萍.在利益与人格之间:社交网站个人信息保护研究——基于10家社交网站的分析[J].新闻界,2018(05):46-54.

[2] 翟羽艳.中国隐私权司法保护的实证分析与未来发展[J].学术交流,2020(01):123-130.

[3] 丁晓东.隐私权保护与个人信息保护关系的法理——兼论《民法典》与《个人信息保护法》的适用[J].法商研究,2023(06):61-74.

[4] 顾理平,俞立根.智媒时代公民的身份确认与信息性隐私的保护——基于情景化识别的视角[J].南京社会科学,2022(05):99-110.

[5] 华劼.社交媒体网络直播隐私侵权问题研究[J].兰州学刊,2020(05):60-68.

[6] 李婷婷,张明羽.信息社会的隐私权利主张与司法回应——基于隐私侵权案由裁判文书的内容分析[J].国际新闻界,2019(12):85-107.

[7] 刘昶,郑晨.网络隐私权规制及其耦合机制:基于美国经验的反思[J].现代传播(中国传媒大学学报),2022(04):152-160.

[8] 卢家银.网络服务提供者在隐私侵权中的注意义务[J].南京社会科学,2020(06):92-99.

[9] 罗勇.论我国个人信息保护立法中"被遗忘权"制度的构建[J].暨南学报(哲学社会科学版),2018(12):69-80.

[10] 孟婕,张民安.我国《民法典》中隐私权的特殊侵权判定标准研究[J].重庆社会科学,2021(05):107-117.

[11] 牛静,莎木央金.智能时代个人隐私的保护困境与社会性视角转向[J].社会科学辑刊,2023(01):229-236.

[12] 彭錞.再论中国法上的隐私权及其与个人信息权益之关系[J].中国法律评论,2023(01):161-178.

[13] 强月新,刘亚.被漠视的权利:智媒时代我国隐私侵权归因分析[J].江汉论坛,2019(11):134-138.

[14] 任颖.数字时代隐私权保护的法理构造与规则重塑[J].东方法学,2022(02):188-200.

[15] 王健.社交媒体中劳动者隐私权的法律保护——基于欧盟与我国司法实践的比较研究[J].华中科技大学学报(社会科学版),2019(04):117-125.

[16] 余成峰.平台媒介的兴起:隐私保护的范式与悖论[J].东方法学,2024(05):74-87.

[17] 余成峰.信息隐私权的宪法时刻规范基础与体系重构[J].中外法学,2021(01):32-56.

[18] 张虹,熊澄宇.用户数据:作为隐私与作为资产?——个人数据保护的法律与伦理考量
[J].编辑之友,2019(10):74-79.

[19] 张立彬.美英新个人信息保护政策法规的考察与借鉴[J].情报理论与实践,2020(06):
200-206.

第十二章扩展阅读材料

[1] 常烨.生成式人工智能数据"投喂"的著作权侵权行为规制[J].科技与法律,2025(02):
31-41.

[2] 董天策,邵铄岚.关于平衡保护二次创作和著作权的思考——从电影解说短视频博主
谷阿莫被告侵权案谈起[J].出版发行研究,2018(10):75-78.

[3] 冯晓青,许耀乘.破解短视频版权治理困境:社会治理模式的引入与构建[J].新闻与传
播研究,2020(10):56-76,127.

[4] 蒋一可.网络游戏直播著作权问题研究——以主播法律身份与直播行为之合理性为对
象[J].法学杂志,2019(07):129-140.

[5] 焦和平.网络游戏在线直播的著作权合理使用研究[J].法律科学(西北政法大学学报),
2019(05):71-81.

[6] 焦俊峰.澳大利亚版权的刑法保护及对我国的启示[J].世界社会科学,2024(02):125-
143,245.

[7] 金海军.美国著作权合理使用的规范建构与司法扩张[J].世界社会科学,2024(02):101
-124,244-245.

[8] 李佳妮.论著作权合理使用中的"适当引用"——以谷阿莫二次创作短视频为例[J].东
南大学学报(哲学社会科学版),2019(S1):53-57.

[9] 林凌,周勇.智能著作权保护的法哲学分析[J].新闻大学,2024(02):87-99,120-121.

[10] 彭桂兵,陈煜帆.新闻作品"洗稿"行为的审视与规范——以《甘柴劣火》事件"为例[J].
新闻记者,2019(08):46-54.

[11] 石宏.《著作权法》第三次修改的重要内容及价值考量[J].知识产权,2021(02):3-17.

[12] 宋伟锋.生成式AI传播范式:AI生成内容版权风险与规制建构——以全球首例AIGC
侵权案为缘由[J].新闻界,2023(10):87-96.

[13] 孙山.短视频的独创性与著作权法保护的路径[J].知识产权,2019(04):44-49.

[14] 王思文,陈绚."微时代"新闻传播的"合理使用"与传播权益:以"甘柴劣火"为例[J].国际
新闻界,2019(10):111-125.

[15] 许永超,陈俊峰."热点新闻挪用"的历史及其适用限度——1930年代美国报纸—广播
大战的启示[J].新闻记者,2021(08):73-83.

[16] 易继明,严晓悦.美国《2021年综合拨款法案》知识产权条款评析[J].贵州师范大学学报(社会科学版),2022(01):137-149.

[17] 袁锋.新闻生产中人工智能训练数据的著作权定性及其合理使用研究[J].新闻大学,2025(02):31-45,118.

[18] 张玲.AIGC作品定性之辩驳性分析[J].南开学报(哲学社会科学版),2025(02):81-95.

[19] 张雯,朱阁.侵害短视频著作权案件的审理思路和主要问题——以"抖音短视频"诉"伙拍小视频"侵害作品信息网络传播权纠纷一案为例[J].法律适用,2019(06):3-14.

[20] 赵双阁,艾岚.算法新闻的可版权性质疑及邻接权保护[J].新闻与传播研究,2022(03):79-92,127-128.

[21] 朱鸿军.把关机制再造:自媒体"洗稿"治理的关键[J].新闻与写作,2019(02):70-73.

后记

Afterword

作为一名长期担任"媒体伦理与法规"课程的主讲教师,我几乎每年都在思考一个问题:如何将抽象的伦理理论、繁复的法律条文、生动的新闻实践,真正有效地传达给学生?如何在课程中既引导他们建立新闻传播的价值观,又让他们明晰法律底线、提升专业素养?在教学过程中,我不断接触到各种新问题、新案例,也不断收到学生们关于现实议题的疑问与反馈,这些都促使我将教学从讲台延伸到思考和写作中。

正是在这样的教学推动和现实启发下,我组织了《媒体伦理与法规》教材的编写工作,力求将一线教学的真实需求与媒体发展变革的前沿议题紧密结合,为新闻传播专业的学习者提供一部内容系统、案例鲜活、理论扎实的教材。

在本教材的编写过程中,不同高校的十几位老师参与其中。这是一支具有高度专业性与协作精神的团队,正是在他们的通力合作下,本教材才得以从初稿走向定稿,逐步打磨成型。在此过程中,部分章节如"算法推荐与伦理反思""广告传播与法律规制"等经历了多轮修改与推敲,特别是算法部分,我们围绕信息茧房、隐私侵犯、算法歧视等议题,反复讨论如何平衡技术描述与伦理分析的关系,如何将算法机制解释清楚,同时又不失批判性与规范性。广告部分也针对"生成式人工智能广告营销风险""直播带货合规问题"等新增内容,做了多次文献更新与结构调整,以期反映现实发展的最新动向,提升教材的前沿性与实用性。

我们在内容编排中始终坚持"理论—规范—案例—评析"四位一体的结构路径,力求将抽象的伦理命题和法律条款落地到真实的新闻实践中去。比如,在第一章"媒体伦理与伦理困境"中,我们不仅介绍了中庸之道、效益主义、义务论、社群主义、关怀伦理等伦理学理论,而且通过媒体过度介入的悲剧、新闻摄影伦理、社交媒体视频传播等典型案例,引导学生在具体情境中运用理论进行分析。类似的设计贯穿于全书各章,尤其是在第二章至第六章中,我们系统呈现了新闻真实、人文关怀、隐性采访、网络暴力、算法推荐等伦理热点问题,结合近年来媒体领域的多个真实事件,进行深度剖析与评议,提升了教材的现实感和问题意识。在"下篇 媒体法规"部分,我们更加注重法律条文与实际案例的结合。例如,第十章"媒体传播与名誉权"借助社交媒体转发不实内容、短视频诽谤、直播平台名誉纠纷等案例,突出了互联网语境下法律适用的新问题。在第十二章"媒体传播与著作权"中,我们引入了人工智能生成内容的著作权问题、游戏直播侵权等前沿议题,让学生可以在案例中体会制度演进的轨迹与法律边界的张力。

本教材的完成,得益于十几位专家学者的共同努力(具体分工见前言),也离不开学生们的积极参与。华中科技大学新闻与信息传播学院硕士研究生高蒨系统梳理了隐私权相关知识点,并整理了诸多相关判例,极大丰富了第十一章的案例资源与理论阐释;中南财经政法大学新闻与文化传播学院夏奕心同学,湖南师范大学新闻与传播学院资慧同学,华中科技大学新闻与信息传播学院硕士研究生叶心愉、张靖函、朱书晨、马艺萌等负责媒体伦理部分的案例收集和材料比对,并对全书注释进行了编辑和标准化处理,使文本更具可读性与学术规范性;华中科技大学法学院研究生黄燕妃参与了"媒体法"部分的审校工作,对文字逻辑、术语一致性、引用准确性进行了细致的修正;武汉理工大学法学与人文社会学院研究生李茂国对全书各章的"学习目标""本章概述""结语"等栏目进行了编辑与优化,使教材结构更加完整;吉林大学新闻与传播学院文艺儒同学对媒体法规部分的案例进行了梳理与校对,确保案例的法律条款引用准确、事实陈述清晰。这些同学不仅参与了具体的资料收集与编辑工作,更在提升教材的可读性与规范性方面做了很多工作。我在此向所有参与本教材编写的学生表示最诚挚的感谢。

本教材是华中科技大学校级"十四五"本科规划教材建设"媒体传播伦理与法规教程"的最终成果,得到了华中科技大学本科生院的支持。

本教材的出版得到了华中科技大学出版社的大力支持。几年前,出版社策划推出普通高等学校"十四五"规划教材与"普通高等学校新闻传播学类专业全媒型人才培养新形态教材"系列,该教材有幸纳入该系列之中。在此特别感谢出版社杨玲老师、庹北麟老师、吴柯静老师在整个编写与出版过程中的多次指导与沟通协调。无论是选题立项、结构设计,还是出版流程的各个环节,出版社团队始终保持高度专业、耐心与敬业精神,为本教材的顺利出版提供了坚实保障。

在本教材即将出版之际,特别感谢魏永征教授、顾理平教授和卢家银教授,他们对我在该领域的研究提供了诸多帮助。中国政法大学的阴卫芝教授、武汉大学的肖珺教授、暨南大学的林爱珺教授、浙江传媒学院的王润教授与邵成圆老师,他们在教材内容的完善过程中提供了宝贵建议,在此表示感谢。

尽管编写团队在内容打磨、案例遴选、语言润色等方面投入了大量时间与精力,力图让本教材的质量有所保障,但受限于时间、资源与经验的限制,书中难免仍存在疏漏、纰漏乃至理解偏差之处。我们真诚欢迎广大读者,尤其是一线教师、学生和业界专家,能够批评指正,提出宝贵意见,以便于本教材未来进一步修订与完善。

牛静

2025 年 7 月